plage, consiste en une sorte de hangar carré de dix à douze mètres de côté; il ne renferme à l'intérieur qu'une seule et vaste pièce servant tout à la fois de magasin de dépôt pour les marchandises et de bureau pour l'acquittement du droit d'entrée uniforme de dix pour cent; cette grande salle est simplement meublée de bancs en bois placés le long des murs tendus de fines nattes en raphia.

La maison du Grand-Juge est la seule qui mérite quelque attention : construite tout en bois, elle possède un étage, renferme plusieurs appartements et de même que le palais de Ranavalo à Tananarive, elle est entourée de pieux équarris de trois mètres de hauteur.

C'était au commencement de ce siècle la résidence de Jean René, roi de Tamatave; sa fille, la princesse Remilodo y est morte, il y a une vingtaine d'années. Cette femme, dont la mémoire est restée chère aux traitants français qui ne l'appelaient que la princesse Juliette, fut dévouée à la France pendant tout le cours de sa longue existence. Dans le terrible ouragan de 1857, elle sauva du naufrage, à la tête de ses serviteurs entraînés par son exemple, sept navires portant notre pavillon. Elle reçut à cette occasion une grande médaille d'or de Napoléon III.

Les menaces de Ranavalo qui la disgrâcia, n'avaient pu faire fléchir ses sentiments à notre égard; sous le long règne de ce Néron femelle, la maison de la princesse Juliette fut un asile constamment ouvert à tous nos nationaux. Mme Ida Pfeiffer n'a pas su respecter cette excellente femme; elle en a oublié les bienfaits pour ne se souvenir que d'une blessure que la princesse malgache avait faite inconsciemment à son amour-propre : — La fille du roi René, profondément étonnée de voir une femme de cet âge courir le monde, avait demandé à la célèbre voyageuse avec une curiosité naïve ce qu'elle pouvait bien venir faire, à soixante ans passés, à la *Grande Terre*.

La boutique qui joue un rôle considérable dans le commerce d'alimentation de nos villes, même les plus petites, est une chose inconnue à Madagascar; il n'y a de boutique nulle part, et tout le commerce de détail se trouve monopolisé dans les marchés en plein vent ou *bazars*. Tamatave, malgré l'importance de sa population européenne, ne fait pas exception à cette règle générale; son bazar, qui se compose de la réunion d'un nombre considérable d'échoppes et de tables d'étalages remplies de marchandises de toutes sortes, rappelle nos grandes foires; c'est là que sont exposés et *criés* tous les objets d'importation étrangère, tous les produits du sol et de l'industrie malgaches : — volailles de toutes les espèces et quartiers de bœufs desséchés au soleil; riz, manioc, patates douces et ignames; étoffes de palmier, de coton et de soie; nattes et corbeilles en paille, enfin entre autres fruits délicieux des melons, des noix de coco, des oranges à la peau fine, des mangoustans, et de magnifiques régimes de bananes monstrueuses.

Le régime (grappe) de ces *Pommes du Paradis*, comme on les appelle encore, plus de compte soixante-dix fruits disposés en doubles rangées symétriques; un homme vigoureux peut à peine le porter. Le bananier (*Musa paradisaca* de Linnée) qui produit ces énormes figues bananes atteint six mètres de hauteur; c'est le *Figuier d'Adam*, l'*Ariena* de Pline, le *Pisang* des Indiens et le *Meia* des Taïtiens. Ainsi que tous les arbres de son espèce, ce bananier géant donne son unique régime de fruits et meurt; mais il laisse autour de lui, pour le remplacer, une nombreuse famille de rejetons qui produisent et se multiplient à leur tour.

Ces précieux végétaux dont les nombreuses variétés sont répandues dans toutes les régions tropicales, se cantonnent dans les terrains bas et humides où ils forment, par leur réunion en touffes, de gros îlots de verdure d'une admirable beauté;

leurs régimes qui se recourbent sous la charge de leurs fruits savoureux pour pendre le long des stippes, fournissent continuellement à l'habitant de ces contrées aimées du soleil une nourriture succulente et des plus saines; il n'est pas une seule partie de cet arbre, qui n'ait son utilité pour l'homme : ses immenses feuilles servent à une foule d'usages domestiques; avec les fibres textiles du tronc on fabrique des cordes solides et des étoffes légères.

Les Malgaches font encore avec ces énormes bananes dont la chair est âpre et dure quand elles sont cueillies avant leur complète maturité, une délicieuse confiture; ils les découpent en longues tranches qui sont superposées et pressées dans une enveloppe de cordes à la façon d'une longue carotte de tabac. Après une exposition convenable au soleil, il se produit dans ces *carottes de bananes* un travail de fermentation; le sirop qui s'écoule de chacune des lamelles de fruit imprègne toute la masse; et celle-ci se transforme en une conserve naturelle d'un goût exquis.

Il règne dans le bazar de Tamatave un vacarme assourdissant, entretenu par toute une foule d'hommes, de femmes qui vont et viennent continuellement au milieu d'essaims d'enfants pour la plupart dans le costume le plus primitif.

Les hommes et les femmes à moitié enveloppés dans une pièce d'étoffe leur ceignant les hanches, se drapent le haut du corps dans le *lamba*, sorte de châle carré long qui est le manteau national malgache.

Les femmes madécasses de Tamatave, d'un teint noir ou olivâtre, aux traits grossiers et écrasés, aux formes épaisses et lourdes, n'ont rien qui rappelle le type gracieux de la femme hova à la taille svelte et élancée; mais les hommes, noirs comme des statues de bronze, sont superbes; tout concourt à former leur vigoureuse constitution : le squelette est solide et bien fait, le torse bien pris, la poitrine large et haute, les membres couverts de muscles saillants sous la peau.

Malheureusement toute cette belle et forte population se livre aujourd'hui avec une passion furieuse aux boissons alcooliques. L'eau-de-vie... voilà le premier présent que les peuples civilisateurs ont offert de tout temps aux peuples des régions nouvelles.

La philanthropique Angleterre favorise la mission soi-disant tout évangélique de l'armée de missionnaires qu'elle entretient à Madagascar, en travaillant à l'abrutissement rapide de toute la nation malgache par l'alcool. Le trafic de rhum et d'arack que les Anglais font avec Tamatave est des plus considérables.

« Le rhum que l'île Maurice, écrit le Rév. Joseph Mullens qui a fait en 1875 une tournée d'inspection aux églises presbytériennes de la *Grande-Terre*, importe annuellement à Madagascar se compte par milliers de barriques. Nous avons vu à toute heure du jour rouler dans la principale rue de Tamatave des barils de rhum et la plage où ils étaient rangés par douzaines en était couverte. Chez les petits trafiquants créoles aussi bien que chez les grands négociants anglais, la cannelle est toujours après la barrique; il en résulte des scènes continuelles de désordre, de dégradation et d'ivrognerie. Toutes les villes situées sur la côte se trouvent infectées par cette liqueur et par ces exemples diaboliques. *Quand donc les Anglais et les Américains, ces deux fortes races, voudront-ils comprendre que c'est un crime de lèse-humanité que de débaucher et de ruiner ces jeunes nations ?* Ne savent-ils point que c'est entraîner ces tribus ignorantes et sauvages, incapables de comprendre et de calculer les terribles conséquences des choses, à leur dégradation immédiate que de les placer en face de tentations presque irrésistibles ? »

Mais le Rév. Mullens qui n'a pu s'empêcher, en présence des faits dont il a été témoin, de pousser ce cri de légitime indignation, fait retomber toute la responsabilité de ce « diabolique » trafic dont profite sa nation, sur la France; le gouvernement hova sous l'inspiration de l'Angleterre, interdirait volontiers l'entrée du rhum; mais « il craint que cette interdiction ne soit une cause de conflit avec la France. »

L'impudence de ce clergyman dépasse tout ce que l'on peut imaginer.

Le grand commerce de Tamatave avec l'extérieur consiste dans les bœufs dont l'exportation s'élève à plus de vingt mille par an. Des *navires à bœufs* sont toujours venus prendre sur cette côte des bœufs pour Maurice et la Réunion depuis que ces colonies existent; l'alimentation en bétail des deux îles sœurs dépend de Madagascar dont elles resteront les éternelles tributaires. Tant que la grande île africaine ne sera pas entrée dans l'ère des grandes révolutions économiques par la création de grandes exploitations minières, forestières et agricoles, le bœuf constituera sa seule et véritable richesse commerciale. Sans parler des bisons qui habitent les bois, il existe dans tout ce pays, sur les hauts plateaux de l'intérieur et dans les vastes plaines des deux versants, des immenses troupeaux de bœufs dont la plupart vivent à l'état demi-sauvage.

Les zébus ou bœufs de Madagascar appartiennent à l'espèce *bos indicus*; on suppose qu'ils y ont été introduits de l'Inde par l'Afrique. Ces animaux de taille moyenne, mais de formes superbes, portent tous sur le dos une loupe épaisse et charnue dont la forme rappelle celle du bonnet phrygien ; les indigènes se servent de l'enveloppe de cette loupe en guise de casquette. Aussi les voyageurs sont-ils toujours singulièrement surpris de voir notre coiffure symbolique sur la tête des Malgaches; le dernier roi hova, Radama II, aimait, ainsi que nous l'apprend le docteur Auguste Vinson, à porter cette coiffure nationale et plébéienne.

On distingue trois variétés de zébus : l'une, le *bouri*, est le bœuf sans cornes; la seconde comprend les animaux à grandes cornes pendantes; enfin, les bœufs de la dernière espèce qui est la plus commune, sont remarquables par leurs cornes aiguës et relevées à une prodigieuse hauteur. Ceux-ci sont les seuls qui soient exportés. Lorsqu'ils arrivent à Tamatave, où l'animal coûtant dans l'intérieur quatre dollars, se vend au prix moyen de quatre-vingts francs, ils sont amaigris et épuisés par toutes les fatigues d'un long et pénible voyage à travers les grands lacs et les fleuves dont ils suivent les bords ou descendent le cours à la nage.

Les crocodiles qui foisonnent dans toutes les eaux de Tanni-B' se chargent 'éclaircir les rangs des troupeaux ; les requins de même que ces reptiles des eaux prennent aussi leur part des pauvres bêtes ; ils circulent continuellement dans la baie de Tamatave où ils attendent l'embarquement des bœufs.

Des requins de toutes espèces les pullulent autour de Madagascar ; on les rencontre dans toutes les rades fréquentées, dans le voisinage des bas-fonds poissonneux aussi bien que le long des côtes qu'ils parcourent continuellement. Leur présence est un perpétuel danger pour les équipages des bâtiments marchands, des chaloupes de cabotage ou des bateaux de pêche qui naviguent dans les eaux de la grande île.

Tout le monde connaît au moins de nom le *requin* ; féroce autant que vorace, souple, impétueux et rapide dans ses mouvements, ce terrible poisson est véritablement le *Tigre de la mer*. Il n'est point de marin qui ne le redoute, et lorsqu'il apparaît dans les replis de la lame au milieu de la tempête, les infortunés navigateurs exposés aux horreurs du naufrage ne peuvent conserver d'illusion sur leur sort. Une mort affreuse les attend.

Ceux qui ont fait un voyage au long cours ont certainement vu de près quelques-uns de ces monstres dont les plus gros atteignent parfois huit et dix mètres de longueur.

Le requin appartient à la famille des *Sélaciens;* on le désigne encore, mais assez rarement, sous le nom de *Lamie;* ce squale doué d'une hardiesse sans pareille et d'une force proportionnelle à sa grandeur, est formidablement armé pour la chasse et le combat.

Sa gueule gigantesque présente des dispositions anatomiques particulières ; elle se trouve placée et cachée sous la tête : ce qui force le monstre à se renverser sur le dos pour saisir sa proie. Les mâchoires portent six ou sept rangées parallèles de dents aiguës, d'un blanc nacré et de forme triangulaire qui coupent comme des dents de scie. Les trois premières rangées sont directement implantées sur les os maxillaires ; les dernières fixées à la voûte palatine et au plancher inférieur de la bouche, ont une certaine mobilité et se trouvent dans l'état de repos, à demi couchées les unes sur les autres ; lorsque les mâchoires s'entr'ouvrent, ces dernières rangées de dents se redressent et complètent les défenses du monstre dont la gueule offre l'aspect d'une forêt de lames acérées, à double tranchant.

Si le requin est le plus redoutable ennemi de l'homme sur les mers, il n'est pas moins terrible pour tous les autres poissons, quelles que soient leur taille et leur force. Certains voyageurs prétendent même que les plus grosses baleines ne sont pas à l'abri de ses attaques.

Il se jette en aveugle sur la proie qui se présente; il la poursuit sans merci, l'attaque avec fureur et s'il ne parvient pas à la dévorer il lui livre un combat acharné dont il sort presque toujours victorieux. Sa force et sa vitalité sont telles que la pêche en est des plus dangereuses; blessé, pris et enlacé par des cordages avant d'être suspendu aux flancs du navire et finalement hissé à bord avec toutes les précautions imaginables, le monstre se défend encore avec rage, et, bien qu'étendu gisant sur le pont, on a beaucoup de peine à l'achever au milieu de ses mouvements furieux. Les matelots ont à déployer autant de courage que d'habileté dans cette lutte; la moindre imprudence peut leur coûter la vie.

Bien que les requins soient répandus dans tous les océans, ils ont toutefois leurs parages d'élection. On les rencontre le plus fréquemment sous l'équateur et dans la mer des Indes où ils voyagent soit seuls, soit par bandes. Il n'est guère de navire qui n'ait été suivi dans le sud de l'équateur, pendant plusieurs heures au moins, par quelques-uns de ces squales. Leur nombre généralement de cinq ou six, s'élève parfois à dix et même à quinze. Ils accompagnent le vaisseau en nageant à quelques pieds seulement de la surface de l'eau, et leurs masses énormes se détachent sombres sur la teinte verdâtre de la mer.

On ne les voit faire aucun mouvement et cependant leur course est rapide; ils nagent aussi vite que l'oiseau glisse dans les airs; ils se jouent de la marche des plus fins voiliers aussi bien que de celle des meilleurs steamers.

Le plus souvent ils avancent dans le sillage du navire où ils attendent leur proie sans se lasser. Cette véritable chasse qu'ils donnent au vaisseau dure parfois plusieurs jours, car à ses terribles moyens, le monstre joint aussi la patience.

Malheur à l'infortuné qui tombe à la mer; avant même qu'on ait pu songer à le secourir, il est entouré et happé par morceaux.

Sur les plages occidentales de l'océan Indien, le nageur qui s'éloigne des bas-fonds et s'aventure en pleine mer, joue un jeu dangereux. Les requins qui longent lentement la côte l'ont bien vite aperçu; ils mesurent la distance et s'élancent comme une flèche sur l'imprudent.

La terreur qu'ils inspirent a donné naissance à toutes sortes de légendes et de récits fabuleux, comme si leur voracité et leur force ne suffisaient pas à leur célébrité.

La plus répandue de toutes ces légendes est celle du poisson pilote du requin.

On raconte que le requin est presque toujours accompagné d'un petit poisson, de couleur brune et de la taille d'une grosse ablette, qui parcourt les mers sous la protection du monstre ; il ouvre, reconnaît et éclaire sa marche, le prévient d'une rencontre dangereuse ou le conduit vers la proie facile qu'il lui a découverte.

Ce poisson-pilote remplirait le double rôle d'éclaireur et de chien de chasse.

Il est presque impossible de remonter aux origines de cette fable qui a rencontré une trop facile crédulité.

Le requin a dans le Malgache un adversaire redoutable qui le recherche et le combat dans son propre élément.

Un sauvage n'ayant d'autre arme qu'un bâton pointu ou un simple couteau ose affronter le plus terrible et le plus féroce des habitants des mers. Il y a quelque chose d'épique dans cette lutte de l'homme contre le plus redoutable monstre des océans.

Les équipages des navires qui fréquentent la côte est de Madagascar—Tamatave ou Foulpointe—ont quelquefois assisté à ces chasses madécasses. Il n'est guère de spectacle plus émouvant.

Lourds et paresseux sur la terre ferme, les Malgaches sont en mer des nageurs infatigables, des

LA CHASSE AUX REQUINS SUR LES COTES DE MADAGASCAR. (Page 102.)

marins habiles, pleins de bravoure et d'audace. Ils n'hésitent pas à protéger et à défendre l'embarquement de leurs bœufs contre les attaques des requins.

Ces insulaires font la chasse aux *lamies* de deux façons : tantôt ils sont armés d'un couteau à lame aiguë et tranchante; tantôt ils n'ont qu'une simple tige de bois de fer durci au feu et pointue des deux bouts. Cette sorte de navette qu'ils tiennent de la main droite, n'a guère plus d'un pied de long.

Une bande de cinq à six gros requins s'est-elle établie dans une des baies qui échancrent la côte et au fond desquelles sont bâtis les villages madécasses; une ou deux pirogues se détachent du rivage pour leur donner la chasse.

Les squales que l'on distingue aisément en raison de la transparence de l'eau, s'élèvent graduellement vers la surface en décrivant de vastes demi-cercles dont le rayon diminue chaque fois, autour des pirogues qui avancent. Lorsqu'ils ne sont plus qu'à une centaine de brasses des requins, les bateliers Malgaches se jettent à l'eau, se dirigent vers la bande et se la partagent. Ils nagent en tenant à la main par le milieu leur tige de bois de fer à pointes aiguës.

Un des monstres a bientôt choisi sa proie.

Il s'élance, mais aucun de ses mouvements n'a

échappé à l'habile nageur qui le voit venir et l'attend. Le requin se renverse brusquement, la gueule ouverte et prête à engloutir.

Le Malgache saisit cet instant; il enfonce hardiment son bras tout entier dans la gueule du terrible animal; celui-ci ferme ses effrayantes mâchoires et s'enferre lui-même sur les deux pointes de l'arme que le nageur s'empresse de lâcher aussitôt qu'il la sent solidement fixée dans les chairs.

Le requin, affolé par la douleur et la gueule forcément ouverte, plonge et disparaît dans la profondeur des eaux pour y mourir.

Les pêcheurs de perles, sur les bancs d'huîtres perlières des côtes américaines, se défendent au fond de la mer contre les attaques des requins de cette même façon; on les oblige à porter dans leurs ceintures deux ou trois armes pareilles, également en bois durci.

Les Indiens de l'intérieur de l'Amérique du Sud font cette même chasse aux alligators qui peuplent les marécages de ces régions (1).

Mais la chasse du requin au couteau est propre aux Malgaches qui sont les seuls peuples de la

---

(1) Le docteur Félix Maynard dans ses « *Voyages et aventures au Chili* », décrit une de ces chasses indiennes.

terre à la pratiquer. Elle offre l'avantage d'assurer la capture immédiate du cadavre de l'animal.

Le chasseur armé d'un couteau à lame longue et effilée, se met à l'eau. Il attend le requin sur place en nageant debout : celui-ci s'élance. Au moment où il se renverse et se jette sur sa proie, son adversaire se laisse couler et disparaît. Pendant que le poisson dont l'énorme gueule s'est refermée dans le vide en engloutissant plus ou moins d'eau achève son évolution, l'habile et courageux nageur est déjà sous son corps. Il lui plonge son couteau dans le ventre sous lequel il glisse en continuant à l'ouvrir de la tête à la queue.

Le requin fait plusieurs bonds furieux hors de l'eau qu'il rougit de son sang ; il plonge, remonte à la surface où il se débat encore pour disparaître de nouveau. Ses forces s'affaiblissent, mais le monstre est doué d'une telle vitalité qu'il peut s'éloigner du rivage.

N'importe, dans quelques heures, il reviendra s'échouer sur la plage où l'heureux chasseur attend son arrivée.

Il arrive parfois que le requin meurt dans la profondeur des eaux ; la mer le roule alors comme une épave et rejette au bout de quelques jours son cadavre sur la côte.

Pour en revenir aux zébus, leur embarquement

à bord des *bulloc-kers* se fait d'une façon très simple et des plus curieuses.

On trace sur l'eau une sorte de voie parfaitement limitée, en tendant parallèlement du rivage au navire deux cordes que l'on remplace, pour les grandes distances, par une double rangée de madriers disposés de même.

Les bœufs sont poussés à la mer, et une fois engagés dans cette voie dont ils ne songent pas à sortir, ils gagnent à la nage le navire où ils sont successivement hissés à bord à l'aide de palans. Les requins escortent ces convois et réussissent toujours à dévorer quelques-unes de ces pauvres bêtes.

Dans une visite qu'ils firent quelques jours plus tard au capitaine de l'*Amélie*, Rozan et Trottet, au moment où leur canot passait auprès d'une troupe de bœufs montant ainsi à la nage vers un des navires de la rade, virent sept à huit énormes requins se jeter sur un de ces zébus qui fut dévoré sous leurs yeux.

L'animal était à peine englouti que les voraces s'étaient remis en chasse.

Parmi les autres produits d'exportation de Tamatave qui sont de quelque intérêt à connaître, il faut citer les cuirs, des riz magnifiques, le caoutchouc, le copal, l'orseille, la cire, les suifs; des graines oléagineuses, des huiles de squale et des quantités de volailles et de porcs. Toutes ces marchandises provenant pour la plupart de l'intérieur de l'île, sont transportées les unes directement en Europe et en Amérique, les autres dans les deux colonies voisines. Elles sont payées en argent, avec la pièce française de cinq francs qui est la seule monnaie ayant cours sur toute la côte orientale; ou bien échangées contre des barils de rhum, des toiles bleues de l'Inde et des cotonnades de fabrication française, anglaise ou américaine; des poteries en terre et en faïence; des marmites de fer; des vieilles armes; des couteaux et des outils de toutes sortes.

D'après le Rév. Joseph Mullens dont les renseignements ont été puisés aux meilleures sources, le trafic général de la grande île africaine, qui n'était dans l'année 1863-64 que de trois millions s'élevait en 1873 à plus de huit millions. Dans ce chiffre, le commerce de Bourbon, de l'Amérique et de l'Angleterre est compris pour 100,000 livres sterlings; les seules importations de l'île Maurice qui ne produit que du sucre et du rhum, montent à 145,000 livres sterling (2,625,000.)—Ceci prouve l'introduction dans ce pays par les Anglais de six à sept mille hectolitres de rhum par an.

La faute n'en est-elle pas à la France? Sans son

opposition jalouse, la philanthropique Angleterre n'aurait-elle pas obtenu depuis longtemps du gouvernement Hova des mesures de prohibition générale contre l'introduction des rhums anglais à Madagascar ?

CHAPITRE IV

LA FRANCE A MADAGASCAR

L'île de Madagascar ou la Colonie française de Saint-Laurent. — Découverte de la grande Ile africaine par les navigateurs portugais. — Prise de possession de Madagascar par la France. — Premiers établissements de la Compagnie française de l'Orient ou les colonies de Sainte-Luce et de Fort-Dauphin. — Reconnaissance de la souveraineté de la France par les peuples malgaches et par les traités internationaux de l'Europe. — La *France Orientale* sous Louis XIV et ses successeurs. — Les gouverneurs des établissements français après E. de Flacourt, Benowiski et son royaume. — Madagascar sous la République et sous Napoléon Ier. — Occupation de la « *Grande-Terre* » par les Anglais. — L'article 8 du traité de Paris. — Les Hovas et la politique anglaise. — Les expéditions française de 1829 et anglo-française de 1845 : leurs résultats. — Missionnaires anglais et R. P. Jésuites. — La politique de Napoléon III à Madagascar. — Triomphe de l'influence anglaise. — Causes du conflit franco-hova.

Tamatave ou *Taomasina*, comme les Hovas appellent le chef-lieu maritime de leur royaume, n'était encore dans les premières années de ce siècle qu'un misérable village ; sa baie servait accidentellement de port de refuge aux navires fuyant la tempête ou le passage de quelque terrible cyclone. Elle doit son développement originel à l'habile et glorieux gouverneur de nos possessions de l'Océan Indien sous Napoléon Ier, le général Decaen, qui réussit avec une poignée d'hommes à défendre pendant huit ans — de 1802 à 1810 — nos colonies contre tous les efforts des flottes anglaises ; comprenant tous les avantages de la situation de cette chétive bourgade, Decaen la fit occuper par l'administrateur délégué de nos comptoirs de la *Grande-Terre*, avec ordre d'y transporter le siège de sa résidence. C'est ainsi que Tamatave, en devenant la capitale de nos établissements sur les côtes Malgaches, acquit une importance qui ne devait cesser de croître. Il y avait alors près de deux siècles que le drapeau de la France flottait sur Madagascar : — la possession de la grande île africaine nous était solennellement reconnue par tous les traités internationaux de l'Europe.

Les Français comprirent les premiers l'importance de cette île placée sur la route des Indes. Pendant que le Portugal, l'Espagne, la Hollande et l'Angleterre se disputaient dans une longue suite de guerres acharnées les mondes nouveaux de l'Extrême Orient, la France planta son pavillon sur la *Grande-Terre* pour s'y établir d'une façon solide et définitive. La nouvelle colonie reçut le nom d'île Saint-Laurent.

Presque aussitôt après la découverte simultanée de Madagascar (1506) par Fernando Suarez et Tristan d'Acunha, les Portugais y avaient fondé quelques comptoirs; mais, dédaignant bientôt cette terre nouvelle, ils l'abandonnèrent. Que pouvait importer aux conquérants des opulentes cités des côtes du Malabar et du Coromandel, cette île au rivage malsain, sablonneux et couvert de chétives cabanes habitées par des peuplades presque nues? Ils étaient attirés par une attraction irrésistible vers les merveilleuses contrées dont leurs audacieux et grands navigateurs reculaient sans cesse les limites.

« On s'étonnerait, dit M. de Froberville, que les flottes qui se rendaient chaque année dans l'Inde, depuis 1497, date du premier voyage de Vasco de Gama par le cap de Bonne-Espérance, n'eussent pas abordé à Madagascar avant l'année 1506, si l'on ne savait que leurs flottes s'aventuraient rarement loin des côtes, sur une mer qu'ils ne connaissaient pas et que la superstition avait remplie d'innombrables dangers. Ce fut la tempête qui poussa sur une *terre inconnue, de fort grande étendue, revêtue de forêts épaisses et abondantes en bestiaux*, que l'on sut plus tard être Madagascar, une flotte de huit vaisseaux qui revenaient de l'Inde au Portugal sous la conduite de Fernand Suarez. Quelques mois après cette découverte fortuite, Ruy-Pereira, capitaine d'un navire qui formait la flotte de Tristan d'Acunha, ayant été séparé de ses compagnons par une tempête, aborda à Madagascar : la fertilité de cette terre le frappa à tel point qu'il se dirigea immédiatement vers Mozambique, où il espérait rencontrer Tristan d'Acunha, pour engager l'amiral à visiter cette île que l'on disait abondante en épiceries et surtout en gingembre. D'Acunha s'y rendit en effet, parcourut la côte occidentale, étudia les productions et les mœurs des habitants, et dessina la carte de ses découvertes. Fernand Suarez ayant, lui aussi, tracé la carte de ses découvertes sur la côte orientale qui ne paraissent pas avoir été connues de Tristan d'Acunha, lorsque celui-ci partit du Portugal, on peut inférer que l'esquisse hydrographique de l'île était dès lors à peu près complète. Le soin que d'Acunha mit à recueillir les renseignements lui a fait attribuer par les historiens la découverte de l'île entière, et lui a mérité l'éloge que Camoëns met dans la bouche de la nymphe au dixième chant de la *Lusiade* :

« *Quel astre nouveau brille sur les côtes sanglantes de Melinde ? c'est ce guerrier vainqueur de Lanno d'Oja et de Brava, le valeureux Tristan d'Acunha, dont le nom vivra toujours sur les rivages de Madagascar et dans les îles du Midi.* Les rapports qui parvinrent au roi Emmanuel sur les productions de Madagascar l'engagèrent en 1509, à envoyer Jacques Lopez de Figueira dans cette île. Le but principal de ce voyage était de vérifier si, comme on le disait, il s'y trouvait de l'argent et des épices. Quoique le rapport de cet envoyé ne confirmât en aucune manière l'opinion populaire, il se fit l'année suivante une expédition dont Juan Ferrano eut le commandement. Ce navigateur reçut l'ordre d'aller prendre une connaissance exacte de l'île et des avantages que le commerce pouvait en retirer; il devait en même temps y établir une traite. — Telles furent les premières relations qu'eurent les Portugais avec Madagascar. Leurs opérations commerciales n'y prirent jamais aucune importance; elles se bornaient à l'exportation de quelques esclaves, qu'ils achetaient des Arabes fixés dans les ports du Nord-Ouest; quelques moines s'étaient établis dans ces comptoirs et avaient fait parmi les naturels des tentatives de conversion qui n'eurent aucun succès, et se terminèrent même par le massacre des ecclésiastiques (1). »

(1) E. de Froberville, Introd. au voyage de M. Leguevel de Lacombe. — Les principaux ouvrages portugais et es-

Les Hollandais, dont les flottes abordèrent plus tard dans l'île, essayèrent à leur tour d'y fonder quelques établissements; mais ceux-ci furent aussi éphémères que les comptoirs portugais.

En 1643, la Compagnie française de l'Orient prit solennellement au nom du roi de France, possession de Madagascar et des îles adjacentes. Cette société dont les deux intrépides agents Pronis et Foucquinbourg jetèrent les premiers fondements de notre puissance coloniale dans le sud de l'Océan Indien avait à sa tête le capitaine Ricault de Dieppe :

« *L'an 1642, le sieur Ricault, capitaine de la marine, obtint de feu Monseigneur l'éminentissime cardinal duc de Richelieu, chef et surintendant général de la marine, navigation et commerce de la France, pour luy et ses associez, la concession et privilège d'envoyer seuls, en l'île de Madagascar et autres Isles adjacentes, pour là y ériger colonies et commerce : ainsi qu'ils adviseroient bon estre pour leur traficq et en prendre possession au nom*

pagnols auxquels M. de Froberville a emprunté ces détails sont : le *Tratado que compo so nobre et natavel capitoo Antonio Galvao*, 1563, in-12; les *Commentarios do Grando Alfonso Dalboguergue*. Lisbonne, 1576, in-folio, le *Compendio de las historias de los cubrimientos y conquistas, guerras della India Oriental* par D. Ios. Felippe Martinez de la Puente. Madrid, 1681, in-4°, etc., etc.

de Sa Majesté très chrestienne, laquelle concession leur fut octroyée pour dix années, à l'exclusion de tous autres, sans la permission des associez, qui, pour cet effet formèrent une compagnie; et la concession fut confirmée par Sa Majesté très chrestienne et fut enregistrée au greffe de son conseil d'Estat, et l'année suivante, confirmée derechef par Sa Majesté à présent régnant. — Le mois de mars, la compagnie françoise de l'Orient envoya un navire dont estoit capitaine le sieur Cocquet qui, pour son compte particulier et de quelques marchands, alloit charger de l'hébène en l'isle Madagascar, et y envoyèrent les sieurs Pronis et Foucquenbourg, leurs commis, avec douze François pour y demeurer, en attendant un navire qui devoit partir au mois de novembre suivant. Cocquet arriva en ladite isle environ le mois de septembre, et en passant alla aux isles de Mascareigne et Diego-Raïs, desquelles isles le sieur Pronis prist possession au nom de Sa Majesté très chrestienne et passa en l'isle Saincte-Marie et à la baye d'Antongil que l'on nomme au pays Manghabé, où ils en firent le semblable. Les sieurs Pronis et Foucquenbourg s'establisrent au port de Sainte-Luce, nommé Manghafia, sous la hauteur du 24° 30′ sud.

Ainsi, l'établissement de Sainte-Luce fut le premier de tous les comptoirs que les Français créèrent successivement sur les côtes de Madagascar. La baie de Sainte-Luce où l'expédition arriva à l'entrée de l'hivernage, est un endroit malsain surtout dans cette saison où sévissent les fièvres ; chassés par la maladie de cette région empestée, ces premiers colons allèrent fonder un peu plus loin la belle colonie de Fort-Dauphin, à la pointe Nord d'une presqu'île montagneuse, salubre et sans cesse balayée et rafraîchie par les brises du large.

La presqu'île du Fort-Dauphin (1) où les Européens s'acclimatent aisément, se trouve dans la belle province méridionale d'Anossi très riche en animaux utiles et en productions végétales de toutes sortes. Les bœufs de cette contrée sont d'une plus grande espèce que ceux du nord de Madagascar ; les moutons à la queue fort épaisse et chargée de graisse ont une chair excellente ainsi que les chèvres ; des porcs d'une race particulière à la peau noire et bariolée de raies rouges abondent dans les forêts ; ils dévastent les plantations au point que les indigènes qui ne s'en nourrissent

---

(1) « L'entrée de la baie de *Tolangnarou* ou du *Fort-Dauphin* est très remarquable par une roche sur laquelle la mer brise dans les temps les plus calmes et dont l'effet aux yeux est à peu près semblable au jet que lance une baleine..... Les naturels nomment cet écueil *Maroulefou*, ce qui signifie *multitude de zagaies*. » — ALBRAND.

pas, leur font une guerre à mort. Quant aux oiseaux de basse-cour, il en existe des quantités innombrables : les dindons, les oies, les poules et les canards se vendent à vil prix. A l'exception des lièvres et des lapins, on trouve dans cette province toute espèce de gibier, voire même des flamants qui se montrent à Anossi dans la saison des chaleurs. La chasse de cet oiseau de passage si connu par l'éclat des vives couleurs de son beau plumage est un des privilèges dont se montrent jaloux les chefs de tribus.

Les poissons foisonnent dans les rivières et sur toute la côte, mais les naturels ne se livrent qu'à la pêche des huîtres; ils sont même très friands de ces petites huîtres délicates et d'un gout exquis qu'on rencontre en quantité sur tout le rivage.

Dans la grande variété d'insectes qui existent au Fort-Dauphin, nous ne citerons que les fourmis ailées si curieuses par le miel qu'elles donnent; d'une nature très douce et très pectorale, ce miel se mange comme celui des abeilles et sert encore à la confection d'une liqueur fermentée, d'un goût vineux. Sans parler des chenilles filant une soie argentée dont l'industrie pourrait tirer parti, le *ver à soie* constitue une des principales richesses de toute cette région. Le ver à soie de Madagascar, très commun dans les forêts diffère de celui qu'on élève en Europe par les longs poils qui recouvrent son corps; d'autant plus précieux qu'il vit indifféremment sur tous les arbres, il fournit naturellement une soie très fine; et celle-ci devient plus abondante et plus belle lorsque la chenille est nourrie avec de la farine de manioc. Les Anossiens sont doués malgré leur indolence et leur paresse de l'esprit ingénieux et de l'adresse merveilleuse qui caractérisent les Malgaches en général; ils fabriquent avec la soie des tissus de toute beauté, remarquables par leur souplesse et leur solidité tout autant que par la variété de leurs couleurs. Certains *lambas* de soie rayés de bandes transversales aux couleurs vives ont une valeur de plus de mille francs.

Parmi les productions agricoles du Fort-Dauphin, on remarque le riz, le manioc, les patates, des ignames (cambars) d'une grosseur prodigieuse et une foule d'autres racines également alimentaires, entre autres des sonzes énormes que produisent spontanément les marais. Comme les riches seuls mangent du riz, toutes ces racines forment la base de la nourriture des indigènes dont le mets le plus ordinaire est le bœuf; ils font rôtir la chair du bœuf avec sa peau, sans autre assaisonnement que la feuille de raventsara.

Madagascar est peut-être la seule contrée de la terre où le sel ne fait point partie intégrante de l'alimentation de l'homme. Aussi est-ce toujours d'une façon injurieuse ou méprisante que les peuplades de la Côte Ouest (Sakalaves) appellent les Européens « *Mangeurs de sel* ».

Les cocotiers sont rares au Fort-Dauphin ; son sol sablonneux est éminemment propre aux légumes et on rencontre partout un très grand nombre d'arbres fruitiers : l'oranger, le bananier, le bibassier et l'ananas donnent des fruits aussi beaux qu'excellents ; des citronniers d'espèces très variées croissent dans les bois à côté du *rouantac* (mangoustan) dont le fruit est une grande ressource pour les naturels en temps de disette ; de la grosseur et de la forme d'une orange, il renferme dans une coque assez dure et de couleur foncée, une pulpe aigrelette aussi rafraîchissante que délicieuse au goût. Citons encore le nopal épineux, le pignon d'Inde et le palma-christi, le tabac, le coton, le gingembre que ce pays produit en abondance ; les forêts des bords de la mer sont remplies de bois de charpente et d'ébénisterie. Ces arbres dont on compte plus de cent cinquante espèces, poussent tout droits, deviennent très hauts et ne portent au sommet de leurs troncs élancés qu'un petit bouquet de branches et de feuilles (1).

(1) Les plus remarquables, dit M. Albrand, sont : le *hanzingue*, arbre très droit et qui parvient à une grande hauteur :

Les Malgaches du Fort-Dauphin se divisent comme partout ailleurs en trois classes distinctes :

on l'a souvent employé pour mâture, et il donne par incision une gomme que les Français du temps de E. de Flacourt substituaient avec avantage au goudron ; cet arbre croît en abondance sur les bords des lacs et au pied des montagnes ; l'*andrengnendra*, d'une excessive dureté, très propre aux constructions de tout genre et très renommé chez les Malgaches par son incorruptibilité ; il est jaune et exhale une odeur assez analogue à celle du sandal ; le *toumboubitsi* très beau bois avec lequel les Malgaches font les manches de leurs sagaies et dont la couleur rose à l'intérieur prend à l'air une teinte noire, susceptible d'un très beau poli et comparable à la plus belle ébène ; le *takamaka*, nommé ici le *venting*, qui croît dans les montagnes et dont le tronc creusé par la hache forme des pirogues d'une seule pièce, étonnantes par leurs proportions ; le *tamarin* que les naturels appellent *mouti* et qui par la beauté de sa verdure, la masse de son feuillage et l'élégante hauteur de sa cime, est un des plus beaux arbres de ce pays ; le *badamier*, nommé *atafa*, qui croît au bord des eaux : le *raventsara* qui s'élève au haut des montagnes et ne fructifie que tous les trois ans ; il donne une baie d'un goût piquant et aromatique ; cette épicerie encore peu connue en Europe est préférée par beaucoup de personnes à celles des Molluques et de l'Inde, dont elle semble réunir tous les parfums et toutes les saveurs ; le *filao* appelé par les naturels *anacaou :* cet arbre qui couvre les rivages de Madagascar du Nord au Sud-Est, est, je crois, le même que le *casuarina* de la Nouvelle-Hollande ; l'espèce qui croît à Madagascar est fort dure et donne d'excellent charbon ; le *rara*, bois tendre qui se corrompt très aisément et distille une résine rouge qu'on dit être le Sang-Dragon ; le *ravenal,* moins comles chefs et les hommes libres forment les deux premières, et les esclaves la dernière. Grands,

mun ici que dans le Nord, arbre très utile comme on sait; le *haram*, indiqué par Flacourt comme propre à faire des bordages et d'où l'on tire une gomme très odoriférante ; le *halampou*, dont le bois rouge est spécialement réservé pour le cercueil des chefs; l'*asonpoutsi* dont l'écorce flexible et fibreuse est employée par les naturels, qui en font des cordes assez fortes, mais que corrompt aisément l'humidité; le *taléka*, arbre très remarquable, dont les feuilles et l'écorce et le bois brûlé exhalent une odeur agréable : quelques personnes prétendent que c'est le bois d'aigle si estimé dans l'Orient et qu'il s'y vend au poids de l'or ; mais les descriptions que donnent les voyageurs de ce bois précieux ne m'ont pas paru confirmer cette opinion; il est d'ailleurs bien difficile de croire qu'une telle source de richesses fût demeurée inconnue jusqu'à ce jour; l'*arandrantou* d'où découle une gomme que Flacourt prétend être le succin : cette opinion mérite d'être remarquée; elle expliquerait, si elle était vraie, l'origine d'une substance dont la formation est jusqu'à présent un mystère pour les savants; il eut été sans doute intéressant de se procurer de la gomme d'arandrantou; mais toutes mes recherches ont été inutiles et je n'ai rien pu obtenir à cet égard de l'indolence des naturels. Parmi les bois d'ébénisterie, on doit distinguer l'*acafatra*, bois très veiné; le *natte* et plusieurs variétés d'ébéniers ; enfin des arbres propres aux teintures, entre autres le *roupack*, le *chakoua*, le *mera* dont les écorces bouillies avec le fil de coton le teignent en rouge d'une manière ineffaçable. A ces principes colorants, il faut ajouter l'*indigo* qui croît spontanément dans les terres les plus médiocres du pays; cette plante qu'on a vraiment tenté de cultiver en grand à Bourbon, deviendrait pour un établissement sur ce point

bien faits, robustes, agiles et doués d'une extrême finesse de sens, ces hommes au teint cuivré tirant sur le noir, n'ont aucun des traits de la race noire ; le visage d'un ensemble régulier offre chez certains individus tous les caractères de la beauté européenne. Les femmes d'Anossi sont généralement belles, d'un extérieur gracieux et d'une élégance de formes souvent remarquable; mais elles se fanent encore plus vite que les fleurs de leurs prairies; la dissolution de leurs mœurs avant le mariage serait, dit-on, la principale cause de leur vieillesse prématurée. Malheureusement la nature de ces indigènes est un mélange de qualités et de vices; d'un caractère doux, affable, enjoué et hospitalier, ils sont paresseux, insouciants et avares, pleins d'astuce et de dissimulation, adonnés aux pratiques d'une superstition grossière et livrés à l'ivrognerie.

Tel est le riche et beau territoire de Fort-Dauphin; situé en dehors du passage des terribles ouragans de la mer des Indes, c'était là un emplacement vrai-

---

de Madagascar une source féconde de richesse. Il existe encore une foule d'autres plantes dont les Malgaches retirent des teintures qui portent leur mordant avec elles. Je ne citerai que la racine de la baie, nommée *vahats* dont on extrait une couleur jaune très foncée qu'on rend rouge en y mélant des os de sèche pulvérisés.

ment privilégié pour nos premiers colons. Il eût été difficile aux agents de la Compagnie de l'Orient d'être plus heureux dans leur choix et plus favorisés dans leurs débuts. En arborant son drapeau sur sa nouvelle colonie de Saint-Laurent, la France voyait la Fortune se déclarer en sa faveur ; avec Étienne de Flacourt qui succéda à Pronis en 1648, ses droits de possession s'affirment par des découvertes et par des conquêtes nouvelles ; ils s'étendent sur tous les points de la Grande Ile par la création de nouveaux comptoirs ; ils se consacrent et s'affermissent par la soumission des tribus et des princes malgaches ; enfin ils sont reconnus par tous les grands États de l'Europe.

L'administration d'Étienne de Flacourt (1), bien qu'elle ait été contrariée par des obstacles sans nombre, fut des plus fécondes en résultats durables ; cet homme dont la vaste intelligence était servie par un caractère d'une rare énergie, déploya comme gouverneur les plus éminentes qualités ; ses vues étaient nobles et élevées, son ambition patriotique.

(1) *Histoire de la grande Isle de Madagascar, composée par le sieur de Flacourt, directeur général de la compagnie françoise de l'Orient et commandant pour Sa Majesté dans la dite isle et iles adjacentes avec une relation de ce qui s'est passé ès années 1655, 1656 et 1657*, etc., un vol. petit in-4°. Paris, 1663.

Voici comme Et. de Flacourt établit nos droits dans son histoire de Madagascar, le premier ouvrage qui ait été écrit sur cette île.

« *Depuis la baie d'Antongil, en venant vers le Sud tout le païs le long de la coste de la mer a este découvert par les François (en plusieurs voyages qu'ils ont faits tant en guerre qu'en traite et marchandise) jusques à la baye de Saint-Augustin comme aussi toutes les terres qui sont par le milieu de l'isle depuis le païs des Vohits-Aughombes, qui sont sous le dix-neufvième degré d'icelle jusques au bout du Sud...* »

Les successeurs de Flacourt ne devaient malheureusement se distinguer que par leur incapacité ou par leur esprit de rivalité et d'indiscipline; au lieu d'étendre nos relations et d'asseoir notre puissance dans cette importante colonie dont le développement était de nature à imprimer un grand et nouvel essor à notre commerce, les administrations se remplacent les unes les autres pour se livrer aux mêmes désordres et aux mêmes dilapidations; les fautes commises sont invariablement répétées. A côté des violences tyranniques des gouverneurs, les furieux excès de zèle et d'intolérance des missionnaires, les fourberies des traitants et les actes de barbarie des forbans de la mer des Indes. D'autre part, aucune des expéditions sur Madagascar, n'a lieu en temps convenable : les navires portant des troupes ou des colons y arrivèrent presque toujours dans la *hors saison*, comme le dit Flacourt, au sujet de son propre débarquement.

Ces excès et ces violences de toutes sortes finirent par faire éclater une révolte des indigènes, et les Français furent forcés de s'échapper sur un navire mouillé dans la baie de Fort-Dauphin. C'est ainsi qu'en 1672 la belle colonie fondée par la Compagnie française d'Orient se trouva complètement ruinée. Louis XIV s'était laissé décourager par les échecs et les difficultés sans nombre qu'éprouvait son gouvernement dans la poursuite de la colonisation de l'île Saint-Laurent ; cependant, à la suite de ce désastre qui semblait ruiner toutes nos espérances, il renouvela la déclaration de la réunion définitive de la *France orientale* au domaine de la couronne par une ordonnance royale de 1686. Cette déclaration de souveraineté dont le titre existe aux archives de la marine, fut successivement confirmée par des édits de 1719, de 1720 et de 1725. « C'était assez, dit Barbié du Bocage, pour maintenir nos droits ; c'était trop peu pour les faire fructifier. »

On fit néanmoins sous le règne de Louis XV de sérieuses tentatives pour rentrer en possession effective de tous nos anciens établissements et pour rétablir notre autorité sur les peuplades de la grande île Saint-Laurent : c'est ainsi qu'en 1733 le gouvernement confia à l'ingénieur de Cossigny la mission de chercher dans la baie d'Antongil un lieu propice à la création d'une nouvelle colonie; le général Labourdonnais visita à son tour cette baie en 1746 et la Compagnie des Indes orientales prit, en 1750, au nom du roi, possession de l'île Sainte-Marie (1), un des rares points de *Tanni-Bé*

---

(1) L'île Sainte-Marie, que les Malgaches nomment *Nossi Bourah* ou *Nossi Ibrahim*, est séparée de la côte orientale de Madagascar par un canal large d'une lieue et un quart dans sa partie la plus étroite, en face de la Pointe à Larrée, et de quatre lieues en face de Tintingue. Le milieu de l'île se trouve par 16° 45' de latitude Sud et 46° 15' de longitude Est. Sainte-Marie a environ douze lieues de long sur deux à trois lieues de large; son périmètre est d'à peu près vingt-cinq lieues. On évalue sa superficie à quatre-vingt-dix mille neuf-cent-soixante-quinze hectares. Un bras de mer traverse l'île dans sa partie méridionale et la divise en deux îles dont la plus petite appelée l'*Ilot* peut avoir deux lieues de tour. Les chaînes de récifs qui la bordent sont interrompues par diverses passes dont trois praticables pour les vaisseaux. Le canal qui sépare Sainte-Marie de la Grande-Terre n'est à proprement parler qu'une rade continue, vaste, sûre et dont la tenue est excellente. La principale baie de l'île est le *Port-Louis :* elle est formée par un enfoncement dans les terres de deux mille mètres de profondeur sur une largeur de mille mètres environ. Au milieu de l'entrée de la baie se trouve un îlot qui est appelé par les Français *îlot Madame*

où flotte encore notre drapeau. Dès lors les expéditions françaises se succèdent et par un décret

et par les naturels *Louquez*, et qui peut avoir trois cents mètres dans la plus grande longueur et cent vingt-cinq mètres dans la plus grande largeur. Cet îlot défendu par quelques fortifications et armé de batteries, renferme les casernes, les magasins de l'artillerie et les chantiers du gouvernement. Au milieu même du *Port-Louis*, au Sud-Est de l'île *Madame*, s'élève l'*île aux Forbans*. C'est un mamelon stérile et inhabité, de trente-cinq mètres d'élévation au-dessus du niveau de la mer et de deux cents mètres environ de diamètre, qu'une jetée en pierre sèches, construite en 1832, réunit à la côte de Sainte-Marie. L'îlot Madame est entouré d'un chenal profond qui forme de chaque côté une passe par laquelle on entre dans la baie. La passe du Sud-Ouest, nommée *passe des Pêcheurs*, ne peut servir qu'à des embarcations. La passe du Nord-Est peut donner entrée à des frégates. C'est ce chenal qui forme le *Petit-Port-Louis*; à l'exception de ce petit bassin, l'intérieur de la baie est presque entièrement rempli de hauts fonds composés de sables vaseux mêlés de débris de coquillages et de rochers, dont une partie est à sec dans les basses marées.

On trouve encore de bons mouillages sur plusieurs autres points de la côte orientale de Sainte-Marie, notamment dans la *baie de Lokensy*, laquelle est située vis-à-vis du port de Tintingue. Les côtes de Sainte-Marie ne sont point escarpées; dans quelques endroits seulement des caps basaltiques forment des falaises mais de fort peu d'étendue: le reste de la côte offre une plage de sable unie et recouverte d'une belle verdure. Elle paraît au premier abord composée d'une infinité de petits monticules détachés, mais de fait elle est formée de plusieurs chaînes bien distinctes.

de 1758, le gouverneur des îles de France et de Bourbon, Dumas, réserve pour le compte du

Dans la partie la plus large on en compte jusqu'à quatre dont la direction est la même que celle de l'île, prise dans le sens de sa longueur, c'est-à-dire Nord-Nord-Est, Sud-Sud-Ouest : deux de ces quatre chaînes sont basaltiques, les deux autres sont d'un tuf tantôt jaunâtre, tantôt rougeâtre recouvert de sable quartzeux. La plus grande élévation des monticules dont elles se composent est de cinquante à soixante mètres : leur pente assez douce permet de les cultiver jusqu'au sommet ; plusieurs sont couverts de pâturages. Le sol est en général de mauvaise qualité, à l'exception d'une zone étroite qui se trouve au milieu de l'île et qui forme environ le cinquième de la superficie. C'est la seule portion du territoire que les naturels cultivent régulièrement et elle leur appartient en propre. Il n'y serait guère possible de faire plus de quinze à vingt habitations. La chaleur et l'humidité du climat paraissent très favorables à toutes les cultures coloniales, excepté peut-être à celle du cotonnier. Le sol de l'île renferme du reste beaucoup de fer, et l'on y trouve en abondance les matériaux propres aux constructions tels que pierre, chaux, terre à brique, etc. Les bois occupent une surface de vingt à trente mille hectares : ils se trouvent en grande partie situés vers le centre de l'île, dans la partie la plus large, et suivant deux zones longitudinales, courant dans la même direction que l'île. Le terrain où ils croissent est ferrugineux ou quartzeux et par conséquent de très mauvaise qualité. D'autres portions de bois composés de *nattes, takamakas*, de *filaos*, de *porchers*, de *badamiers* et de quelques autres arbres moins précieux, entremêlés d'une foule d'arbrisseaux, bordent le rivage de la mer partout où il offre une plage de sable. Le sol étant très

roy, le privilège du commerce sur toute la côte. En 1769, le comte de Mandave arrive à Mada-

montueux, les sources sont fort abondantes et les eaux de bonne qualité. Les ruisseaux auxquels elles donnent naissance se précipitent de cascade en cascade, et plusieurs roulent un volume d'eau assez considérable pour faire tourner des moulins. Ces ruisseaux ont de l'eau en toute saison; leur lit est rarement encaissé.

La *rivière du Port* qui est le plus important de ces cours d'eau, éprouve assez loin de son embouchure l'effet de la marée. Lorsque les ruisseaux coulent dans une vallée un peu large, ils y forment quelquefois des marais, mais généralement peu considérables et dont il n'est aucun qu'il ne fût possible de dessécher. Quant aux marais formés par la mer sur le littoral, on ne saurait les dessécher qu'en les comblant.

Les Malgaches de Sainte-Marie habitent, comme les Blancs établis dans l'île, des cases en bois couvertes en feuilles de ravenal; ces cases sont petites, mais proprement construites. Les villages sont au nombre de trente-deux. Les indigènes bâtissent en outre dans l'intérieur où se trouvent leurs plantations, des cases dont le nombre augmente beaucoup à l'époque de la récolte; il arrive parfois alors que la population tout entière s'y trouve concentrée. De petits sentiers fort étroits, irréguliers, envahis par les herbes, passant souvent à travers des marais, sur des montagnes ou des rochers escarpés sont les seul voies de communication qui existent entre les divers villages.

L'île de Sainte-Marie est considérée comme l'une des contrées du globe où il pleut avec le plus d'abondance. Le nombre des jours pluvieux y est annuellement de deux cent vingt à deux cent quarante... *Not. statistique sur les possessions françaises à Madagascar.* Imp. Roy., 1840.

gascar avec la mission de réaliser par la création d'un grand nombre de comptoirs la colonisation de la reine de l'Océan Indien. Ce nouveau gouverneur général ne devait pas réussir. Il était réservé à un aventurier de génie, Beniowski, d'entamer avec succès, cinq ans plus tard, cette grande et vaste entreprise.

Le comte Beniowski, magnat des royaumes de Hongrie et de Pologne, était déjà célèbre par ses aventures extraordinaires lorsqu'il vint offrir ses services à la France. Après avoir servi la maison d'Autriche comme lieutenant dans la guerre de Sept ans, il se rendit en Lithuanie, puis il visita les ports de la Hollande et de l'Angleterre où il étudia l'art de la navigation. De retour en Pologne, il devient un des chefs de la Confédération de Bar (1768); il obtient d'abord quelques succès sur les Russes; mais ceux-ci le font prisonnier en 1769 et l'exilent au Kamtchatka. Pendant la traversée, il sauve du naufrage le vaisseau qui le transportait, et le gouverneur Nilof le fait en récompense de ce service, précepteur de ses enfants; il en profite pour séduire la fille de ce fonctionnaire, l'épouse et reconquiert par ce mariage sa liberté dont il se sert pour préparer la fuite de ses anciens compagnons de captivité. En 1771, il parvient à s'évader avec soixante-seize prisonniers, s'empare d'une corvette russe et fait voile pour le Japon, de Formose; il se rend à Macao où meurt sa femme qui, bien que le sachant marié en Hongrie, n'avait pas voulu l'abandonner. Il réussit enfin à gagner les Établissements français de l'Inde où il s'embarque pour Lorient. Dès son arrivée en France, il se rend à Versailles et se présente au duc d'Aiguillon qu'il transporte d'enthousiasme par l'exposé de ses plans de colonisation. Ce ministre n'hésita pas à donner à Beniowski, en le subordonnant toutefois à l'autorité du gouverneur de Bourbon, le commandement d'une importante expédition pour fonder des établissements à Madagascar.

Beniowski aborda en juin 1774 dans le fond de la baie d'Antongil (*Manghabé* de Flacourt) (1);

---

(1) L'établissement français formé en 1774 dans la baie d'Antongil (*Antongull* de quelques anciennes cartes anglaises et hollandaises), par le baron de Beniowski comprenait le port de *Manahar*, *Marancette* ou *port Choiseul*, *Louisbourg* et l'île *Marosse*.

Le port de Manahar se trouve à l'entrée de la baie d'Antongil, au Nord du cap *Bellonne*.

Le port Choiseul ou Marencette est situé au fond de la même baie..... C'est en cet endroit que s'élevait Louisbourg, siège principal de l'Établissement. Le port Choiseul est sûr et commode et peut recevoir plusieurs vaisseaux; quoique dans un pays humide et très malsain, il est très fréquenté par les bâtiments marchands. Une grande et belle rivière nommée *Linguebati* par les Malgaches, se

cette baie, la plus grande de l'île, est située dans la province septentrionale d'Antavaratsi et reçoit une belle et large rivière.

Le chef de l'expédition se mit immédiatement à l'œuvre; il établit le siège de ses Établissements à Louisbourg qu'il s'empressa de fortifier, noua des relations d'amitié avec les roitelets indigènes des territoires voisins, et créa des comptoirs et des ports de défense le long de la côte, à Antsirak, à Angoutzy, à Fénériffe, à Tamatave et à Foulpointe. Grâce à ses efforts multipliés et à son infatigable activité, il étendit chaque jour son autorité et ses conquêtes : presque toutes les peuplades du littoral acceptèrent et reconnurent la domination française. Une assemblée de vingt-deux mille naturels proclama solennellement à Foulpointe paix et alliance avec le gouverneur général de la France. Une seule tribu, les Zaffi-Rabbé, voulut résister;

jette dans la mer non loin de ce port; elle a trois cent soixante mètres de largeur à son embouchure et les navires peuvent la remonter jusqu'à une distance de plusieurs lieues.

L'île *Marosse* est située à environ deux lieues de Marancette; elle a deux ou trois lieues de circuit et possède deux excellents mouillages. Le sol en est très fertile, et les communications avec le port Choiseul sont très faciles au moyen de chaloupes et de canots. *Not. statist. sur les possessions françaises à Madagascar*. Imp. Roy., 1840.

battue et dispersée elle fut contrainte de s'enfoncer dans les forêts. La fièvre seule réussit à dompter l'ardeur des colons français fanatisés par l'exemple et le courage de leur chef; forcés d'abandonner le rivage malsain de la baie, ils s'installèrent à neuf lieues dans l'intérieur des terres, à l'abri des pernicieuses exhalaisons des marais.

Pendant que Beniowski poursuivait ainsi par des succès décisifs la réalisation de ses projets, les administrateurs des îles Mascareignes, dans leur jalousie haineuse, cherchaient par tous les moyens à l'arrêter dans ses progrès. Ils étaient même parvenus à force d'intrigues, à paralyser tous ses efforts, lorsqu'une nombreuse députation composée des chefs de tribus l'acclama *ampasacabe* (1) le 16 septembre 1776.

Une vieille Malgache qu'il avait ramenée avec lui de l'île de France contribua puissamment à cette élévation du héros européen au rang suprême. Suzanne qui avait été vendue avec la fille de Ramini, dernier souverain de la province de Manahar, affirmait que Beniowski était le fils de cette princesse, sa compagne d'esclavage. Ses déclarations en se répandant parmi toutes ces peuplades, donnèrent au comte un immense et nouveau prestige; les roitelets partagèrent la crédulité naïve de leurs

(1) Chef suprême.

sujets ; ils proclamèrent le maître de Suzanne héritier de Ramini et roi par droit de naissance.

Trois officiers et cinquante soldats français révoltés par les inqualifiables intrigues du gouvernement général de l'île de France, se joignirent à cette manifestation des Madécasses ; ils se déclarèrent décidés à unir à tout jamais leur sort à celui de Beniowski. Les chefs indigènes insistaient pour que leur nouveau souverain quittât le service du roi de France et désignât un lieu pour bâtir sa capitale. Celui-ci voulut attendre pour se résigner ses fonctions de gouverneur la très prochaine arrivée dans la colonie des commissaires français ; ils y arrivèrent en effet le 21 septembre 1776. Après avoir procédé à l'examen de l'administration du comte qui leur remit la démission de son emploi, ils lui délivrèrent un certificat attestant la parfaite régularité de ses actes. Ces commissaires considérant leur mission comme remplie, se rembarquèrent.

Beniowski se regarda dès lors comme roi de Madagascar ; il convoqua une assemblée générale des populations madécasses qui se réunirent le 10 octobre : — les hommes lui rendirent hommage comme à leur *ampasacabe* ; la comtesse qui était venue le rejoindre du fond de la Hongrie reçut le serment de fidélité des femmes. Le lendemain de cette assemblée, le successeur de Ramini fit solennellement promulguer l'acte constatant son élévation en forme au rang suprême.

Deux mois après ces événements, Beniowski frétait un brick et quittait son royaume en faisant voile pour l'Europe. Il venait en France dans le but d'expliquer et de justifier sa conduite; mais il se proposait bien, en cas d'un désaveu de la part de nos ministres, de chercher à se créer des alliances près des autres cours européennes. Le cabinet de Versailles parut admettre ses raisons et lui décerna même en récompense de ses services comme gouverneur une épée d'honneur; mais loin de reconnaître sa souveraineté sur Madagascar, on lui refusa formellement tout nouvel emploi dans la grande colonie française de Saint Laurent.

A la suite de cet échec, Beniowski quitta la France, reprit un instant du service en Allemagne et assista en 1778 à la bataille de Habelschwerdt; sur le refus du gouvernement autrichien de lui fournir des secours en argent et des hommes pour retourner dans son royaume, il se rendit (1783) à Londres où il ne fut pas plus heureux.

Ces échecs n'étaient point faits pour décourager un homme de cette trempe; sur les conseils de Franklin, il passa en Amérique, trouva quelque

gade qu'il s'empressa de mettre en état de défense.

Pendant que cet agent général travaillait à faire du nouveau siège de son gouvernement une véritable ville en même temps qu'une place forte à l'abri d'un coup de main, les Anglais s'emparaient après une résistance héroïque des îles sœurs de l'Océan indien; Sylvain Roux dut leur remettre, en 1811, nos établissements de Madagascar. L'Angleterre (1) qui s'enrichissait alors, malgré les

(1) En 1644, les Anglais créèrent à la baie de Saint-Augustin, dans un fort de fondation française, un établissement qui n'eut qu'une courte existence. Voici ce que dit E. de Flacourt à ce sujet : « *La rivière d'Yongheladé est une grande rivière comme la rivière de Loire, qui descend des montagnes de Manamboulle et court à l'Ouest quart Sud-Ouest, et après douze ou quinze journées de cours elle descend dans la mer, dans une très belle baye que les Portugais ont anciennement nommée Saint-Augustin, en laquelle mouillent d'ordinaire de grands navires. Environ l'an 1644, un navire anglois mit à terre quelque quatre cents Anglois, où ils trouvèrent un fort de terrasse, qui avoit été basty il y avoit longtemps par les compagnons de François Picard (de Laval) où, après trois ou quatre années de temps, vingt-deux François s'en étaient allez, qui s'estoient débauchez du Fort-Dauphin en espérance d'y trouver un navire anglois pour passer en Europe; mais ils ne trouvèrent aucun habitant, sinon ce fort et un cimetière où il y avoit apparence qu'il y avoit eu plus de trois cents hommes enterrez, et apprirent par un grand nommé Dian-Maye, qui alloit ordinairement traiter du bétail pour la fourniture des navires Anglois, que le capitaine estoit*

exploits de Surcouf dans l'Inde, de nos meilleures colonies, jeta beaucoup d'hommes à Tamatave et dans tous nos comptoirs du littoral.

Les Anglais avaient certainement le ferme projet de conserver après nous l'avoir enlevée, cette grande île, la reine des Côtes africaines. Mais ils ne disposaient pas encore de cette nombreuse armée de *Cipayes* qui de nos jours font la guerre pour eux, gardent pour eux leurs colonies meurtrières et périssent à leur place sur tous les points empestés du globe. La fièvre malgache se chargea à elle seule de les chasser de leur nouvelle conquête ; elle moissonna si bien leurs troupes que celles-ci détruisirent nos forts et se retirèrent en abandonnant le pays aux indigènes.

Après la retraite des Anglais, deux chefs de tribus, Jean René et son frère Fiche, s'emparèrent l'un de Tamatave et l'autre d'Ivondrou ; ils se partagèrent ensuite la province de Betsimsaraka où chacun régna sur le beau territoire qui lui était échu en partage. C'est pendant le règne de Jean René que les Hovas, sous la conduite de Radama, firent en 1817 leur première apparition sur la côte orientale. Le jeune conquérant, en attendant l'occasion favo-

mort de maladie avec la plupart de ses gens et qu'un navire estoit venu qui a tout enlevé le reste des Anglois. »

appui auprès des négociants de Baltimore, et reprit enfin la mer pour Madagascar.

Le 7 juillet 1785, Beniowski débarquait à Nossi-Bé; une pirogue le conduisit de cette petite île au rivage de la Grande-Terre d'où il se rendit à pied à la baie d'Antongil. Reçu après une si longue absence avec enthousiasme dans les établissements qu'il avait fondés, il se ressaisit du pouvoir, leva l'étendard de la révolte en se déclarant l'ennemi de la France et s'empara de nos magasins de vivres.

En présence de cette rébellion, le gouverneur des îles de France et de Bourbon n'avait pas à hésiter; il envoya un bâtiment de guerre contre l'aventurier-roi. Beniowski préféra tenter la fortune des armes plutôt que de se soumettre; à la première attaque des troupes de débarquement, une balle l'étendit raide mort sur cette plage où douze années auparavant il avait arboré si glorieusement le drapeau de la France.

Telle fut la fin misérable de cet aventurier extraordinaire; si la France avait eu des hommes d'État assez soucieux de notre grandeur commerciale et maritime pour soutenir et seconder dans ses projets le seul successeur qu'ait eu Étienne de Flacourt sur la terre de Madagascar, Beniowski nous eût sans aucun doute assuré à jamais la possession de cette riche et belle colonie.

Son nom est encore en vénération dans toutes les tribus madécasses de la côte, alors même que nous n'avons su conserver aucun des Établissements qu'il avait fondés.

Après la mort de Beniowski, le gouvernement français ne se préoccupa que de maintenir l'intégrité de ses droits; il ne fit aucun effort ni aucun sacrifice pour garder les colonies nouvellement établies; elles périclitèrent bientôt et furent abandonnées les unes après les autres. Nous n'avions plus à Madagascar, sous la République et sous l'Empire, que quelques points d'escale commerciale, défendus par de très faibles détachements militaires.

Cependant, la Convention reprit en 1792 les anciens projets de colonisation de la Grande-Terre, et M. Lescalier fut chargé d'aller étudier sur place la création de nouveaux Établissements. En 1801, Bory de Saint-Vincent, officier aussi distingué que savant naturaliste, recevait à son tour une semblable mission; et en 1804, le capitaine-général Decaen, comprenant toute l'importance et toute la force de cette merveilleuse position maritime de la mer des Indes, entreprenait de réorganiser fortement nos possessions de tout le littoral avec Tamatave comme chef-lieu. Sur ses ordres Sylvain Roux occupa, comme nous l'avons dit, cette bour-

rable de s'emparer du petit royaume de Jean-René et de sa capitale maritime dont il comprit toute l'importance commerciale, contracta avec le roi de *Taornasina* un traité d'alliance offensive et défensive qui fut solennellement scellé entre les deux princes par le *serment du sang*.

La fin de l'épopée napoléonienne sur le champ de bataille de Waterloo avait rendu la paix à l'Europe; le traité de Paris ne nous laissa que quelques lambeaux de notre ancienne puissance coloniale:— l'article 8 de ce traité nous restituait « les colonies, comptoirs et établissements de tous genres que la France possédait le 1er janvier 1792 dans les mers et sur les continents de l'Asie, de l'Afrique et de l'Amérique, à l'exception toutefois des îles de Tabago et de Sainte-Lucie, *de l'île de France et ses dépendances, nommément Rodrigues et les Seychelles*, lesquelles Sa Majesté Très Chrétienne cède en toute propriété et souveraineté à Sa Majesté Britannique, etc. »

L'Angleterre chassée de Madagascar par la fièvre ne prétendait point que la Grande-Ile pût jamais devenir pour nous une puissante et riche colonie, capable de réparer ou de nous faire oublier nos pertes; elle prétendit conserver Saint-Laurent, comme une annexe de l'Ile de France. Le premier gouverneur anglais de Maurice qui est devenue le siège de la puissance anglaise sur la côte orientale d'Afrique, sir Robert Farquhar, refusa de nous rendre nos anciens comptoirs de la *Grande-Terre*; il établit une nouvelle colonie dans la baie de Port Louquez, que nous n'avions jamais occupée. Grâce à la fermeté du gouvernement de la Restauration, l'Angleterre se vit obligée de se désister de ses prétentions et de reconnaître tous les droits de propriété et de souveraineté de la France; le cabinet de Saint-James désavoua sir R. Faquhar et celui-ci dut remettre les Établissements saisis pendant la guerre au gouverneur de Bourbon.

A la suite de cet humiliant échec diplomatique, l'Angleterre qui n'avait pas réussi dans le congrès européen de Vienne à consommer l'effondrement colonial de la France, qui restait malgré ses désastres sa rivale sur les mers, inaugura à Madagascar la politique qu'elle suit encore. Adroite et cauteleuse autant que patiente et insaisissable, cette politique toujours fuyante mais toujours active a poursuivi à travers le temps et les événements son invariable but : la ruine de l'influence française et l'annihilation de nos droits sur la Grande-Ile. C'est ainsi que le gouvernement anglais conclut en 1817 un traité secret avec Radama Ier; il pensionna ce roi (1) et

(1) Radama reçut une pension annuelle de 2,000 dollars du gouvernement anglais.

fournit des armes, des munitions et des officiers instructeurs aux Hovas en les poussant à étendre leurs conquêtes de façon à provoquer, par le heurt inévitable de nos intérêts opposés, des haines violentes et des conflits sanglants. En même temps que l'Angleterre s'incline devant nos droits de possession, on ne cesse de trouver ou de sentir sa main dans les pillages de nos navires et de nos comptoirs, dans les révoltes des peuplades soumises à notre domination aussi bien que dans les provocations insolentes ou les attaques des Malais africains; dans nos légitimes représailles contre ceux-ci, elle conserve une neutralité apparente ou bien par une volte-face impudente, elle abandonne ses alliés secrets pour nous apporter le concours inutile de ses vaisseaux et de ses armes : — ses marins marchent aux côtés de nos soldats pour châtier les Hovas. Sa conduite toujours prête à se plier aux circonstances est variable; le but poursuivi ne l'a jamais été. Pour mieux l'atteindre, le gouvernement britannique nous a même emprunté un de nos pires instruments de colonisation : — le missionnaire... et il a réussi. C'était une chose inconnue jusqu'alors que de voir les Anglais pénétrer chez les peuples nouveaux avec la croix du Christ à la main. Les missions évangéliques ne sont point dans leurs habitudes. Ici, la religion était le masque nécessaire pour faire taire les susceptibilités ou les légitimes défiances des ministres de la Restauration.

Sir Robert Farquhar dont la politique de ruses et d'intrigues à Madagascar avait été compromise par son successeur le général Hall, fut renvoyé à l'île Maurice en 1818. Il s'empressa de renouer les relations rompues avec le conquérant hova et ses agents, les Révérends Jones et Griffiths, obtinrent l'autorisation de s'établir à Tananarive.

Ces missionnaires disposaient de l'or et de l'appui de l'Angleterre; ils furent bientôt autorisés à recevoir des auxiliaires et tous — clergymen et ouvriers — travaillèrent avec une ardeur infatigable à l'établissement et au triomphe définitifs de l'influence anglaise.

La France répondit à cet envahissement *religieux* de l'Angleterre par une reprise de possession solennelle de ses anciens établissements de la côte. En 1818, Sylvain Roux réoccupa Tamatave, Fort-Dauphin, Tintingue, Foulpointe et l'île Sainte-Marie; mais sous l'instigation des promesses et des conseils de l'agent anglais Hastie, le conquérant hova, faisait en 1823 sa réapparition sur la côte orientale à la tête de forces considérables; il s'empara successivement de Foulpointe et de Tamatave qui étaient dans l'impossibilité de résister et en 1825, il assaillait la colonie de Fort-Dauphin qui succomba comme les deux premières.

La France se décida en 1829, à laver les insultes faites à son drapeau et à rétablir son autorité par les armes.

Le 9 juillet, une escadre composée d'une frégate et de plusieurs autres bâtiments de guerre vint jeter l'ancre dans les eaux de Tamatave. Son commandant, le capitaine Gourbeyre, portait la paix ou la guerre; s'appuyant sur nos droits de souveraineté sur la *Grande-Terre*, il notifia les réclamations et les prétentions du gouvernement français, accorda un délai de vingt jours pour la réponse de la veuve de Radama, la reine Ranavalo-Manjaka, et se rendit à Tintingue dont il reprit possession.

Le 3 octobre, le gouverneur hova n'avait encore reçu aucun ordre d'Emyrne; nos vaisseaux ancrées dans la baie de Tamatave, ouvrirent le feu contre la ville et le fort dont le magasin à poudre en sautant répandit l'épouvante et la confusion parmi les Hovas; ils abandonnèrent leur forteresse et prirent la fuite à l'arrivée sur le rivage des compagnies de débarquement; après avoir occupé le village, nos marains poursuivirent l'ennemi jusque dans les bois d'Ivondrou.

Malheureusement, quelques jours après, on essuyait un sanglant échec à Foulpointe que le chef de l'expédition avait résolu de reprendre. Nos troupes vinrent se jeter imprudemment sous la bouche de sept pièces de canon; elles furent mises en déroute et obligées de se rembarquer. Cet échec fut brillamment réparé le 4 novembre à la Pointe-à-Larrée, mais le commandant Gourbeyre se trouvait trop faible pour tenter un nouvel effort sur Foulpointe; il ramena son escadre à Bourbon en laissant deux gabares pour protéger Tintingue et Sainte-Marie.

Cette expédition, malgré ses insuccès donna cependant des résultats : Ranavalo reconnut les droits de la France sur la côte orientale et fit des offres d'arrangement à notre gouvernement ; dans la suite et sous la pression des missionnaires anglais, la reine des Hovas refusa de signer la convention qu'elle avait elle-même proposée. La reprise des hostilités fut décidée; une nouvelle expédition avec des renforts importants s'apprêtait à faire voile pour Madagascar, lorsqu'éclata la Révolution de Juillet.

Charles X qui a payé de sa couronne les fautes de sa détestable politique intérieure, avait du moins un sentiment aussi profond qu'élevé de notre dignité et de notre grandeur nationales ; il portait très haut le drapeau de la France au dehors : il venait de le prouver au dey d'Alger.

Lorsqu'il agissait, sous les yeux de l'Europe surprise du glorieux réveil de la France, avec tant de vigueur et de résolution dans le nord de l'Afrique, ce prince si fier dans la poursuite des réparations de nos insultes, n'aurait point reculé dans le sud de ce même continent devant la seule Angleterre.

Le gouvernement de Louis-Philippe qui devait se signaler par ses condescendances et ses faiblesses honteuses vis-à-vis de l'Angleterre, ne se contenta pas de renoncer à cette nouvelle expédition ; il évacua Tintingue et abandonna pour ainsi dire l'île de Sainte-Marie où il n'y avait plus, en 1836, que trente-sept soldats. Les Anglais auraient sans nul doute réussi à s'établir solidement dans la grande île africaine si la reine des Hovas ne s'était chargée elle-même de sauvegarder les droits de la France en devenant la plus farouche gardienne des traditions religieuses de son peuple ; après avoir lancé, son fameux édit du 1er mars 1835 interdisant la religion chrétienne dans toute l'étendue de son royaume, elle en chassa les missionnaires et leurs auxiliaires. Ce fut un désastre véritable pour la politique anglaise : l'Angleterre perdit en un jour le fruit de vingt années d'efforts prolongés et tout l'or que ses agents avaient jeté à pleines mains à cette noblesse hova d'une avidité insatiable.

Cependant la France fut rappelée sur la Grande-Terre par les Antankares du Nord ; ceux-ci, depuis l'époque de leur soumission à Radama (1824), avaient essayé à plusieurs reprises de secouer le joug des Malayous; désespérant, après une dernière lutte, de s'affranchir de la tyrannie odieuse de leurs vainqueurs, ils nous offrirent en échange de notre protection, leur territoire avec les îles du littoral. L'arrière-petit-fils de ce Lambouine que Beniowski appelle dans ses *Mémoires* le roi du Nord et qui est le premier souverain malgache que les Européens aient connu, Tsimiare, avait dû quitter son pays en 1840 et se réfugier à Nossi-Mitsiou; la jeune reine du Bouéni l'y avait précédé; l'un et l'autre firent abandon de tous leurs droits en faveur du roi de France, entre les mains du représentant du gouverneur de Bourbon. Le 5 mai 1841, le capitaine Passot prit solennellement possession des îles Mayotte et de Nossi-Bé où les populations des villages Antankares étaient venues rejoindre leurs souverains; elles y vivent encore à l'abri de notre drapeau, et leur ancien territoire où les Hovas possèdent deux ou trois petits postes militaires, n'est plus qu'une région dépeuplée et presque inculte.

C'est en 1845, c'est-à-dire dix années après l'expulsion de ses missionnaires, que l'Angleterre se vit contrainte par Ranavalo d'unir ses armes aux nôtres contre ses chers alliés les Hovas. La reine, dans un de ses accès de haine contre les étrangers, résolut de s'en débarrasser d'un seul coup; elle prétendit soumettre tous les traitants européens établis à Madagascar aux lois du pays et proclama le décret suivant :

« A partir de ce jour, tous les habitants et commerçants seront tenus de se soumettre à la loi malgache, faite en ce jour, concernant les étrangers, c'est-à-dire : de faire toutes les corvées de la reine, d'être assujettis à tous les travaux possibles même ceux des esclaves, de prendre le tanghin lorsque la loi les y oblige, d'être vendus et faits esclaves s'ils ont des dettes et d'obéir à tous les officiers et même aux derniers des Hovas ; il leur est défendu de sortir de Tamatave sous aucun prétexte et de faire aucun commerce avec l'intérieur de l'île.

« Si, dans quinze jours, il n'ont pas accédé au décret présent, leurs clôtures seront brisées, leurs marchandises pillées et eux-mêmes seront embarqués. »

Ces dernières menaces du décret furent mises à exécution malgré la présence dans la baie de Tamatave des corvettes françaises le *Berceau* et la *Zélée* et de la frégate anglaise le *Conway*. Les Hovas, après avoir dévasté et pillé les propriétés des traitants, les forcèrent brutalement à s'embarquer; sur les vingt-trois expulsés, il y avait douze Anglais et onze Français. A la suite de ces faits, le 15 juin 1845, les trois bâtiments de guerre ouvrirent le feu contre le fort et la ville où se déclara l'incendie. Les compagnies de débarquement, composées de trois cent-vingt hommes furent mises à terre; elles attaquèrent la forteresse et livrèrent dans les fossés de la double enceinte fortifiée un rude combat corps à corps aux Malayous. Ceux-ci, battus et refoulés, rentrèrent en désordre dans le fort en laissant aux mains des vainqueurs qui se le partagèrent le drapeau de Ranavalo.

Les Hovas n'osaient ni se montrer, ni fuir de leur forteresse dans la crainte de tomber au pouvoir de l'ennemi; cachés dans les casemates, ils redoutaient son irruption dans la batterie lorsque le rappel fut battu sur la plage. Les détachements regagnèrent alors le rivage; pendant que les compagnies se reformaient avant de se rembarquer, les Hovas, profitant de cette retraite qu'ils considéraient comme une feinte, évacuèrent en toute hâte le fort. Les fuyards abandonnèrent à son misérable sort leur commandant obligé de mourir à son poste. Entouré de quelques fidèles, le général hova s'était couché au milieu de la cour principale et vidait avec ses compagnons des bouteilles de rhum. Ces malheureux recouraient à l'abrutissement de la lourde ivresse pour échapper à l'horreur de leur situation; ils s'attendaient à périr par les armes.

Nous avions perdu quinze soldats de marine dont trois officiers, et les Anglais quatre matelots; les pertes de l'ennemi s'élevaient à plus de quatre cents hommes.

La retraite des Européens était bien définitive; on se contenta de cette démonstration et les Hovas purent revenir dans la nuit réoccuper le fort et la ville sans aucun obstacle; ils se virent victorieux, et passant aussitôt d'une frayeur stupide aux fureurs sauvages de la victoire, ils élevèrent sur le rivage l'odieux trophée dont nous avons parlé. Le lendemain matin, les marins des deux nations purent apercevoir de leurs vaisseaux les dix-neuf têtes de leurs infortunés camarades tués dans le combat, fixées au bout de sagaies plantées en terre et échelonnées sur le rivage. Une pareille barbarie demandait une vengeance immédiate; mais, les commandants préférèrent en référer à leurs gouvernements respectifs et levèrent l'ancre.

Aussi cette expédition anglo-française qui s'est résumée tout entière dans un inutile et brillant fait d'armes, mérite-t-elle toutes les critiques et toutes les attaques dont elle a pu être l'objet. Si le commandant de nos vaisseaux, M. Romain-Desfossés, a trouvé des défenseurs de sa conduite, celle-ci ne restera pas moins digne des blâmes les plus sévères.

L'expédition eut ses résultats : la France et l'Angleterre subirent la loi des vaincus. Non contents de maintenir leurs lois de proscription, les Hovas fermèrent tous les ports de l'île aux navires européens; ce n'était pas seulement l'anéantissement du trafic général : les îles Maurice et de Bourbon eurent à souffrir d'une véritable disette de viande pendant toute la longue durée de la non-exportation des bœufs.

La nouvelle des événements de Tamatave souleva en France l'indignation générale; le ministère se décida à envoyer contre les Hovas, sous le commandement du général Duvivier, une expédition assez forte en vaisseaux et en hommes pour vider d'une façon définitive la question de Madagascar; mais, les Chambres, cédant à la pression d'une opposition de parti pris, refusèrent les fonds nécessaires malgré les protestations de MM. Guizot et de Mackau. Tandis que le gouvernement français se trouvait ainsi réduit à dévorer l'ignoble insulte faite à notre drapeau, l'Angleterre qui avait consommé la ruine de son influence à la cour d'Emyrne en combattant à nos côtés, ne restait pas inactive. Aiguillonnée sans doute par sa rivalité jalouse et inquiète, elle ne recula devant aucun moyen pour renouer des négociations avec les Hovas. Bien qu'il en coûtât à la morgue britannique, le cabinet de Saint-James subit toutes les conditions humiliantes de Ranavalo-Manjaka; la reine demandait 15,000 piastres d'indemnité avant d'entamer aucune négociation; cette somme lui fut versée et en juin 1854 la Grande-Terre rouvrait ses ports au commerce européen (1). Toute cette affaire

(1) Nous croyons devoir rapporter la convention anglo-hova; ce document est plein d'enseignements :

Antananrivo, 23 asoratany 1854 (23 octobre 1854.)

« *A Messieurs J. Cameron et A. Mangeot, et aux personnes qui les ont envoyés payer la somme stipulée pour l'offense commise par William Kelly et Romain-Desfossés et leurs compagnons, à bord de trois navires.*

« J'ai à vous informer que j'ai parlé à nos officiers supérieurs et que nos officiers supérieurs ont parlé à notre reine au sujet des 15,000 piastres qu'il a été proposé que vous payiez en raison de l'offense commise par Romain-Desfossés et William Kelly, et leurs compagnons, à bord de trois navires, sur votre déclaration que le payement de cette somme ne vous donne aucun droit, ni sur le territoire ni sur le royaume.

« Or, en ce qui regarde les 15,000 piastres, nos officiers supérieurs ont ordonné de recevoir l'argent; nous le recevrons donc, et le commerce sera ouvert.

« Et ainsi le commerce sera ouvert. Comme les droits de douane n'appartiennent à personne autre qu'à la reine de Madagascar, nous percevrons les droits de douane sur les importations et sur les exportations, comme ci-devant; car nous ne changeons rien.

« En ce qui concerne l'exportation d'esclaves outre-mer, Radama n'était pas partisan de ce trafic, et notre reine n'a

avait été conduite par les R.R. Cameron et Ellis. Ce dernier était un agent politique d'une habi-

apporté aucun changement à cet égard. En conséquence, nous ne pouvons exporter d'esclaves outre-mer.

« Et ceci vous a été dit aussi : Un certain Européen, un Français, a pris possession d'une portion de terre à Ibaly, pour servir de port pour recevoir des navires; il y a construit une maison et un magasin, et il y réside. Nos officiers supérieurs ont, en conséquence, envoyé des soldats pour le chasser au delà de la mer. Nous ne le mettrons pas à mort; mais sa propriété sera confisquée, comme provenant de notre dépouille; car il s'est emparé d'un port. Mais, quoique nous ayons dit que nous ne le tuerions pas, cependant, s'il tue quelqu'un de nos soldats, les soldats le tueront. Et ceci vous est dit pour que vous ne veniez pas dire : Pourquoi, après l'ouverture du commerce, détruisez-vous de nouveau les propriétés des Européens?

« Et l'on vous a dit encore : Si un Européen débarque à un endroit du territoire de Madagascar où il n'y ait point de poste militaire, et en prenne possession pour en faire un port, cette conduite constituera une agression, et sa propriété sera confisquée à notre profit, et lui-même sera chassé au delà de la mer.

« Et il vous a été dit aussi que, par la raison que chaque souverain a établi la loi du pays qu'il gouverne — que ce soit notre souverain ou le vôtre — les choses que chez nous nous ne vendons pas ne doivent pas être emportées à bord de navires sur la mer; et quant aux choses que vous ne vendez pas, il est bien entendu que vous n'avez pas besoin de venir les mettre en vente chez nous.

« Adieu, salut, etc., à vous.

« Ainsi dit.

« *Signé* : RAINIKITAKA,

« 13º *Honneur officier du palais*. »

leté et d'une souplesse remarquables ; il parvint à faire tolérer son séjour à Tananarive par Ranavalo qui accorda, il est vrai, la même faveur aux Jésuites malgré les efforts du missionnaire anglican. Le gouvernement impérial s'empressa de confier aux Jésuites la direction de la politique française, alors que nous avions à Emyrne des hommes tels que MM. de Lastelle et Laborde. Ces Français possédaient depuis longues années l'amitié de Ranavalo comme Robin avait eu les faveurs de son prédécesseur. Mais nos Ministres de la marine qui sont les fidèles gardiens des pires traditions, ont toujours vu dans le missionnaire le précieux et nécessaire instrument de toute colonisation. Dieu merci! les R. P. Jésuites nous ont enfin donné à Madagascar la mesure de leur valeur comme agents politiques, et de leur dévouement comme Français. Tandis que les clergymen méthodistes employaient toute leur activité et toute leur intelligence au service de leur patrie, ceux-là travaillaient sous la protection de notre drapeau, à s'assurer la propriété de la Reine des côtes africaines comme ils s'étaient rendus maîtres des colonies hispano-américaines. Leur ambition effrénée, déguisée sous un zèle religieux dont les excès blessaient les vieilles traditions de tout un peuple, n'a eu d'autre effet que d'augmenter les méfiances des Hovas envers la France et de provoquer des catastrophes. Ils peuvent revendiquer leur part de responsabilité dans la révolution nationale qui a entraîné la chute de Radama II.

Les derniers événements qui ont causé le conflit franco-malgache ne sont qu'une conséquence de cette révolution que nous raconterons plus loin. Depuis lors, les relations du gouvernement hova avec la France se sont renouées sans pouvoir jamais se rétablir sur le pied d'une franche amitié; et, malgré les efforts de nos consuls, la rupture était une chose inévitable et prévue.

Aujourd'hui, l'Angleterre triomphe à Emyrne : la reine des Hovas appartient à la religion anglicane, et les R. P. Jésuites du péristyle de leur chapelle désertée peuvent voir la population de Tananarive conduite au temple à coups de bâton.

Le peuple malgache était le prix de la lutte acharnée que se sont livrée les missionnaires catholiques et anglicans : la Victoire a échappé à ceux qui luttent *ad majorem Dei gloriam*, pour rester à ceux qui combattent *pro Patriâ*.

Mais le clergiman qui a assuré le triomphe de la politique anglaise, ne deviendra-t-il pas la cause de sa ruine complète? Un peuple que le bâton courbe sous la loi d'un nouveau Dieu, n'a rien perdu de la foi de ses pères ni de ses coutumes religieuses. Le moment de la réaction n'est peut-être pas si éloigné et il y a une roche Tarpéienne derrière le palais des souverains hovas.

Quant à la France, elle n'a ni perdu ni abandonné ses droits de souveraineté sur Madagascar; ces droits sont consacrés par le temps aussi bien que par la reconnaissance des États de l'Europe; lorsque la France, au lendemain de la guerre de 1870, s'est trouvée dans la nécessité de se replier sur elle-même, des intéressés ont présenté aux peuples des diverses régions de la terre, son rôle passif au dehors comme un état d'impuissance. C'est ainsi que sous ces instigations étrangères, notre drapeau a subi sur tous les points du littoral de Madagascar des insultes et des humiliations de tous genres... *A quelque chose malheur est bon...* Les Hovas viennent de donner au ministère l'occasion de rétablir notre autorité suzeraine sur l'ancienne île Saint-Laurent.

La République qui a sauvé la vieille France de sa ruine est bien capable de rétablir l'ancienne France coloniale.

CHAPITRE V

SÉJOUR SUR LE LITTORAL

Relations des voyageurs avec le commerce indigène. — La propriété de Renofane. — Trottet renonce à la concession de son frère. — Visite aux villages maritimes de la côte. — Foulpointe et Fénerif. — Le *Fatidrah* ou le serment du sang. — Son utilité pour les Européens. — Rozan frère de sang d'un négociant malgache. — Préparatifs de départ des voyageurs pour la capitale. — Mode de locomotion des Malgaches. — Fitacon et bourgeanes. — Promenade en fitacon dans la campagne de Tamatave. Conseils du négociant de Tamatave à ses amis vazas avant leur départ.

Nos voyageurs étaient précisément arrivés à Tamatave vers la fin de l'hivernage; comme les grandes chaleurs et les pluies diluviennes régnaient encore, ils durent attendre le retour de la belle saison pour *monter* à Tananarive : la capitale des Hovas se trouve située à douze ou quinze journées de marche du littoral, sur les hauts plateaux du centre de la grande île.

Rozan et Trottet surent mettre à profit leur séjour de cinq semaines sur la côte; ils s'occupèrent avant tout du placement de leur pacotille; la vente de leurs marchandises leur demanda du temps, mais elle leur procura de très beaux bénéfices et des relations utiles; leurs acquéreurs, pour la plupart marchands indigènes, leur donnèrent sur les mœurs, les coutumes et les ressources du pays toute une foule de détails précieux à connaître.

C'est ainsi que Trottet acquit la certitude que la propriété de son frère, située à Rénofane n'était qu'une simple concession actuellement perdue par suite de son abandon. De l'avis de tous ces commerçants, il n'y avait pas à regretter cette perte; plusieurs *vazas* s'étaient succédé sur cette plantation et aucun n'avait réussi dans ses essais de culture; la terre était de médiocre qualité et l'endroit très malsain. Il valait beaucoup mieux créer un nouvel établissement agricole dans une région d'un climat moins meurtrier aux étrangers; il existait aux alentours mêmes de Tamatave de vastes territoires au sol d'une richesse exceptionnelle dont la cession était facile à obtenir du gouvernement hova; celle-ci dépendait des ministres de la reine, aussi incapables les uns que les autres de résister aux cadeaux d'argent. Ces renseignements concordaient tous ; ils tiraient de la diversité de leur source un indéniable caractère d'exactitude.

Trottet ne put s'empêcher de le reconnaître ; sans chercher à dissimuler le déplaisir mortel que lui causait le brusque écroulement de ses beaux rêves de planteur, il comprit la nécessité de différer jusqu'à nouvel ordre la réalisation de ses grands projets agricoles ; il interrompit donc le cours de ses démarches près de notre consul et du gouverneur hova pour sa rentrée en possession de la propriété de Rénofane. Les succès de son ami dans la conduite de leurs opérations commerciales venaient de lui révéler les ressources et les avantages du trafic. N'était-ce pas là pour un esprit entreprenant et actif le moyen le plus sûr et le plus rapide d'arriver à la fortune qu'il était venu chercher à la Grande-Terre ?

Leurs affaires terminées, les voyageurs en attendant l'époque de leur départ fixé à la mi-avril, visitèrent les villages maritimes de la côte, entre autres Foulpointe et Fénerif.

Foulpointe ou *Voulou-Voulo* est à dix-huit lieues environ dans le sud de Tamatave ; la côte qui relie ces deux points, formée par des sables blancs bordés de récifs est inégale, médiocrement élevée et couverte de belles forêts qui viennent mourir au rivage.

Ce village maritime dont les maisons encloses sont cachées dans l'épais feuillage de magnifiques manguiers, est situé au milieu d'une plaine d'un aspect des plus riants; deux ou trois ruisseaux aux rives boisées la traversent et entretiennent la fraîcheur de l'air.

Le mouillage de Foulpointe qui a été un de nos premiers établissements de Madagascar, ne peut être fréquenté que dans la belle saison; il est fermé par un large récif qui ne met pas à l'abri des vents du Nord de l'hivernage. Après l'occupation de Foulpointe, Radama, sur les conseils des Anglais, songea à faire de *Voulou-Voulo* le principal port de son royaume. En 1823, il y envoya sous la conduite du chef Rafalahary deux mille de ses sujets, pour jeter les premiers fondements d'un port militaire et commercial.

La petite ville de Fénerif, bâtie sur une partie concave du littoral est située par 17°23' Sud et 47°3' longitude Est; ses habitants sont les meilleurs marins de la côte orientale et les plus habiles constructeurs de pirogues de toute la Grande-Terre. Ces indigènes vendent leurs belles pirogues à Tamatave, à Foulpointe et dans les autres provinces du Sud; ils font également un grand commerce avec les *hourites* (pieuvres) qui abondent sur leurs récifs. Les Malgaches sont très friands de la chair des pieuvres; ils la conservent en la faisant boucaner ou dessécher au soleil.

A leur retour de Fénerif, les deux amis s'occupèrent des nombreux préparatifs qu'exige le long et périlleux voyage de Tamatave à Antananarivo (Tananarive.) Ces deux villes distantes l'une de l'autre de quatre cent kilomètres ne sont reliées entre elles par aucune voie de communication. Il n'existe d'ailleurs à Madagascar d'autre route que les sentiers tracés par les pieds nus des indigènes et le sabot fourchu des bœufs.

Le chemin qui conduit à Tananarive longe le rivage, traverse tout un chapelet de lacs et de larges rivières, contourne et gravit des pics aux flancs abrupts et dénudés, passe au travers d'épaisses forêts presque impénétrables, descend dans des vallées profondes ou côtoie des précipices sans fond avant d'atteindre les hauts plateaux dont les ondulations sans fin cachent dans leurs replis des marécages mouvants.

Pendant ce voyage de douze ou quinze jours on rencontre de loin en loin de misérables villages servant d'étapes et placés comme autant de jalons sur cette route semée d'obstacles insurmontables et de dangers de toute sorte. On pourrait se rendre dans l'Ankove par une voie plus directe et plus facile, en se dirigeant immédiatement sur le grand cap basaltique qui s'élance de la masse des montagnes presqu'en face de Tamatave; de la côte, on aperçoit dans le dernier horizon sa silhouette colossale dominant la forêt d'Alanamatoatrao. Radama, après sa première expédition militaire sur la côte orientale (1817) était remonté à sa capitale par cette route directe; il en interdit aussitôt après l'usage : elle menait trop vite à Tananarive. « Si les Européens, répétait souvent ce conquérant, trouvent un chemin pour aller à Antananarive, c'en est fait de la puissance des Hovas. »

Le chemin que le conquérant ordonna de suivre est le seul qui existe encore; il passe par les endroits les plus malsains de toute l'île.

Les Malgaches ne se servent ni de bêtes de somme ni de voitures; des porteurs et des palanquins en forme de fauteuil les remplacent : — d'un bout à l'autre du pays madécasse tout se transporte à dos d'homme.

La chaise à porteur malgache se nomme *tacon* ou *filacon* sur la côte et *filanzane* chez les Hovas; elle sert pour tous les grands voyages aussi bien que dans les plus courts trajets; il n'y a que les esclaves et les gens pauvres qui aillent à pied. Le fitacon est un appareil de locomotion des plus simples; il consiste en un siège fixé par des crochets ou d'autres liens à deux bâtons de 2,50 de longueur dont le parallélisme est maintenu au moyen de traverses en fer. Par suite de leur assemblage, les fortes barres de bois et les traverses forment un solide cadre au milieu duquel se trouve suspendu le siège composé soit d'un morceau de peau de bœuf ou de rabane, soit d'une claie, d'un hamac ou d'un fauteuil en rotin au dossier légèrement renversé. Une petite planchette suspendue à des cordes et placée en avant sert à reposer les pieds. Les femmes sont portées d'ordinaire assises ou couchées dans des espèces de civières, qu'abritent des rideaux. Cet appareil bizarre une fois monté, quatre hommes — deux à chaque barre — l'enlèvent de terre, le chargent sur leurs épaules nues et se mettent en marche en prenant un trot qu'ils conservent. Les *bourgeanes* — c'est ainsi qu'on appelle les porteurs de profession des fitacons — sont des coureurs infatigables; ils ne font pas moins de sept à huit kilomètres à l'heure sous les rayons brûlants du soleil et par des chemins impraticables à nos meilleurs chevaux de montagne.

Rozan s'adressa pour le recrutement des seize bourgeanes et des dix porteurs nécessaires aux deux fitacons et au transport des bagages, à un grand négociant malgache de la ville; il pouvait se fier en toute sécurité à ce riche indigène qui n'avait rien à lui refuser; il aurait pu lui demander le partage de sa fortune, voire même le sacrifice de sa vie et l'obtenir. Le *vaza* et le *Madécasse* s'étaient liés par le *fatidrah* (1) : ils étaient devenus *frères de sang*.

C'est ici le lieu de parler de cette coutume admirable qui règne dans toute la grande île africaine; elle est pratiquée et respectée sur la côte orientale aussi bien que dans les provinces de l'intérieur et chez toutes les peuplades sakalaves de l'Ouest. Le serment du sang (*fatidrah*) n'est jamais violé; ceux qui se sont liés par ce pacte d'amitié indissoluble ne mesurent ni leur dévouement, ni la grandeur des sacrifices; la parenté de convention qui s'établit entre deux frères de sang est plus sûre que la parenté naturelle. Cette coutume rappelle la fraternité d'armes de nos anciens chevaliers; elle honore le peuple qui la pratique, car elle grandit et sanctifie l'amitié qui est respectée dans toutes

(1) Le conquérant Radama s'était uni par le fatidrah aux agents de l'Angleterre; le fils et le successeur de sa veuve, Rakout, contracta également ce serment avec notre compatriote, M. Lambert, qui devint ainsi le frère de Radama II.

ses expressions. La femme et l'étranger possèdent le droit de s'unir à un ami malgache par le *fati-drah*.

Les fatidrahs que contractent entre eux ou avec des vazas de dictinction les rois et les chefs de tribus, les princes et les grands seigneurs, donnent lieu à des cérémonies remarquables par leur grand caractère de sollennité religieuse (1); mais

(1) M. Leguével de Lacombe qui a contracté très souvent dans le cours de ses voyages à travers Madagascar, le serment du sang, raconte de la façon suivante une de ces cérémonies qui eut lieu dans un village de la province de Bétanimena, sur la côte orientale de l'île :

« Un vieillard presque septuagénaire, ancien ministre du chef d'Andevourante, remplissait les fonctions de prêtre et de magistrat. Il prit dans son *seidik* (un rasoir) et deux petits morceaux de *sakarivo* (gingembre), une balle, une pierre à fusil et du riz en herbe, puis il mêla à tous ces objets quelques grains de poudre qu'il prit dans sa corne de chasse. Après avoir déposé sur la natte qui couvrait le plancher le rasoir et le gingembre, il mit le reste dans un bassin d'eau limpide qu'un esclave venait d'apporter. Prenant ensuite deux sagaies des mains d'un officier du chef, il plongea la plus grande dans le bassin et l'appuya au fond du vase. Il se servit de l'autre sagaie pour frapper sur le fer de la première, comme les nègres sur un tam-tam en prononçant la formule du serment. Il me demanda plusieurs fois ainsi qu'à mon futur parent, si je promettais de remplir tous les engagements que ce serment m'imposait; sur notre réponse affirmative, il nous prévint que les plus grands malheurs retomberaient sur nous, si nous ve-

généralement, ce pacte d'alliance que deux amis scellent de leur sang se fait avec une simplicité des plus touchantes, en présence des notables de l'endroit; les contractants laissent tomber d'une petite coupure faite au doigt ou à quelque autre partie du corps, quelques gouttes de leur sang sur un morceau de gingembre dont ils font l'échange, et chacun avale alors le morceau imbibé du sang de l'autre en prononçant des imprécations terribles contre celui qui viendrait à manquer à cet engage-

nions à y manquer. Puis il prononça les conjurations les plus terribles, en évoquant *Angaeth*, le mauvais génie. Ses yeux s'animèrent par degrés et prirent une expression surnaturelle lorsqu'il nous dit d'une voix sonore et fortement accentuée : « Que le caïman vous dévore la langue, *abelarouai!* (imprécation très commune dans la langue des Malgaches ; ils la font suivre ordinairement du mot *hafiri*, juron qui paraît avoir été importé par les Arabes); que vos enfants soient déchirés par les chiens des forêts ; que toutes les sources se tarissent pour vous et que vos corps abandonnés aux *vouroundoules* (effraies) soient privés de sépulture, si vous vous parjurez. » Cette première partie de la cérémonie terminée, le vieillard fit à chacun de nous une petite incision au-dessus du creux de l'estomac, imbiba les deux morceaux de gingembre du sang qui coulait et donna à avaler à chacun de nous celui qui contenait le sang de son frère. Il nous fit boire aussitôt après dans une feuille de ravanéla, une petite quantité de l'eau qu'il avait préparée. En sortant pour nous rendre à un banquet de rigueur, servi sur le gazon, nous reçûmes les félicitations de la foule qui nous entourait. »

ment solennel. A partir de ce moment, le sort des deux amis est lié ; ils sont frères et se doivent l'un à l'autre dans toutes les occasions de la vie. Tous leurs biens deviennent communs et leurs épouses elles-mêmes n'échappent pas à cette communauté. L'Européen seul se trouve affranchi de cette dernière clause d'une suprême incompatibilité avec ses mœurs.

Cette alliance doit toujours être recherchée par les étrangers appelés à faire du commerce sur les côtes ou bien à voyager dans l'intérieur de l'île. C'est le plus sûr et l'unique moyen d'assurer à leur trafic une protection qui n'existe pas légalement et de se créer des amis dévoués dans toutes les provinces de l'île.

Le fatidrah contracté par Rozan s'était fait avec une certaine solennité ; le négociant malgache avait réglé lui-même la cérémonie qu'il eut la délicate attention de faire présider par un des vieux amis de la princesse Juliette. Voici la façon dont officia ce vieillard qui avait assisté au fatidrah des rois d'Emyrne et de Tamatave (1).

Après avoir pris place au milieu du cercle formé par les invités, le viellard se fit apporter un bassin d'eau limpide, un couteau, une sagaie et une ba-

(1) Radama Ier et Jean René.

guette de fusil. S'adressant alors au vaza et à l'indigène qui avaient pris place à ses côtés, il leur demanda s'ils voulaient se faire frères et sur leur réponse affirmative, il leur donna à tenir la sagaie et la baguette de fusil dont les pointes plongeaient dans l'eau du vase; prenant alors le couteau, il leur pratiqua de légères incisions sur la poitrine et reçut soigneusement le sang qui s'écoulait des blessures dans le bassin. Après le mélange des deux sangs, l'officiant prononça les paroles sacramentelles qu'il fit suivre du panégyrique des contractants. Lorsqu'il eut terminé son discours religieusement écouté par l'assistance, il présenta aux deux contractants qui déposèrent alors la sagaie et la baguette de fusil, le bassin d'eau rougie par leur sang. Rozan trempa le premier ses lèvres dans le breuvage et l'offrit au négociant malgache qui en but quelques gorgées. La cérémonie était terminée; les deux frères s'embrassèrent et le vaza offrit à l'indigène le cadeau d'usage. Celui-ci fit de son côté immoler deux bœufs que les invités mangèrent sur place.

Tout dans la cérémonie du fatidrah a une signification symbolique : l'eau limpide du bassin représente la pureté des intentions; la sagaie et la baguette de fusil, la communauté des armes et l'attente d'un secours mutuel; le mélange du sang, la fusion des êtres. Quant au bœuf, cet animal est le symbole de l'union des biens.

On devine le vif plaisir avec lequel le négociant malgache se chargea et s'acquitta de la commission de son frère le vaza ; il était aussi fier de sa confiance qu'heureux de lui rendre service. Non content de recruter, de choisir et d'engager la petite troupe de porteurs nécessaires, il surveilla lui-même l'empaquetement des bagages et les compléta par l'addition de plusieurs caisses de provisions de bouche. Grâce à ses soins diligents, les voyageurs se trouvèrent tout prêts à se mettre en route quelques jours avant l'époque fixée.

L'avant-veille de leur départ, les deux amis, dans le but de se rendre compte du mode de locomotion malgache, firent en filacon une promenade *extra muros*. La campagne de Tamatave se développe derrière l'étroite langue de sable où est bâtie la ville ; elle est belle et d'un riant aspect. C'est toute une succession de prairies entrecoupées de halliers peuplés par des myriades de magnifiques papillons ; çà et là de petites flaques d'eau autour desquels vont et viennent continuellement les bœufs répandus dans la plaine ; plus loin, des bois d'orangers chargés de leurs fruits d'or et de leurs fleurs parfumées au fond desquelles les abeilles s'endorment, dit-on, au bruit de leur propre bourdonnement ; dans le lointain, derrière la masse sombre des forêts une ligne de montagnes sans fin qui ferme l'horizon.

Doucement bercés sur les épaules des bourgeanes, Trottet et Rozan admiraient ces frais et riants paysages, lorsque leurs porteurs se mirent à courir. Ce changement d'allure arracha brusquement les promeneurs de leur contemplation ; violemment ballottés dans leurs sièges de rotin, ils cherchaient vainement à soustraire leurs corps qui dansaient aux chocs de droite et de gauche. Ce fut bientôt au tour des porteurs de les inquiéter ; au bout de quelques minutes, ces hommes suaient et soufflaient au point de faire croire qu'ils allaient tomber et mourir sur place. Les deux amis sous l'empire de la crainte d'un aussi déplorable accident, mirent pied à terre et interrompirent leur promenade ; ils se demandaient comment ces malheureux pourraient jamais gravir des montagnes à pic, franchir des rivières, enjamber des quartiers de roc et supporter les fatigues d'un long voyage tout rempli d'obstacles.

Dès leur rentrée en ville, ils s'empressèrent de faire part au négociant indigène de leurs vives inquiétudes.

— N'ayez, leur dit celui-ci, aucune crainte sur l'heureuse issue de votre voyage. Je n'ai qu'une seule recommandation à vous faire, et vous me promettrez de la suivre : — en aucun cas, surtout dans les endroits les plus périlleux, gardez-vous bien de quitter vos fitacons ; je vous réponds qu'en agissant de la sorte vous arriverez à Tananarive sans la moindre égratignure. Notre fitacon a certainement des inconvénients, mais c'est le seul véhicule possible dans l'intérieur. Reposez-vous sur les bourgeanes, sans vous inquiéter de leur manière de faire ; petits, mais bien découplés et d'une vigueur remarquable, ces marcheurs sont toujours sûrs d'eux-mêmes ; ils ne connaissent ni fatigues ni obstacles insurmontables.

CHAPITRE VI

VOYAGE DANS L'INTÉRIEUR DE L'ILE

Départ des voyageurs pour Tananarive. — Le *rarang* des bourgeanes. — Le village et la rivière d'Yvondrou. — La monnaie malgache. — La navigation en rivière et les crocodiles de Tanni-Bé. — Instinct des bœufs et intelligence des chiens. — La grosse dent du crocodile ou le reliquaire des rois. — Amboudissine et la *Cruche vénérée*. — L'hospitalité malgache. — Mœurs et coutumes. — Les enfants du *Vendredi* et les religieuses de Sainte-Marie. — Le *funfoud-amassi* et le culte des *ranzanes*. — Les grands lacs de la côte et leurs légendes. — Le tanghiun et les jugements de Dieu des tribus de Madagascar.

Dans la matinée du 15 avril, vers les neuf heures du matin, les deux voyageurs faisaient leurs adieux au frère de sang de Rozan et prenaient la route de Tananarive.

Leur petite caravane composée de trente hommes se dirigea directement sur Yvondrou ; cette première étape est située à deux lieues environ de Tamatave. Au sortir de la ville, les porteurs de bagages prirent les devants et bientôt après, les huit bourgeanes attachés au service de chacun des deux fitacons commencèrent à faire ce qu'ils désignent par le mot de *rarang* : ils prirent le trot en se relayant toutes les minutes, sans interrompre leur course. Pour arriver à se relayer de la sorte, les quatre porteurs du palanquin malgache sont immédiatement précédés par leurs remplaçants qui filent droit devant eux. A un instant donné, le fitacon est lancé par les premiers sur les épaules libres de leurs camarades; ceux-ci reçoivent le fardeau tout en continuant à courir, et les autres viennent immédiatement se placer devant les nouveaux porteurs. Ces hommes sont d'une telle adresse, qu'ils ne manquent jamais leur but; mais le voyageur éprouve à chaque changement de bourgeanes une secousse comparable à celle du tangage et du roulis combinés.

Après trois heures de marche à travers une immense plaine sablonneuse couverte d'une herbe rase et blonde, la petite troupe entrait dans le grand village d'Yvondrou, bâti sur les bords et à quelque distance de l'embouchure de la rivière du même nom. La belle rivière d'Yvondrou (1) dont

(1) «La rivière d'Yvondrou, dit M. Leguével de Lacombe, offre à l'œil du voyageur toutes les merveilles d'une végé-

la rive droite est couverte d'une épaisse forêt d'aroïdes gigantesques, est large et profonde; son cours présente toute une succession d'admirables paysages.

Dès leur arrivée à l'étape, Rozan que le négociant indigène avait désigné aux porteurs comme le chef de l'expédition, paya aux hommes le *karam*, c'est-à-dire le salaire pour la nourriture. Le prix qu'ils devaient recevoir pour toute la durée du voyage n'était que de 12 fr. 50 c. par tête; et dans cette rémunération plus que misérable, la nourriture se trouvait comprise pour 2 fr. 50 c. Les porteurs, en touchant immédiatement la moitié de cette dernière somme, c'est-à-dire 1 fr. 25 c., reçurent à titre d'en-

tation puissante. Des bois gigantesques en suivent le cours et enlacés aux flexibles rameaux des palmiers, forment des bosquets aussi impénétrables aux rayons du soleil qu'à l'homme. Leurs branches qui souvent fléchissent sous le poids de fruits savoureux, venaient plonger dans les eaux en passant par-dessus nos têtes, et nous cachaient la rive opposée. Des lianes indigènes, admirables par leur délicatesse, par les formes de leurs feuilles et les vives couleurs de leurs fleurs, s'étendaient d'arbre en arbre comme un vaste réseau de soie verte. Mais ces ombrages attrayants sont la retraite de terribles caïmans et de sangliers non moins redoutables. Notre marche était lente, et souvent arrêtée par des troncs d'arbres que les ans ou la tempête avait abattus, et qui, couchés en travers sur l'eau et dans les endroits où elle est peu profonde, retenaient une masse considérable de végétaux que le courant y accumulait sans

couragement une rasade d'arack qui valut aux vazas une ovation enthousiaste.

La monnaie du pays madécasse qui est partout la même, mérite une mention particulière. La pièce d'étalon est la piastre d'argent (cinq francs); celle-ci se subdivise à l'infini. Il existe dans tous les villages des changeurs occupés à couper des piastres par moitié, par quart et par fractions beaucoup plus petites encore. Leur mode d'opérer consiste tout simplement à placer la pièce à plat sur un bloc de pierre où ils la divisent avec un gros couteau, à grands coups de marteau. Comme tous ces morceaux, petits ou gros, diffèrent les uns

cesse. Les oiseaux qui peuplent ces forêts attiraient surtout mon attention. Tantôt j'admirais le plumage brillant du colibri, tantôt j'écoutais le chant mélancolique de la veuve et le caquetage des perruches noires qui se balançaient sur les branches les plus élevées des arbres voisins. Les perroquets noirs, le ramier vert, le pigeon bleu ou hollandais, et une foule d'autres oiseaux annonçaient aussi leur présence, le premier par un cri âpre et perçant, les autres par de doux roucoulements ou des sifflements prolongés. Les aigrettes seules restaient silencieuses et immobiles au bord de l'eau, et elles guettaient les petits poissons pour les harponner de leur long bec. Mon guide me fit remarquer aussi sur une feuille de songe le *vouroun-sanaroun*, cet oiseau ami et protecteur des hommes, qui leur annonce toujours la présence du caïman, et que tous les bons Malgaches vénèrent. »

des autres, la monnaie s'évalue au poids et tous les indigènes portent constamment sur eux une petite balance à main. « Ces petits instruments, dit le commandant Dupré, sont d'une délicatesse remarquable et leur servent à peser jusqu'à la sept cent vingtième partie d'une pièce de cinq francs, c'est-à-dire la valeur de trois quarts de centimes environ en argent. Jamais ils ne font de pesée sans une contre-épreuve qui consiste à faire passer après la première opération, l'argent d'un plateau dans l'autre. »

Après une halte de deux heures, on se remit en route. La traversée de l'Yvondrou qui a l'aspect d'un lac superbe, se fait en pirogue et dure une heure environ. La navigation en rivière à Madagascar est toujours des plus dangereuses. Les embarcations creusées au moyen du feu dans d'immenses troncs d'arbre ressemblent à des carottes de tabac, grâce à cette forme arrondie et effilée, si elles sont solides, il suffit d'un rien pour les faire chavirer, et tous les lacs et cours d'eau de Tanni-Bé sont peuplés de crocodiles.

Le crocodile de Madagascar (*crocodilus Madagarensis*) se distingue spécifiquement de ses congénères des régions africaines; et ceux-ci ne sont pas des caïmans, comme on le croit généralement; les alligators cantonnés en Amérique, dif-

CHAVIREMENT D'UNE PIROGUE AU MILIEU DE L'YVONDROU. (Page 176.)

fèrent des crocodiles par leur museau plus large, par leurs dents inégales en grandeur et en volume ainsi que par leurs pieds à demi palmés et sans dentelures.

Par leur voracité, les sauriens des eaux de la Grande-Terre méritent le nom de requins des fleuves; ils atteignent des grosseurs prodigieuses. Redoutables dans leur élément, ces reptiles à terre, n'attaquent jamais l'homme, mais ils poursuivent les femmes et les enfants; ils sont l'objet de la part des Malgaches, d'une sorte de vénération superstitieuse inspirée sans nul doute par la terreur. « Ils les redoutent, dit le Rév. Ellis, comme possédant un pouvoir surnaturel, et ils les invoquent dans leurs prières ou recherchent leur protection à force de déférence plutôt que de les attaquer. Brandir seulement une sagaie au-dessus de l'eau, serait regardé comme une sacrilège insulte à ces souverains des ondes, une insulte qui mettrait en péril la vie du coupable, la première fois qu'il s'aventurerait dans l'eau. »

Aussi, les dents de ces monstres sont-elles portées comme *talismans*.

Le joyau central de la couronne des souverains hovas est une dent de crocodile en or et les Sakalaves renferment les reliques de leurs rois dans des dents de crocodiles qui sont précieusement gardées dans la maison sacrée des ancêtres. La propriété de ces reliques constitue seule le droit de royauté; l'héritier légitime qui s'en laisse dépouiller se voit déchu du trône où il est remplacé par l'heureux voleur, et cet usurpateur jouit sans contestation de l'autorité souveraine. Les Hovas, à leur arrivée dans le royaume du Ménabé, se sont emparés des précieuses reliques sans s'inquiéter du roi; depuis, ils gardent à vue la maison des ancêtres sous prétexte de leur rendre les honneurs dus à leur mémoire et les Sakalaves du Ménabé acceptent sans murmurer la domination de ces Malayous.

C'est toujours la plus grosse dent du crocodile qui est choisie pour servir de reliquaire royal. Les indigènes se la procurent en attirant à l'aide d'entrailles de bœuf, les sauriens dans un bras étroit de rivière qu'on ferme ensuite aux deux bouts. Ils choisissent alors le plus énorme de tous ces monstres, ils l'enlacent de cordes, le tirent à terre et lui introduisent une patate brûlante à l'endroit de sa plus grosse dent. Un quart d'heure après l'application de ce singulier topique, la dent est facilement extraite et l'on rend l'animal à la liberté.

Les peuplades de la côte orientale, malgré leur vénération superstitieuse, ne se font aucun scrupule de détruire les petits crocodiles; ils récoltent encore concurremment avec les oiseaux et les serpents qui en mangent une grande quantité, les œufs de ces reptiles; gros et de forme allongée plutôt qu'ovales, ces œufs sont conservés en sac après avoir été bouillis et séchés au soleil et servent d'aliments.

Suivant une erreur accréditée par une singulière méprise des voyageurs, on a représenté le crocodile comme un animal qui fuit au moindre bruit ou par l'agitation violente de l'eau. Malgré le vacarme que font avec leurs cris et le battement de leurs pagaies les bateliers madécasses tout autour des bandes de bœufs qui descendent ou traversent les rivières à la nage, les crocodiles ne cessent de donner la chasse à ces animaux; ils réussissent toujours, bien que les pirogues cernent et protègent le troupeau contre leurs attaques, à saisir et à entraîner quelques zébus qui sont aussitôt engloutis.

Lorsque le bœuf arrive sur les bords du Mangour dont l'embouchure dans l'Océan est à vingt milles sud de Tamatave, il beugle instinctivement de terreur avant d'entrer dans l'eau. « Les bœufs pleurent quand ils arrivent sur les bords du Mangour, disent les Malgaches, parce qu'ils sentent le crocodile. »

C'est dans cette périlleuse traversée des fleuves,

que le chien donne une preuve indéniable de son intelligence. Il descend d'abord la rive en jappant de toutes ses forces, puis il la remonte silencieux et en courant de toute sa vitesse, se jette à l'eau et traverse la rivière au plus vite en s'aidant du courant. Les bateliers eux-mêmes sont exposés à de continuels périls, surtout lorsqu'ils naviguent la nuit. En plongeant sa palette le long de la pirogue, le pagayeur est saisi subitement par le bras, entraîné dans la rivière et dévoré. De pareils accidents sont si fréquents dans toutes les parties de l'île que la population d'Yvondrou se trouvait encore sous l'émotion d'un malheur de ce genre au moment de l'arrivée des voyageurs; ceux-ci se rappelèrent que quelques mois auparavant, un créole de Maurice avait chaviré en traversant cette rivière; entouré, saisi et entraîné par les crocodiles, il avait été dévoré sous les yeux de ses bateliers qui, leur embarcation remise à flot, s'enfuirent de toute la vitesse de leurs rames. Le souvenir de ce drame ne cessa d'obséder l'esprit des deux amis pendant toute la durée de la traversée du fleuve.

La petite troupe, après s'être reformée sur la rive droite de l'Yvondrou, atteignit au bout d'une heure de marche à travers un chemin sinueux et ombragé par une plantation naturelle de citronniers, le petit village à jamais célèbre d'Am-

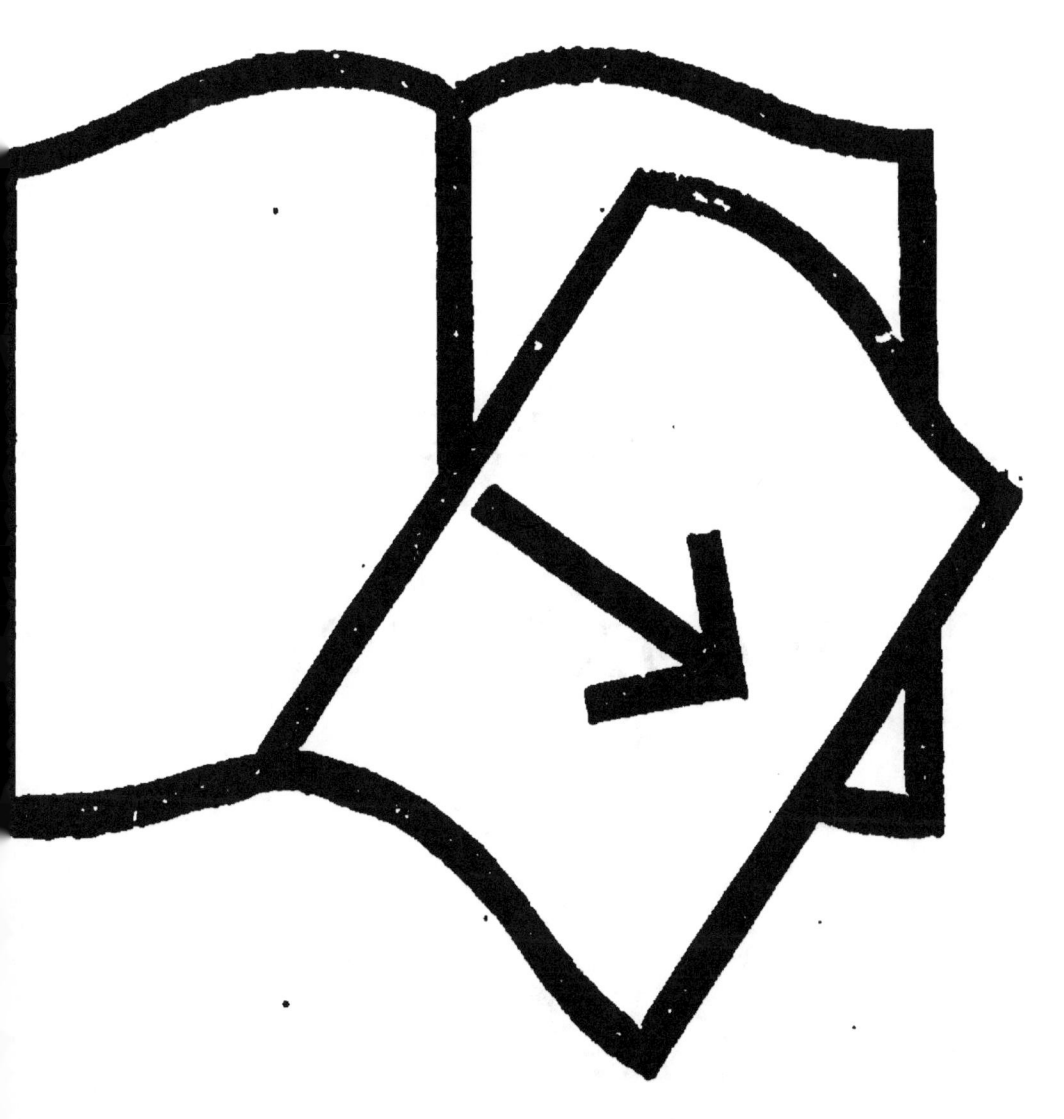

Couvertures supérieure et inférieure manquantes

VOYAGE

à

MADAGASCAR

VOYAGE
A
MADAGASCAR

PAR

J.-L. MACQUARIE

Illustrations de L. HOUSSOT
d'après les croquis inédits de M. J.-B. BLANCHARD
Secrétaire de la Mission française du Couronnement de Ranavalo II

PARIS

E. DENTU, ÉDITEUR
LIBRAIRE DE LA SOCIÉTÉ DES GENS DE LETTRES
PALAIS-ROYAL, 15-17-19, GALERIE D'ORLÉANS

—

1884

Droits de traduction et de reproduction réservés

MADAGASCAR

ET LES MALGACHES

INTRODUCTION

DÉPART DES VOYAGEURS POUR MADAGASCAR

Une réunion intime de créoles des iles Mascareignes à Paris. — Charles Trottet annonce son départ pour Madagascar. — Ses projets d'établissement et d'exploitation agricoles à la *Grande Terre*. — Bois précieux et caféiers. — Les concessions Hovas. — Le traité Lambert. — Radama. — Le tribut des Hovas et l'*Affaire des Clous*. — Le député de la Réunion, M. de Mahy. — Rozan se décide à accompagner Trottet. — Départ des voyageurs pour la grande ile africaine.

Le 1ᵉʳ novembre 1878, — deux jours après l'arrivée, à Paris, de la *Malle* de l'Indo-Chine, — nous nous trouvions réunis une dizaine de créoles des îles de France et de la Réunion chez notre compatriote Maurice Rozan, pour faire un déjeuner à la mode du pays.

Les créoles originaires des deux *îles Sœurs* de la mer des Indes, qui suivent les cours des diverses Facultés de Paris, ne vivent qu'à *l'européenne* dans le quartier Latin où ils sont disséminés au milieu de tous les étudiants. Une fois par mois, à l'époque de la réception de leur courrier, ils se recherchent les uns les autres et se rassemblent par une sorte d'attraction instinctive. On dirait qu'il s'échappe de l'enveloppe de chaque lettre un souffle d'air natal qui réveille, en même temps que les souvenirs de la famille, toutes les habitudes du premier âge. On éprouve, en échangeant ses nouvelles et ses impressions, comme un besoin irrésistible de parler la langue maternelle et de revenir à la nourriture des colonies. Aussi n'est-il pas rare de voir pendant ces quelques jours de nostalgie les amis d'enfance et de collège se réunir chez l'un d'entre eux pour rompre avec le présent et reprendre l'ancien genre de vie.

Notre réunion avait ce caractère particulier d'intimité ; le déjeuner, exclusivement composé de riz cuit à l'eau et de plusieurs plats de *karis* indiens, fut plus arrosé de sauces au piment que de vins fins. Les nouvelles de la famille étaient bonnes; nous étions gais sans être bruyants. Seul, Charles Trottet, notre boute-en-train ordinaire, ne soufflait mot. Il nous laissait causer et semblait même étranger à la conversation générale.

— Que diable as-tu donc? lui demanda brusquement Rozan impatienté de son silence.

— Des ennuis, parbleu!... répondit Trottet. Mon père me rappelle pour aller rejoindre mon frère à Madagascar, et je ne sais vraiment quelle décision prendre... Je joue mon avenir dans ce voyage.

— Ta famille possède donc de grands intérêts chez nos voisins les Hovas? interrogea l'un de nous.

— Oui, de très grands... A la suite des catastrophes qui ont ruiné notre malheureux pays, deux de mes frères sont partis comme beaucoup de nos compatriotes pour la *Grande Terre*. L'aîné a acquis dans la province de Tamatave, à deux journées de marche de la côte, une propriété de plusieurs lieues carrées; il avait déjà défriché et planté de caféiers une assez grande portion de ce vaste territoire, lorsqu'une cruelle maladie l'a forcé de retourner au plus vite à la Réunion. Cette caférie se trouve depuis à l'abandon; mais, d'après des informations de source certaine parvenues à mon père, elle aurait continué à prospérer et serait sur le point d'entrer en rapport. Dans ces temps-ci, une belle récolte de café représente une véritable fortune.

Quant à mon second frère, il est fixé depuis plusieurs années à Tananarive comme médecin en chef de l'hôpital des Jésuites; ceux-ci sont même parvenus, en dépit des efforts des missionnaires anglais, à l'attacher en qualité de chirurgien à la personne sacrée de Sa Majesté Hova, la reine Ranavalou-Manjaka II. Depuis longtemps, mon frère me presse de venir le rejoindre pour partager sa haute fortune. Sans rejeter ses offres, je m'étais retranché jusqu'ici, afin d'expliquer mon indécision, derrière l'assentiment de mon père; ce courrier me l'apporte précisément.

En somme, je suis rappelé par les miens. Pourrai-je, à Madagascar, rétablir notre fortune perdue? Les voies, il est vrai, me sont toutes préparées, et j'ai la liberté de choisir entre une situation en quelque sorte privilégiée dans la capitale des Hovas ou l'exploitation de notre belle propriété de la côte orientale... Donc, la Fortune m'appelle le rivage de la grande île africaine; mais, pour aller me jeter dans les bras de l'inconstante Déesse, il me faut sacrifier tout le fruit de mes dix années d'études en pharmacie. Ne serait-il pas plus sage, de ma part, d'acquérir envers et contre tout, mon diplôme?... Qu'en pensez-vous?

— Diable! s'écria Paul D***... Nous prends-tu pour le Conseil des sept Sages de la Grèce?

— Pour de vieux amis qui me doivent leurs

conseils en toute circonstance, repartit Trottet. Et toi, qu'en penses-tu? me dit-il.

— Si tu te décides à partir pour Madagascar, je te conseillerai de te rendre immédiatement près de ton frère plutôt que de t'attarder à ta plantation de la côte.

— Et pourquoi?

— Pour mille bonnes raisons,... Si tu n'étais pas un Blanc ou *Vaza*, je n'hésiterais pas à te dire : Promène la cognée dans ton immense propriété où tu n'auras qu'à choisir entre tous les arbres magnifiques au bois précieux, si communs dans les forêts de la grande île africaine. Tu es taillé en Hercule et tu peux faire un rude bûcheron. Mais tu es un *Vaza* pour le Malgache, c'est-à-dire un homme de race supérieure et *Noblesse oblige*, surtout au pays madécasse : la hache et la pioche y sont faites pour les seules mains des Noirs. D'ailleurs, pour que l'exploitation de ces bois soit fructueuse, il faut un capital que tu ne possèdes pas. Quant à ta caférie et à ses récoltes pendantes, tu parais ignorer que le caféier est d'une culture aussi délicate et plus difficile que celle de la vigne; tu ne trouveras pas un laboureur, en France, qui osât s'improviser vigneron. Les caféiers de ton frère doivent être redevenus à l'état sauvage : — ils sont perdus. Interroge plutôt Crivelli dont l'ancêtre, M. Hubert, a introduit cet arbuste à Bourbon; sa famille possède encore les quelques rares et belles caféries qui existent dans notre colonie.

— En effet, dit Crivelli, nos grands propriétaires ont bien essayé de revenir à cette culture depuis la maladie des cannes à sucre; leurs infructueuses tentatives prouvent que le caféier est un arbre d'une venue difficile et exigeant des conditions de culture toutes spéciales. Il demande l'espace et l'ombre, un climat frais et une atmosphère humide; s'il redoute les grands vents, il aime la brise et recherche la lumière du soleil de midi tamisée par le feuillage épais du giroflier, dont les fleurs et les clous embaument l'air qu'il respire. Le giroflier est l'arbre de prédilection des caféiers; c'est sous son ombrage parfumé, que ces précieux végétaux se couvrent de fleurs et de fruits pendant une grande partie de l'année. Mais il faut plus de cinq ans pour que le caféier donne son premier ballotin de café. Une belle caférie ne s'improvise donc pas en quelques années, comme on le croit généralement; sa création peut assurer de beaux revenus et même la fortune pour l'avenir : elle exige de grandes dépenses dans le présent. Je crains bien, mon cher Trottet, que tu ne te fasses illusion sur la plantation de ton frère.

— Tu nous parles, objecta Trottet, d'ombrages

indispensables à l'aide de girofliers, d'exposition toute spéciale sous un climat particulier, d'air frais et humide; il n'existe cependant rien de tout cela dans la magnifique caférie qui se trouve aux portes du village de Salazie. Tous ici, nous connaissons cette station thermale de l'île de la Réunion.

— Tu oublies, répondit Crivelli, que cette vieille caférie est située dans une gorge de montagnes profonde où coule un ruisseau qui entretient l'humidité de l'atmosphère. Le soleil ne pénètre dans cet étroit couloir protégé contre tous les vents que pendant les quelques heures qui précèdent et suivent son passage au méridien. Aux alentours, sur les flancs des coteaux ou dans les vallées ouvertes, on ne rencontre plus un seul *pied de café*, comme disent nos vieux créoles.

... Mais, au fait, la propriété de ton frère ne peut être qu'une concession. Auras-tu même le droit de la reprendre?

— Une concession définitive, répondit Trottet; les titres de mon frère, parfaitement en règle, sont déposés chez notre consul de Tamatave.

— Ce n'est toujours qu'une concession, dit L***, et rien n'est moins sûr que les engagements des Hovas. Ces Malais africains sont toujours prêts à renier leur parole et à déchirer leurs conventions écrites. On peut dire qu'ils ont la ruse des

Grecs et la foi des Carthaginois. Des Mauritiens de mes amis se sont établis sur de pareilles concessions ; ils en ont tous été dépouillés après plusieurs années de travail et de dépenses, au moment où les terrains défrichés étaient devenus propres à la culture. Le moyen employé est des plus simples : les Hovas se gardent bien de recourir à l'expulsion brutale; sur un ordre qui arrive, on ne sait jamais comment, de Tananarive, les travailleurs disparaissent un beau matin de la plantation, et il vous est impossible de pouvoir les remplacer. Aucun Malgache de la région ne risquera sa vie pour venir travailler chez le *Vaza*. Le malheureux planteur, seul au milieu de ses champs et de ses ateliers désertés, dans une région couverte de forêts et sans voies de communication avec les ports de la côte, ne peut même pas essayer de résister. Il abandonne tout et regagne Tamatave où il arrive épuisé par les fatigues et les privations d'une longue route, ruiné et le désespoir dans l'âme. Tout aussitôt, après son départ, l'habitation se repeuple et les terrains sont transformés en rizières. Les concessionnaires ainsi dépouillés n'ont pas manqué de s'adresser à nos consuls anglais et ceux-ci ont essayé maintes fois de soutenir les droits de leurs nationaux. Mais la réponse des Hovas a toujours été invariable :« N'est-ce pas le Vaza lui-même qui a abandonné sa propriété? Qu'il y retourne; si nous avons établi des rizières dans les terrains, c'est afin de ne pas les laisser en friche. » Quelques-uns de mes compatriotes, après avoir pu rassembler quelques nouveaux milliers de francs, sont en effet retournés sur leurs plantations; mais, comme vous devez le penser, ils n'ont pas tardé à être de nouveau victimes des mêmes procédés. Le peuple Hova est resté fidèle à la vieille politique traditionnelle du fondateur de sa puissance : — *le sol malgache ne peut être possédé par l'étranger*. Cependant l'influence de l'Angleterre est prépondérante à Madagascar...

— La France, interrompit Trottet, a précisément sur l'Angleterre l'avantage de certains traités qui créent en sa faveur ce privilège de possession. Les Français seuls peuvent acquérir, posséder et vendre des terres à Madagascar.

— De quels traités veux-tu parler? demanda Paul D***. Je ne connais que le traité de Radama II avec le duc d'Emyrne, M. Joseph Lambert, qui nous ait concédé ce privilège.

— Eh bien!

— Mais ce fameux traité n'existe plus depuis des années; est-ce que le gouvernement de Napoléon III ne s'est pas chargé de le déchirer contre le payement d'une indemnité de cent quatre-vingt mille piastres (900,000 francs) ?

— Cette indemnité n'a jamais été payée, s'écrièrent plusieurs d'entre nous.

— Vous ignorez donc l'histoire de votre propre pays, Messieurs, dit Paul D***. Ce tribut des Hovas a fait cependant assez de bruit dans toute la colonie, en 1866, pour qu'on ne puisse l'oublier.

Rappelez-vous donc son curieux épilogue, l'*Affaire des clous*. C'est là un procès unique dans les fastes judiciaires des colonies françaises... Voulez-vous que je vous rappelle les faits ?

— Oui... oui... très volontiers... Nous t'écoutons tous, dit Trottet.

— Soit, reprit D***... Voici l'histoire de cette fameuse *Affaire des clous* :

Après la mort violente de Radama (1863), le gouvernement hova rompit avec la France et tout fut remis en question : les concessions faites à M. Lambert et le traité de commerce conclu avec le commandant Dupré. Le gouvernement impérial eut un instant des velléités d'intervenir *manu militari* à Madagascar ; l'ordre fut même envoyé au commandant de l'*Hermione* (1) de préparer une expédition militaire ; mais on y renonça pour en-

(1) M. le capitaine de vaisseau Dupré qui avait représenté le gouvernement français au couronnement de Radama II.

gager des négociations. Celles-ci, après avoir traîné en longueur pendant plusieurs années, se terminèrent enfin par une sorte de compromis : le gouvernement français consentit à abandonner tous les avantages du traité Lambert-Radama moyennant le payement de 180,000 piastres d'argent. M. Lambert était alors retiré dans une des Comores, à Mohély où il avait obtenu de la reine de cette petite île de grandes propriétés. De son côté, le chef de la Mission du Couronnement de Radama était devenu en 1864 gouverneur de l'île de la Réunion. L'empereur Napoléon III accorda sur l'indemnité hova une somme de 200,000 francs à M. Lambert, en reconnaissance de ses grands services. Quarante mille piastres, c'est une fortune dans nos colonies...

Le gouverneur Dupré était resté intimement lié avec l'ex-duc d'Emyrne (1), qui avait pour mandataire à Saint-Denis un ami des plus dévoués, M. R... Ce grand négociant, prévenu de cette bonne nouvelle et de la prochaine arrivée du tribut, craignit avec raison une opposition de la part des héritiers de Vernety, créanciers de la banque Lambert et Cie, à Port-Louis (Maurice); il demanda et obtint le secret; mais, quelques

(1) Radama II avait créé M. Lambert duc d'Emyrne.

jours plus tard, l'opposition ne fut pas moins régulièrement faite.

MM. Dupré et R... se dévouèrent pour conserver à leur ami le cadeau de Napoléon III; l'un expédia l'ordre à l'aviso de l'État qui rapportait de Tamatave neuf caisses d'argent contenant chacune vingt mille piastres, d'éviter Saint-Denis et de se rendre au mouillage de Saint-Paul en faisant coïncider son arrivée avec le départ de la *Malle;* l'autre, sous prétexte d'affaires commerciales, se rendit dans cette dernière ville où le commandant de l'aviso, sur des ordres exprès, lui remit, aussitôt après avoir jeté l'ancre, deux des caisses d'argent. Dans la nuit, M. R... était de retour à la capitale où le trésorier général échangeait les piastres contre des billets de la Banque de France; et le lendemain l'un de ses neveux, chargé de porter à M. Lambert la fortune qu'on avait réussi à arracher à ses créanciers, partait ostensiblement pour la France par le paquebot des Messageries. Ce fidèle messager s'arrêta aux Seychelles où un petit bateau de l'État le prit et le conduisit à Mohély.

Grâce à l'exécution rapide de cette entreprise qui se fit d'accord avec le gouvernement colonial, M. Lambert a pu mourir il y a quelques années à la tête d'une grande et belle propriété sucrière.

Mais, en dépit des précautions prises, quelques indiscrétions suffirent pour éveiller les légitimes soupçons des héritiers de Vernety, qui s'adressèrent à la justice. S'il était possible de justifier jusqu'à un certain point, par la crainte d'un raz de marée, le mouillage de l'aviso dans la rade de Saint-Paul, on ne pouvait nier du moins la nature, la valeur et l'origine de son précieux chargement. Le Trésor déclarait avoir reçu sept caisses renfermant 700,000 francs, et de son côté M. R... se défendait de détenir, comme mandataire du duc d'Emyrne, aucune somme, de quelque provenance que ce fût. Qu'étaient devenues les deux caisses absentes? elles devaient se retrouver quelque part, au gouvernement, à bord de l'aviso ou à la douane. La position devenait critique pour les uns et les autres; on s'imagina d'en sortir à tout prix par un acte d'autorité et à l'aide d'un stratagème imputable, en cas de découverte, à la duplicité du caractère hova. Deux des caisses vides furent remplies à la douane de clous à ferrer les chevaux, recerclées et scellées avec leurs plombs d'origine puis elles furent, malgré l'opposition judiciaire, embarquées sur un petit steamboat qui leva immédiatement l'ancre pour porter à M. Lambert le soi-disant et insaisissable cadeau de l'empereur.

Des scrupules chez le commandant Dupré ou l'intervention effective du parquet ramenèrent deux ou trois jours après, en rade de Saint-Denis, le petit navire qu'un vapeur envoyé à sa recherche avait rattrapé sur la route de Mohély. Cette fois, les fameuses caisses furent saisies à leur débarquement et ouvertes en douane. Vous pouvez juger de la stupéfaction de l'huissier et de la fureur des créanciers, à la vue des gros clous de maréchal-ferrant à la place de belles piastres d'argent.

L'histoire fit du bruit; personne ne consentit à mettre cette substitution sur le compte du gouvernement hova, et la famille de Vernety fut soutenue dans ses légitimes revendications par l'opinion publique. On se gaussa beaucoup de l'huissier qu'on n'appelle plus aujourd'hui que D***des Clous; quant à M. R... qui s'était laissé entraîner dans cette aventure illégale par la complicité des autorités coloniales autant que par son aveugle amitié, il devint l'âne de la fable des *Animaux malades de la peste*. Il paya pour tout le monde; s'il réussit, après une longue et minutieuse instruction, à échapper à la cour d'assises, il ne perdit pas moins un procès civil qui consomma sa ruine.

Sans nous occuper ici de la conduite du gouverneur et des personnages mêlés à toute cette affaire, ce procès des plus curieux prouve que le traité Radama-Lambert n'existe plus.

J'estime que la France, par le fait même de l'annulation de ce traité de 1862, est rentrée en possession de tous ses droits antérieurs sur certains territoires des côtes orientale et occidentale de Madagascar; mais l'immense propriété de notre ami Trottet est située en plein pays hova; ce serait tout simplement de la folie de sa part, s'il ne se considérait pas comme un *simple* concessionnaire de terrains, exposé comme les autres Vazas à lever sa tente au moindre caprice de quelque chef ombrageux.

— Et l'influence de mon frère ? interrompit Trottet.

— L'influence dont jouit ton frère à Tananarive, répliqua D***, ne te protégera pas indéfiniment. Tu ne te fais pas une idée de la jalousie intraitable des Hovas sur cette question du sol. Un de mes proches parents qui est à Madagascar depuis de longues années, a dû renoncer à l'exploitation de ces sortes de concessions par les raisons que nous t'avons exposées. Tu ne seras pas plus favorisé que les autres Européens ou créoles qui ne doivent faire que du trafic à la Grande Terre.

— Allons donc, Messieurs, vous exagérez à

plaisir. Mon frère et mon père ne me rappelleraient pas d'une façon si pressante...

— Permets-moi, mon cher ami, lui dit A***, de te poser une question peut-être indiscrète. Ton frère, par suite de sa situation même, ne sera-t-il pas obligé de subordonner les effets de son amitié aux intérêts ou aux exigences des Jésuites?

— Je me suis déjà posé cette question, répondit franchement Trottet. J'ai des preuves certaines de son dévouement fraternel...

— Personne n'en doute, dit C***... Mais nous nous demandons si tu pourras jamais vivre en bonne intelligence avec ces Révérends Pères?

— *That is the question*, dit Trottet, qui ajouta mélancoliquement : C'est bien là le secret de toutes mes irrésolutions... mais je dois avant tout répondre à l'appel de mon vieux père. Mes chers amis, advienne que pourra... Je pars...

— Et quand?

— Le plus tôt possible. Par le prochain courrier, sans doute.

— Le moyen?

— Dès demain, je demanderai mon rapatriement au Ministre de la marine et des colonies.

— As-tu songé aux nombreuses pièces nécessaires pour l'obtenir?

— Toutes les pièces indispensables se trouvent

réunies au ministère; il sera donc facile de les constituer sur place.

— Les bureaux du ministère te feront cette faveur! s'écria D***. Mais tu rêves tout debout, mon pauvre ami. Nos actes de naissance sont au cinquième étage; les demandes de rapatriement s'examinent au premier et se délivrent au troisième. Pour gravir, descendre et remonter ces quelques étages, un dossier administratif prend des mois entiers si encore il ne s'égare pas en route. Tu seras à Madagascar à la fin de l'année prochaine pour ne pas dire *aux calendes malgaches.*

— Tu peux parler d'or, répondit Trottet; comme je me suis déjà brisé une première fois contre toutes ces difficultés, je les tournerai en ayant recours à l'aide de M. de Mahy. Il n'hésitera pas à faire toutes les démarches nécessaires pour obtenir mon ordre de départ pour la fin de ce mois.

— Tu comptes un peu trop légèrement peut-être sur la bonne volonté du député de la Réunion, dit Rozan.

— Comment peux-tu parler ainsi, mon cher Rozan... Ah! pardon... tu es Mauritien et je n'y songeais plus. Aucun Bourbonien n'a le droit de se permettre une pareille réflexion. M. de

Mahy pourrait certes, dans bien des circonstances, se retrancher derrière les occupations de son mandat de député. Loin de là. Nous l'avons toujours trouvé animé d'une bienveillante sollicitude à l'égard de tous ses compatriotes; pour nous rendre service, il n'épargne pas plus son influence et son temps qu'il ne recule devant des démarches ennuyeuses et même des refus. Je ne fais ici que lui rendre justice. Voilà tout...

Croyez-vous maintenant, Messieurs, qu'avec l'aide de M. de Mahy je doive arriver à mes fins?

— Nous n'en doutons plus, répondit Crivelli.

Il se fit un silence que personne ne songea à rompre. La certitude que nous avions maintenant de ce départ que, les uns et les autres, nous reléguions tout à l'heure dans le monde des probabilités lointaines, nous causait une impression pénible. Trottet était un cœur excellent et un ami capable de tous les dévouements. Nous l'aimions d'une profonde amitié.

— Eh bien! dit brusquement Rozan, puisque le départ de Trottet vous a paralysé la langue, j'en profite pour vous annoncer le mien.

— La belle histoire!... nous en sommes prévenus, dit Paul D***.

— J'entends parler de mon départ par cette *Malle*, poursuivit Rozan. J'avais pris, en effet, toutes mes dispositions pour retourner à Maurice à la fin de l'été prochain; mais si Trottet m'accepte pour son compagnon de voyage, je le suis à Madagascar.

— Tu lèves mes dernières hésitations, s'empressa de répondre celui-ci.

— Entendons-nous bien, dit Rozan... Je ne veux ni peser sur ta décision, ni retarder en aucune façon ton retour à Bourbon. Si tes démarches ou celles de M. de Mahy réussissent, c'est-à-dire si tu prends le paquebot de ce mois, je t'accompagne.

D'ailleurs, il y a longtemps que je caresse le rêve de visiter Madagascar : mon notaire de Maurice vient de me faire recouvrer une somme assez ronde que je croyais totalement perdue. Elle nous servira à tenter la Fortune chez les Hovas.

Le change de Port-Louis sur Paris est actuellement de 25 o/o. L'envoi en France de l'argent que je viens de retrouver me fera subir une perte de près de 4,000 francs; perdre pour perdre, je préfère employer cette somme à faire un beau voyage dans cette grande île africaine pour ainsi dire inconnue.

J'ai visité les quatre coins du globe et parcouru toutes les mers, doublé plusieurs fois le cap Horn, fait la pêche à la baleine dans le Sud et vécu au milieu des pirates des îles de la Sonde, je me sens honteux de ne pas connaître Madagascar dont dépend en partie l'existence matérielle de nos deux îles natales.

Est-ce convenu, Trottet?... Réussis, et tu as en moi un compagnon de voyage.

Rozan était un esprit positif et sérieux; circonspect et plein de réserve dans la société ordinaire, il était gai, expansif et enthousiaste avec ses amis. Possesseur d'une assez jolie fortune, il aimait à leur rendre service et même à faire du bien autour de lui. Son caractère se ressentait de l'existence active qu'il avait menée pendant sa première jeunesse : il avait conservé de ses courses sur les océans et à travers le monde le goût des voyages et l'amour de l'inconnu.

Bien que la décision qu'il venait de prendre si brusquement fût pour nous une nouvelle cause de tristesse, elle ne nous surprit pas.

. . . .
. . . .

Trois semaines après, nous nous trouvions tous réunis de nouveau. Notre réunion avait lieu cette fois à la gare de Lyon où nous reçûmes les adieux de nos deux compatriotes.

Trottet avait réussi dans ses démarches et Rozan était fidèle à la parole donnée : ils partaient ensemble pour Madagascar.

CHAPITRE I

DE MARSEILLE A L'ILE DE LA RÉUNION

Départ de Marseille. — Le *Sindh* et la vie à bord des paquebots-poste. — Caprera et la maison de Garibaldi. — Le détroit de Messine, l'Etna, l'île de Candie et le mont Ida. — Port-Saïd et le canal de Suez. — La terre d'Égypte, Alexandrie et Suez. — La mer Rouge et le rocher de Perim. — Aden, les citernes des Philistins, le tombeau de Caïn et la Manne des Hébreux. — Le cap Gardafui et l'océan Indien. — Arrivée du *Dupleix* à Saint-Denis (île de la Réunion).

Le dernier dimanche de novembre, Rozan et Trottet s'embarquèrent à Marseille, avec trois cents autres passagers, sur un des plus magnifiques paquebots de la Compagnie des Messageries maritimes, *le Sindh*, qui fait le service de la ligne de l'Indo-Chine.

Grâce à l'organisation régulière du service des *Malles-poste*, la traversée de Marseille à Saint-

Denis (Réunion) s'accomplit aujourd'hui avec autant de sécurité que de rapidité. Elle se fait en vingt-huit jours, au lieu des trois mois de navigation qu'exigeait jadis le voyage par le cap de Bonne-Espérance.

Il y a fort peu de choses à dire de la vie du bord; elle est monotone et régulière; il faut, en les comptant, égréner les jours comme le musulman égrène et compte les grains de son chapelet en attendant le paradis. Cependant la dunette du *Sindh* — il en est de même sur les autres paquebots — aurait pu offrir au moraliste un champ d'observations fines et piquantes. Lorsqu'on s'est habitué à la mer, ce qui n'a généralement lieu qu'après trois ou quatre jours, on cherche à sortir de la confusion des premiers moments. On s'étudie les uns les autres, on se tient sur la réserve : l'habitation dans une même cabine ne vous lie pas autrement.

Dès l'apparition des dames sur la dunette, on assiste à la formation de groupes qui accusent brutalement leurs démarcations sociales. Le pont du navire est bientôt divisé en autant de petits salons où de petites sociétés de quatre ou cinq personnes affectent, en exagérant leurs manières d'une façon burlesque et souvent dénuée de tact, de se distinguer de leurs voisines. Les hommes y dépensent beaucoup de gants et de faux-cols, souvent beaucoup d'argent... et peu de charité. Quant aux femmes, il faut plaindre celles qui empruntent aux artifices de l'art une notable partie de leur beauté. La vie en commun dans une cabine contenant cinq ou six couchettes doit être pour elles un véritable supplice. Plusieurs de ces coquettes s'attardent au lit jusque vers les quatre heures du soir et ne se couchent jamais avant minuit. Le moyen de s'habiller, de se parer ou de se déshabiller sous les regards indiscrets de compagnes plus jeunes et plus fraîches?

Nos voyageurs s'accommodèrent tant bien que mal de cette existence en se pliant aux exigences de leur petit cercle et à l'étiquette ridicule qui régnait souverainement sur le pont du *Sindh*. C'était peut-être pour la dernière fois qu'ils se trouvaient en contact avec la civilisation. Il est vrai que dans cette réunion de trois cents passagers, les diverses classes de la société réduites à s'isoler pour *être*, ne se montraient qu'avec leurs défauts.

Le lendemain de son départ de Marseille, le *Sindh* traversait les bouches de Bonifacio par un temps splendide et passait, quelques heures après, devant la Madeleine et l'ancienne Caprée où l'on découvre du navire la maison blanche de Garibaldi.

Le paquebot poursuivait sa route en filant le long des côtes de l'Italie; après avoir touché à Naples, il s'engageait dans le détroit de Messine et franchissait les écueils de Charybde et de Scylla. Cette traversée du détroit avait lieu dans les premières heures de la nuit éclairée par une lune magnifique. On découvrait à droite la ville de Messine avec ses longues lignes de feu; à gauche, Reggio, assise au pied des masses sombres de la côte italienne, et devant soi l'Etna qui lançait ses flammes vers un ciel splendidement étoilé. Deux jours plus tard, c'était l'île de Candie avec son mont Ida, où fut élevé Jupiter, qu'on dépassait; et, le vendredi suivant, le *Sindh* mouillait devant Port-Saïd, qui est la porte d'entrée méditerranéenne du canal de Suez.

Au retour d'une promenade de quelques heures dans cette ville toute moderne qui n'a de remarquable que le grand mouvement commercial de son port, Rozan dit à son compagnon de voyage :

— Que je suis heureux d'avoir pu visiter l'Égypte... Quelle profonde différence entre cette ville européenne et la vieille capitale des Ptolémées; je n'oublierai jamais Alexandrie avec son immense port fermé par une grande corne de terre couverte de crêtes couronnées de moulins à vent. Quelle cité curieuse et bizarre que cette Babel renfermant tous les échantillons de la race humaine. Je revois encore le quartier franc et la grande place rectangulaire des Consuls, avec ses côtés bordés de consulats et de magnifiques hôtels; les aiguilles de Cléopâtre plantées le long de la plage, et dans le lointain la colonne de Pompée d'un seul bloc de granit rose; elle domine la ville indigène dont les places publiques sont transformées en écoles de mœurs révoltantes renouvelées de Sodôme et de Gomorrhe; à côté du cimetière turc, c'est le fameux quartier des Grecs, véritable repaire de brigands, de voleurs et d'assassins où la police n'ose point pénétrer. Je m'arrête, car si je me laisse glisser sur la pente de mes souvenirs qui se réveillent en foule, je pourrais peut-être te faire regretter l'ouverture du canal.

L'Égypte est une région prédestinée; ce n'est pas en vain que cette étroite et longue bande de terre, fertilisée par le débordement périodique des eaux d'un immense fleuve, se trouve ainsi jetée à travers les parties les plus désolées du globe. Ce pays est le point de relâche naturel des migrations de tous les êtres d'un hémisphère dans l'autre. C'est ainsi qu'on rencontre sur le Nil et dans son delta tous les oiseaux grands et petits qui, des régions froides du Nord, descendent vers les riches districts de l'Afrique centrale.

C'est là qu'on peut observer et admirer le roi des volateurs, le pélican. Par une soirée calme, on voit des bandes de pélicans prendre leur volée et descendre le cours de la rivière en rasant l'eau qu'ils effleurent sans en rider la surface; leur vol d'une aisance et d'une grâce inimitables est si rapide qu'ils avancent avec une vitesse de trente milles à l'heure. D'autres fois, ces oiseaux s'élèvent dans les airs où ils volent en une seule file, sous la conduite d'une *leader* dont ils suivent et répètent tous les mouvements. On dirait à les voir planer avec leurs ailes ouvertes et immobiles, qu'ils flottent dans ces hautes régions de l'atmosphère où, pendant plus d'une heure, ils décrivent de grands cercles, sans doute pour le plaisir de se distraire. Avec leur têtes rejetées en arrière et leurs longs becs posés sur la poitrine, on est tenté de croire qu'ils sont endormis. Le ciel de l'Égypte présente toujours un spectacle magnifique. Aussi loin que peut s'étendre la vue, on découvre des oiseaux de proie de toutes les grandeurs et de toutes les espèces : Aigles, vautours, milans et toutes les variétés du faucon, à partir du petit faucon, insectivore qui, comme l'hirondelle, effleure la terre en chassant les insectes dont il se nourrit. Tous planent et tournent dans l'espace comme si l'élément invisible qui les porte n'était pour eux qu'un lieu de repos et de mouvement.

Le lendemain, dès les premières lueurs du jour, le *Sindh* entrait dans le canal de Suez. La traversée du canal qui dure quarante-huit heures, par suite de la nécessité où l'on est de se garer la nuit, n'offre rien de bien particulier.

L'antique Suez se trouve aujourd'hui au débouché du canal dans la mer Rouge; cette ville est d'un l'aspect aussi immuable que son ciel de feu. On s'y arrête à peine. Trottet aurait voulu pouvoir disposer de quelques heures pour se rendre aux montagnes bleues situées à l'ouest de la ville et qui viennent mourir brusquement à la plage. Curieusement disposées les unes derrière les autres en rangées parallèles, elles font face au mont Horeb où Moïse, à l'entrée du désert d'Arabie, fit jaillir l'eau d'un rocher. C'est par les gorges de ces montagnes que les Hébreux débouchèrent sur le rivage de Suez en arrivant de la haute Égypte. Leur fameux passage de la mer Rouge s'est effectué à quelques centaines de mètres de la ville et sans aucun doute à marée basse.

Favorisé dans la mer Rouge par un temps magnifique ainsi que par le vent arrière, le *Sindh* se trouvait en avance sur le courrier de Bourbon : le *Dupleix* qui devait recevoir les passagers des îles Sœurs arriva à Aden avec un retard de quatre jours.

Aden, située à l'extrémité de l'Arabie, commande l'entrée ou la sortie de la *Porte des Larmes*, le détroit de Bab-el-Mandeb. A la sortie de la mer Rouge, avant d'arriver à Aden, les côtes d'Afrique et d'Asie s'élèvent en murailles granitiques, se rapprochent et forment un étroit canal de cinq à six cents mètres de largeur au milieu duquel est planté un rocher fort escarpé : Périm barre la route à tous les navires. Les Anglais ont admirablement fortifié ce rocher de Périm qu'ils ont occupé il y a environ une trentaine d'années.

Aden, dont le golfe large, profond et bien abrité contre les vents, offre un mouillage sûr aux plus grands bâtiments, n'est plus aujourd'hui le simple dépôt de charbon que l'Angleterre y avait établi en 1839. Le port anglais ou *Steamer-Point* est devenu l'entrepôt général de tout le commerce de la mer des Indes.

Cette ville, dont la possession est d'une importance capitale pour les Anglais, passe pour être la clef de la route des Indes. Cependant, le comte Julien de Rochechouart, ministre plénipotentiaire et écrivain d'une compétence indiscutable, n'hésite pas à combattre cette opinion.

« Il n'y a pas un marin, pas un militaire, qui ne dise que, sans appui dans le pays, sans moyen de se ravitailler par terre, sans port, la ville d'Aden n'est et ne saurait être, ce qu'on répète pourtant sans cesse, la clef des Indes. On peut embarquer un corps d'armée à Suez, lui faire traverser toute la mer Rouge, et le débarquer sur n'importe quel point de la péninsule, sans que les forts de Périm et d'Aden puissent tirer un coup de canon. Si les Anglais n'avaient pas d'autre moyen de repousser l'invasion, il y a longtemps qu'ils auraient perdu les Indes. Aden n'a d'importance que comme relâche commerciale; la distance entre Suez et les Indes est trop longue pour des steamers, à cause des masses de charbon qu'il faudrait embarquer. Aden se trouvait, par sa position, la relâche naturelle, et les Anglais s'en sont emparés pour y établir des docks, des machines de distillation et des dépôts de houille. Comme les populations arabes sont portées à la maraude et au pillage, les Anglais ont été amenés, pour se garantir des bandits, à fortifier leur conquête; entreprenant ce travail, ils l'ont fait complet, et ont profité de l'occasion pour établir quelques défenses du côté de la mer. Ils ont réussi dans ce sens qu'Aden est à l'abri d'un coup de main, et qu'il faudrait un effort sérieux pour s'en emparer;

mais de là à en faire un Sébastopol, un Cronstadt, un Gibraltar, il y a un monde : les forts d'Aden ne sont pas plus imprenables qu'ils ne sont un empêchement à la navigation à vapeur de la mer Rouge. Mais comme station pour une flotte, et comme point de ravitaillement, c'est une place précieuse. »

Tous les voyageurs des paquebots-poste de l'océan Indien jouissent, pendant les premières heures de leur arrivée sur la rade d'Aden, du plus curieux et du plus amusant spectacle qu'on puisse imaginer.

Pendant que le *Sindh* cherchait son mouillage, plusieurs centaines de barques se détachèrent de tous les points du rivage dont on pouvait être à un mille ; elles tachetaient la mer d'une si pittoresque façon qu'on aurait cru voir un immense tapis vert moucheté de noir.

Cette nombreuse flottille se dirigeait vers le navire ; au lieu de barques comme on se le figurait, elle se composait de petits radeaux qui avançaient sous la manœuvre d'un seul homme maniant une pagaie très courte aux extrémités armées d'une pale de forme ronde ou ovale ; ils étaient chargés à l'avant et à l'arrière de marchandises, oranges et œufs, disposées en tas réguliers. Il est impossible de ne pas admirer la dextérité et l'habileté de ces Arabes. Assis, les jambes croisées à la façon des tailleurs, au centre de ces radeaux, ils les faisaient marcher avec une vitesse incroyable en plongeant alternativement dans l'eau les deux pales de leur pagaie. La plupart de ces commerçants d'un nouveau genre portaient pour tout vêtement un simple pagne enroulé en 8 autour des reins et des cuisses. Mais ils n'étaient point seuls à venir rendre visite au bâtiment; au milieu d'eux ou les suivant de près frétillaient une bande de petits nageurs dont les têtes noires et crépues émergeaient de l'eau. On ne peut trouver rien de comparable au spectacle offert par ce mélange de nageurs et de radeaux arrivant sur plusieurs lignes à l'abordage du navire.

Le *Sindh* venait à peine de filer son ancre et chassait encore un peu sur sa chaîne, lorsqu'ils l'abordèrent. Le paquebot fut entouré en un clin d'œil. Marchands et nageurs se mouvaient le long de ses flancs, courant de la poupe à la proue, partout où se montraient les passagers qui ne pouvaient se lasser d'admirer les mille évolutions qu'exécutaient dans l'eau ces petits nègres abyssins, à la mine éveillée, si curieux à voir au premier abord avec leur chevelure laineuse, teintée en jaune par la chaux. Ils étaient là une centaine peut-être, tous âgés de douze à quinze ans, nus comme des vers et prenant leurs ébats au milieu de la mer comme dans leur élément naturel. Ce n'étaient plus des nageurs qu'on avait sous les yeux; on les aurait pris volontiers pour des petits diables marins échappés de l'antre de Protée.

Voulant à tout prix capter l'attention des passagers, ils s'éloignaient du navire pour revenir brusquement se coller contre sa coque, afin de faire croire à leur écrasement; ou bien ils disparaissaient tous en même temps sous les flots pour reparaître qui à l'avant, qui à l'arrière, et les autres éparpillés tout autour; mais en même temps ils ne cessaient de réclamer à cor et à cri le *boxis* (*pourboire*). Aussitôt qu'on leur jetait une pièce d'argent, il fallait les voir accourir, plonger et piquer droit vers le fond de la mer, poursuivant la pièce que l'on revoyait bientôt entre les dents blanches de l'un ou de l'autre. Plusieurs passagers s'amusèrent à ce jeu et dépensèrent ainsi une trentaine de francs. Ces infatigables enfants ne se lassèrent point un seul instant de cette pêche à la piécette de monnaie, et il était toujours facile de reconnaître le pêcheur heureux à son visage rayonnant.

Les petits nageurs avaient totalement fait oublier les marchands, dont quelques-uns néanmoins réussirent à se glisser à bord, où ils n'eurent pas grand'peine à débiter leurs marchandises, surtout leurs belles et grosses oranges au prix de *un shelling le cent*. D'où peuvent provenir ces beaux fruits ? Ces oranges, les meilleures qu'on puisse jamais manger, ont la peau très fine et la chair jaune et juteuse ; elles sont délicieuses au goût et certainement supérieures aux oranges de Malte, si recherchées en Europe.

Cependant, les bagages avaient été reconnus et descendus dans des bateaux où les passagers de Bourbon et de Maurice prirent place à leur tour. Deux heures et demie après le mouillage du *Sindh*, ceux-ci étaient installés à l'hôtel de la *Plage* en attendant l'arrivée du *Dupleix*.

C'est ici, sur ces confins de l'Asie, que la Terre, sous le souffle d'une éternelle Désolation, se montre dans un état de nudité effrayante. On est envahi malgré soi par une sorte de tristesse indicible à la vue de cette contrée montagneuse brûlée par un soleil ardent, où le sol d'une aridité absolue ne porte aucun vestige de végétation.

Le voyageur s'étonne de rencontrer des êtres en ces lieux qui ont fait reculer la puissance créatrice de la Nature. Le désert de l'Égypte — de Suez au Caire — est d'un aspect moins triste et moins désolé ; la vie s'y montre du moins sous la forme du mouvement, alors que des nuages de sable soulevés par le vent laissent le sol à découvert et voyagent dans l'air en tourbillons qui se forment et se déforment pour retomber et se déposer au loin en une multitude de petits mamelons. Et ce mouvement est continuel sur cette mer de sable.

L'eau elle-même manque complètement à Aden; les habitants n'ont à leur disposition qu'une eau saumâtre, nauséabonde et d'une odeur répugnante. Suivant la vieille légende arabe qui y place le tombeau de Caïn, Aden est devenue une terre maudite depuis qu'elle a reçu dans ses entrailles la dépouille du premier fratricide.

La population de *Steamer-Point* se compose d'Abyssins, de Persans, d'Anglais et d'un assez grand nombre de juifs de Palestine. Marchands de plumes et d'œufs d'autruche, loueurs de voitures ou d'ânes, ces juifs vous assaillent dès votre arrivée, vous entourent et ne vous laissent de répit que vous ne les ayez éloignés par une distribution de coups de poing ou de coups de canne. C'est par ce seul moyen, quelque brutal ou singulier qu'il puisse paraître, que l'on achète sa liberté et sa tranquillité.

Ces enfants d'Israël sont faciles à reconnaître à leur costume, à leur type et à leur teint olivâtre; leur visage très ovale, éclairé par de grands yeux noirs, est encadré par de longues boucles de cheveux. Ils sont généralement de taille moyenne, maigres, et d'une apparence chétive que fait ressortir leur malpropreté repoussante... Une ou deux roupies (monnaie indienne d'une valeur de 2 fr. 50 c.) suffisent pour les mettre à l'entière discrétion du voyageur.

C'est sous la conduite d'un de ces ciceroni que Rozan et Trottet, avec trois autres compagnons de voyage, se mirent en route le lendemain matin pour la véritable Aden.

La vieille cité arabe, aujourd'hui en partie ruinée, fut bâtie, dit la tradition, par un des arrière-petits-fils de Cham.

Située à deux milles de *Steamer-Point*, elle ne se découvre même pas aux regards; elle est entièrement cachée derrière une chaîne de montagnes assez élevées qui partent de la mer pour y revenir en décrivant une courbe parabolique. La route qui conduit du port à la ville côtoie un chapelet de collines dont la moindre saillie porte une sorte de petit vautour au plumage foncé. On rencontre des milliers de ces oiseaux qui ne se dérangent même pas de leur attitude indifférente à l'approche de l'homme. Ils sont là tout dormant, en attendant l'arrivée de la nuit pour commencer leur ouvrage. Ce sont ces vautours qui se chargent du nettoyage des rues et du port; à la chute du jour, on les voit partir d'un vol rapide et se répandre de tous les côtés; en quelques heures, leur besogne est faite; ils ont dévoré ou emporté toutes les immondices qui, en s'accumulant, auraient bientôt transformé cette contrée en un vaste foyer pestilentiel.

Ces oiseaux sont les véritables gardiens de l'hygiène et de la salubrité publiques : les anciens en eussent fait des oiseaux sacrés; les Anglais se sont contentés de les protéger par des lois excessivement sévères.

Après une heure de trajet à âne, la petite troupe se trouva aux portes de la ville où l'on ne peut pénétrer qu'en s'engageant dans un étroit couloir à peine assez large pour le passage d'une voiture.

Les Anglais ont garni de canons la crête des deux montagnes entre lesquelles s'enfonce ce couloir dont les deux entrées fortifiées sont gardées par des *cipayes*.

Ces portes une fois franchies, nos voyageurs, laissant la ville sur leur gauche, prirent le sentier qui conduit aux fameuses citernes des Philistins.

Ces immenses réservoirs, profonds mais très irréguliers de forme, sont au nombre de cinq ou six et admirablement entretenus. Leurs parois cimentées les rendent absolument étanches. S'ils pouvaient jamais être remplis, la ville d'Aden aurait une provision d'eau pour plusieurs années, même en tenant compte d'une évaporation très active. On prétend, qu'une ou deux fois par an, il tombe, dans cette contrée, des pluies diluviennes qui durent plusieurs jours et suffisent pour alimenter ces citernes. On voit, il est vrai, quelque peu d'eau dans le plus inférieur des bassins, mais elle est fournie par un puits creusé à côté dont un âne attelé à un manège fait marcher la pompe élévatoire.

S'il faut en croire la légende recueillie par l'histoire, on devrait ce travail gigantesque aux Philistins; ces citernes sont situées au milieu d'un groupe montagneux mamelonné et très mouvementé, offrant de larges et profondes déchirures; le vaste entonnoir dans les parois duquel se trouvent ces excavations naturelles ne doit être que le cratère d'un ancien volcan.

Aden ne diffère pas beaucoup des autres villes arabes; elle possède, grâce à sa situation et à son petit port, un commerce de cabotage assez important. Il y existe plusieurs belles rues propres et les maisons, qui se terminent en général par des toits formant terrasses, sont bâties de façon à projeter une ombre continuelle sur la rue : — les étages avancent les uns sur les autres. A l'une des extrémités de la ville et dans un des replis de la montagne, on distingue un château caché derrière un rideau de cocotiers et d'autres arbres, étonnés sans doute de vivre sous ce ciel désolé. C'est la résidence du Gouverneur anglais.

Sur le point de revenir à *Steamer Point*, nos voyageurs eurent la bonne fortune d'assister au défilé d'un troupeau de cinq ou six mille moutons dont la queue formait une boule de graisse du poids de plusieurs livres.

— D'où diable peuvent-ils venir ? s'écria l'un des voyageurs. La manne tomberait-elle encore dans le désert de l'Arabie, comme au temps de Moïse, pour nourrir ces animaux ?

— Le pharmacien Trottet nous le dira peut-être, dit Rozan.

— Pourquoi pas ? répondit celui-ci. Vous ne songez plus à cette côte basse et uniforme, verdoyante au soleil, que nous avons côtoyée tout une journée avant d'arriver à Périm. Ce ruban de verdure, le seul qui existe sur les bords de la mer Rouge, forme le territoire de Moka, et c'est de cette véritable oasis maritime, si célèbre par son café, que doivent arriver ces magnifiques moutons.

— J'en doute fort... Et la manne ?

— La manne des Hébreux, reprit Trottet, est encore à tomber du ciel; elle existe toujours au mont Ararat et dans toute la région environnante;

certains auteurs prétendent qu'elle y est apportée par les vents violents ; d'autres qu'elle se développe sur place sous l'influence de conditions météorologiques particulières. En tous cas, la manne *tombée du ciel* est une *substance alimentaire* formée de lichens (*Lichen esculentus*, Parmelia Esculenta).

Je ne puis vous en dire davantage. Maintenant, enfourchons nos ânes et en route pour le port. La nuit arrive... et n'oublions pas que nos conducteurs sont des fils de Jacob.

Le séjour d'Aden doit être un véritable supplice pour les résidents européens. On a hâte de quitter ces contrées désolées. Aussi, tous les passagers de Maurice et de Bourbon saluèrent avec joie l'arrivée du *Dupleix* qui se remit immédiatement en route pour l'île de la Réunion, dernière étape de ce voyage de quinze cents lieues.

A la hauteur du cap Gardafui, le navire en entrant dans l'océan Indien fut secoué par une tempête. Enfin, après un mois de traversée, le matelot en vigie dans les hunes signala la terre, c'est-à-dire *ce point imperceptible* que l'œil exercé des marins peut seul chercher et découvrir à l'horizon : On marchait rapidement, avec une vitesse de 14 nœuds à l'heure ; à la chute du jour, la tache nuageuse qui, le matin, flottait au-dessus des flots, avait grossi au point de se détacher en dessinant des profils de montagnes sur le fond du ciel.

Vers deux heures du matin, on distinguait par instants une lueur rouge dans le lointain; c'était l'île Bourbon avec sa flamme au front.

Le volcan de la Réunion guide, comme un phare planté au milieu de la mer, la marche des navires dans ces parages de l'Océan Le lendemain, les passagers assistèrent à un spectacle magnifique. L'île se dressait au milieu des eaux en un gigantesque massif granitique dont les sommets se perdaient dans la nue à trois mille cinq cents mètres de hauteur. Le soleil se levait derrière les trois pics des Salazes; son disque apparut tout à coup et rayonna au sommet de l'aiguille la plus élevée : aussitôt toute la montagne s'embrasa de mille feux tandis qu'une brume légère montant de la mer enveloppait la base de l'île dans une ceinture de gaze.

Il est impossible de jamais rendre par la plume ou par le pinceau ce spectacle qui arrachait des cris d'admiration à tous les voyageurs pendant que le navire arrivait au port.

Le 24 décembre, vers les neuf heures, le *Dupleix* mouillait sur la rade de Saint-Denis et la commission de la santé montait à bord.

Rozan se rendait directement à Port-Louis (île

Maurice) où l'appelait le règlement de ses affaires. En prenant congé de son ami il lui dit simplement :

— Au quinze janvier prochain.

Le vieux père de Trottet ne doutait pas de l'arrivée de son fils. Il l'attendait sur le pont du Barachois où il le reçut dans ses bras en versant d'abondantes larmes.

Le rire chez l'enfant au berceau et les larmes chez le vieillard à la porte du tombeau, quelles plus touchantes expressions de la joie ?

CHAPITRE II

L'ILE BOURBON OU DE LA RÉUNION

La ville de Saint-Denis et la colonie de la Réunion. — Prospérité ancienne et misère présente. — L'abolition de l'esclavage et ses conséquences. — Les blancs, les mulâtres et les noirs. — La Politique coloniale des Anglais et la prosperité de l'île Maurice. — L'immigration indienne et africaine dans les colonies françaises. — Parallèle entre l'Esclave et l'Immigrant. — L'engagé indien. — La Danse du feu. — Le départ de Rozan et de Trottet pour Madagascar. — Cyclone. — Arrivée à Tamatave.

Charles Trottet s'attendait bien, après une si longue absence, à trouver quelque changement dans son île natale; mais qu'il était loin de la vérité !

La maladie et la misère se sont abattues à la fois sur cette île que les voyageurs ont appelée l'*île Fortunée*. Il semblerait même que les habitants ont déserté la lutte.

La capitale, cette jolie ville de Saint-Denis, assise sur les bords de l'océan Indien et dont les dernières maisons, si coquettes, s'adossent aux montagnes taillées à pic qui l'enveloppent à l'ouest et au sud, il l'avait connue prospère, animée, toute à son mouvement commercial et adorant en même temps les plaisirs et le luxe. Il la retrouvait triste et morne; tout ce qui restait d'animation s'était réfugié vers le Barachois, aux abords des ponts d'embarquement. Le dimanche, on pouvait se croire dans une cité anglaise; il n'y avait que quelques rares passants dans les rues et les maisons, enfouies dans leurs bouquets d'arbres, restaient silencieuses.

Les habitants ont traité cette terre d'une fertilité sans pareille comme la *Poule aux œufs d'or* de La Fontaine. La colonie de la Réunion n'est plus qu'une vaste fabrique de sucre; la canne à sucre est son unique culture. Depuis l'abolition de l'esclavage, les grands propriétaires, se souciant fort peu de l'avenir d'un pays dont ils se croyaient dépossédés, n'ont poursuivi que la réalisation de fortunes immenses et immédiates; ils ont ruiné le sol. Au lieu de ces collines aux pentes rapides plantées de forêts de girofliers et de cannelliers protégeant de leurs ombrages parfumés la culture du caféier; au lieu de ces plateaux couverts de maïs, de maniocs, d'embrevades, de riz, de patates, d'arowroots et de toutes les variétés possibles de racines comestibles, partout des champs de cannes à sucre maigres et chétives.

Les mauvais jours sont arrivés. — La prospérité pourra-t-elle jamais renaître! Après la coupe des cannes à ras du sol, la terre lavée et emportée par les pluies ne cesse, depuis longues années, de glisser des hauteurs à la mer.

Une seule chose n'a pas changé dans cette malheureuse colonie, c'est la situation sociale des mulâtres. Ils sont toujours, comme par le passé, méprisés par les blancs (1) et détestés par les noirs. Le mépris insultant des premiers a engendré la haine inconsciente des seconds. Et cependant, on

(1) Suivant l'opinion de M. Alexis (Emart), procureur de la République à Saint-Pierre (Réunion), toutes les anciennes familles blanches de Bourbon qui sont restées pour la plupart propriétaires du sol, descendraient des Malgaches par les femmes. Elles seraient issues des colons du fort Dauphin qui, après la ruine de cet établissement (1762), de la côte orientale de Madagascar, se refugièrent à Bourbon alors sans habitants; ils s'établirent avec leurs épouses malgaches dans la partie sud de l'île formant aujourd'hui l'arrondissement Sous-le-Vent. Si, comme on a lieu de le supposer, les assertions de ce magistrat, d'origine créole, sont basées sur des informations aussi précises que certaines, il est curieux de constater que ces haines de caste si profondes ne reposent point sur la diversité des races. Comment, dès lors, pouvoir les expliquer?

obtiendrait les meilleurs résultats en donnant un peuplus d'accès aux affaires à cette classe métisse, la seule vraiment attachée par ses origines au sol.

La prospérité continue de l'île sœur ne reconnaît point d'autre cause. Les Anglais, aussitôt après l'abolition de l'esclavage à Maurice, ont favorisé de tous leurs efforts l'accroissement en nombre, le développement intellectuel et l'envahissement social des hommes de couleur.

La capitale de l'ancienne Ile-de-France est aujourd'hui une ville de plus de cent mille âmes; elle renferme dans ses murs tous les échantillons de la race humaine : Européens de toutes les nations, Américains du Nord et du Sud, Chinois et Japonais, Malais et Australiens; les Arabes du golfe Persique et de la côte africaine y commercent avec les Indiens de toutes castes et les Nègres de toute provenance.

De tous les points de l'univers, le commerce se donne rendez-vous à Port-Louis qui est resté, malgré le percement de l'Isthme de Suez, la clef de la mer des Indes.

La population nouvelle qui s'est formée par le croisement de toutes ces races ne cesse d'augmenter; elle absorbera fatalement la vieille et fière race blanche, fidèle gardienne des mœurs et des traditions françaises; n'ayant aucun lien historique dans le passé, elle s'est profondément attachée aux institutions et aux mœurs anglaises. Tous ces résultats ont été prévus par les habiles colonisateurs et avant la fin de ce siècle, l'ancienne Ile-de-France appartiendra, qu'on nous passe l'expression, *corps et âme* à l'Angleterre.

Si l'abolition de l'esclavage n'a pas atteint les possessions anglaises dans leur prospérité, elle a troublé profondément l'existence sociale et économique de toutes nos anciennes colonies. Surprises par la brusque émancipation des travailleurs du sol, celles-ci ont eu à traverser une série de crises dont les secousses violentes ont compromis tout leur avenir. Les fortunes ont été bouleversées et les ruines se sont accumulées.

L'application de cette grande loi d'humanité et de justice s'est opérée sur tous les points du globe où flottait le drapeau de la France sans allumer nulle part la guerre civile; mais elle a eu des conséquences multiples parmi lesquelles la plus curieuse, la plus imprévue et la plus déplorable entre toutes, a certainement été la dispersion des populations esclaves et leur extinction encore plus rapide.

A la proclamation de l'affranchissement de l'esclave, le maître répondit par un arrêt d'expulsion brutale.

Partout un nouveau venu, l'*engagé*, c'est-à-dire l'*immigrant* de la côte africaine ou asiatique, pourvu d'un contrat transmissible d'une durée de cinq ou dix années, fut appelé à prendre la place de l'ancien serviteur dévoué et fidèle qui perdit du même coup ses chaînes et ses moyens d'existence.

Qu'est-ce, en réalité, que l'engagé : un esclave à *temps* donnant au propriétaire toutes les forces de l'homme jeune et vigoureux, sans lui imposer en retour la charge de la famille et de la vieillesse de l'esclave à vie.

Le gouvernement colonial en établissant l'immigration au lendemain même de l'abolition de l'esclavage, commit une faute capitale et irréparable.

Le maître se sentit plus rudement frappé dans ses privilèges de race que dans ses intérêts matériels ; il obéit aux révoltes de son orgueil et se laissa entraîner aux tristes inspirations d'une haine qui fut aussi soudaine qu'aveugle. C'est que la loi ne se contentait pas de briser la chaîne de l'esclave ; elle l'élevait à la dignité d'homme : elle en faisait un Français et un *citoyen*.

La liberté, soit ; l'égalité jamais. Ce « *non possumus* » de la race blanche retentit comme un cri de guerre au dessus des mille clameurs joyeuses de la race noire célébrant sa délivrance.

C'était un cri de dupe, que ce cri d'espérance.

La loi nouvelle en émancipant cette classe ne pouvait faire de ces hommes, esclaves et enfants la veille, les hommes libres du lendemain. Ils n'étaient point armés pour le combat de la vie; leur existence avait toujours été aux mains du maître et ce maître y pourvoyait. Livrés à eux mêmes, ils devenaient incapables de gagner leur vie et plaise à Dieu que le mot fameux : « *Périssent les colonies plutôt que le principe,* » ne se transforme en cette formule désastreuse.

Les colonies ont péri grâce au principe!

Au risque de consommer sa ruine, la race blanche se porta avec une sorte de frénésie vers l'immigration africaine et asiatique; elle demanda tous les travailleurs dont elle avait besoin à ce nouveau mode de recrutement; et en attendant l'organisation et l'arrivée des convois d'immigrants, le sol resta inculte et les habitations désertes.

Lorsque, après plusieurs jours de fête, les derniers chants d'allégresse et d'espérance s'éteignirent enfin dans le bruit monotone de la vague et dans les échos lointains de la montagne, l'ancien esclave reprit le chemin de la plantation. Il venait reprendre sa pioche et l'existence de la veille; il trouva sa cabane ruinée et son petit champ dévasté; le propriétaire n'avait pas attendu son retour pour lui signifier son renvoi. Il dut s'éloigner pour toujours de cette demeure chérie ou il avait grandi et vieilli, de cette terre qu'il avait défrichée, cultivée et fertilisée par ses sueurs pendant de si longues années. Le maître ne fit ni distinction ni exception ; la vieille négresse infirme qui l'avait porté dans ses bras ne fut pas plus épargnée que le jeune noir son compagnon d'enfance ; étouffant tout sentiment de devoir, de justice et de pitié, oublieux des services rendus aussi bien que des nobles traditions patriarcales de sa famille, il chassa impitoyablement tous ses anciens serviteurs, devenus ses égaux. Et malgré de nobles et courageuses résistances, ce mouvement de proscription devint général.

L'ancienne population noire fut réduite à promener sa liberté et ses droits dans les faubourgs des villes et sur les grandes routes où, les privations, la misère et les épidémies l'auront bientôt poursuivie et décimée.

Ces nouveaux parias, repoussés de partout, sans abri ni travail, connurent les malheurs de l'exil sans sortir de la terre natale ; au cours de leur vie errante, ils éprouvèrent même les tortures de la faim dans des contrées où toutes les créations et toutes les richesses de la Nature sont si bien faites pour l'homme qu'il peut se croire le souverain maître de la Terre.

Pauvres infortunés !

Des missionnaires parlant au nom d'un Dieu d'éternelle justice et de paix, leur avaient toujours appris à compter au nombre des biens suprêmes de la vie future cette liberté que la France leur accordait comme la restitution du droit essentiel de la Nature humaine. Aussi c'est avec des transports d'une joie délirante qu'ils étaient tous venus prendre place au banquet de la vie nouvelle. Mais la Liberté, comme une coupe empoisonnée, devait semer la mort à travers leurs rangs pressés; et la nombreuse *classe des citoyens*, comme disent avec un mépris dédaigneux les créoles blancs, écrasée sous le poids de la proscription et de l'immigration, disparut avec une rapidité effrayante.

Les rares familles d'esclaves qui ont échappé à cette destruction générale se rencontrent aujourd'hui sur la lisière des forêts ou bien dans le voisinage des sources des grandes rivières.

Cette émigration dans les montagnes de l'intérieur, les a préservés de la misère et de ses suites encore plus fatales. Retranchés sur ces hauts plateaux presque inaccessibles où la haine des blancs ne pouvait les poursuivre, ces exilés ont demandé au travail et à la culture du sol, la conservation de leur existence et de leur indépendance. Pendant longtemps ces *petits créoles,* comme on les appelle, se sont renfermés dans leur retraite profonde où ils vivaient étrangers au reste des hommes; depuis une quinzaine d'années, ils commencent à descendre de leurs hauteurs, à fréquenter les villes et à renouer, par le commerce, des relations avec la société.

A part le maigre territoire éparpillé sur les flancs escarpés des montagnes où ces *créoles des hauts* se livrent à une culture variée, l'île tout entière n'est qu'un vaste champ de cannes à sucre, possédé par plusieurs et cultivé par plus de cent mille *engagés* Indiens.

La Réunion qui a été la colonie la pluséprouvée par l'abolition de l'esclavage, est également celle où ce double mouvement d'extinction et d'immigrations humaines s'est produit avec une force d'évolution irrésistible. Aussi prospère et florissante que riche en esclaves, sa population noire s'élevait à quatre-vingt mille âmes. Il n'y avait guère que vingt mille blancs. Si les gouvernements ont pu croire que l'émancipation seule provoquerait le mélange des races et contribuerait ainsi à former une population autochthone, douée de qualités nouvelles, répondant aux exigences climatériques, ils ont commis la plus lourde et la plus grande des erreurs.

Aujourd'hui, après quarante années, au lieu de

cette confraternité rêvée par des âmes généreuses, nos colonies offrent le spectacle d'une division profonde et haineuse entre la caste blanche et la caste noire.

L'abolition de l'esclavage a créé des *Guelfes* et des *Gibelins* d'outre-mer.

Il est triste de constater qu'un principe aussi vrai, aussi humain, nécessaire, ait produit dans son application aux colonies des résultats sociaux et économiques que ne prévoyait pas le législateur et qui vont assurément contre le but qu'il se proposait.

Pour en revenir aux immigrants qui ont remplacé les esclaves, l'immigration indienne — véritable marée montante — a envahi presque entièrement l'île de la Réunion.

Il faut dire que ce mouvement continu a singulièrement été favorisé par la commerçante Angleterre qui, avec la philanthropie comme estampille commerciale, exporte et vend ses sujets de l'Inde dans les deux Mondes.

Le Malgache et le Mozambique ont dû céder la place à cet immigrant des côtes du Coromandel et du Bengale; l'Indien se trouve partout aujourd'hui, dans la maison privée comme domestique, aussi bien que dans l'usine et sur les plantations comme laboureur ou fabricant de sucre; mais, s'il est adroit, souple, intelligent et doué d'aptitudes variées, il possède de nombreux vices et de grands défauts qui feront toujours regretter le Nègre, dont cet Asiatique n'aura jamais l'attachement, la fidélité et le dévouement.

Cette nombreuse population indienne, presque uniquement composée de jeunes célibataires, se trouve répartie et cantonnée sur les propriétés sucrières par groupes de quatre à cinq cents travailleurs. Lorsqu'on pénètre dans leurs camps — c'est ainsi que se nomment ces villages de célibataires — on peut être surpris d'y rencontrer toutes les passions humaines qui agitent et troublent ordinairement la petite ville; mais ce qui frappe surtout c'est l'aspect singulier que présente le camp lui-même. On se croirait dans l'intérieur de l'Inde : l'immigrant indien, sa tache remplie, rentre dans son camp où il reprend son genre de vie, sa langue, ses mœurs et sa religion. J'ai connu beaucoup de ces Indiens qui se rappelaient la patrie et adoucissaient leur exil par la culture des lettres et de la poésie; il n'est pas rare de voir les habitants d'un camp se réunir pendant les premières heures de la nuit dans la case d'un maître d'école improvisé, ou bien autour de quelque rapsode chantant l'Inde, ses dieux et ses gloires.

Les espions des régisseurs suivent assidument

ces sortes de réunions; car c'est là que germent et se perpètrent la plupart des révoltes parfois sanglantes qui éclatent brusquement sur une ou plusieurs habitations à la fois.

A part ces mesures de surveillance dictées par une sage prévoyance, les « *engagés* » indiens de l'île de la Réunion jouissent de la plus grande liberté dans la pratique de leur religion.

Les fêtes du culte de Bouddha ont lieu à certaines époques fixes de l'année; pendant leur célébration, la cloche du réveil n'appelle pas le fabricant de sucre à l'usine, ni le laboureur aux champs; la suspension du travail est générale.

Les Indiens célèbrent leurs grandes fêtes religieuses avec autant d'enthousiasme que d'ostentation; ils y déploient un luxe vraiment oriental et une mise en scène sans pareille.

Mais, en dépit de leur pompe théâtrale, toutes ces cérémonies en plein air, qui se passent dans un vacarme effroyable et au milieu des gambades acrobatiques d'un régiment de diables noirs et d'hommes-tigres polychromes, n'offrent point cette grandeur imposante de nos fêtes religieuses.

La *Danse du feu* est certainement la cérémonie la plus curieuse et la plus saisissante du culte indou.

Cette fête, que les sectateurs de Bouddha célèbrent assez rarement, revêt un caractère d'exaltation religieuse qui vous reporte aux premiers temps de l'Église chrétienne. Les scènes de fanatisme qui s'y accomplissent produisent une profonde et ineffaçable impression sur tous les assistants.

Trottet qui avait laissé à son père le soin de prendre toutes les dispositions relatives à son voyage et à son séjour à Madagascar, s'était inquiété de revoir la plupart de ses amis; un de ses excellents camarades de classe, C. Hoareau qu'il avait prévenu de son retour, l'invita à venir passer quelques jours au quartier de Sainte-Rose où devait précisément avoir lieu, le 21 janvier de la nouvelle année, la cérémonie, de *la Danse du feu*. Sur ces entrefaites, Rozan, fidèle à son rendez-vous, arriva de Port-Louis où il avait heureusement réglé toutes ses affaires ; il ne fut pas difficile de le décider à ce petit voyage dans l'intérieur de Bourbon qu'il ne connaissait pas.

La veille de la fête indienne, la diligence de Saint-Denis déposait les deux amis vers les sept heures du soir, à l'entrée d'une longue avenue de *ledchis* conduisant à l'habitation Hoareau; ils y furent accueillis avec cette hospitalité créole si pleine de charme et d'abandon.

M. Hoareau père possédait une des plus grandes propriétés sucrières de Sainte-Rose : — Les *Trois*

Casernes dont il surveillait lui-même l'exploitation, ne comptaient pas moins de cinq cents Indiens. Ces travailleurs — chose assez rare — affectionnaient et estimaient leur maître; celui-ci exerçait son autorité avec autant de fermeté que de douceur et défendait aux commandeurs des diverses bandes de se servir du fouet et de la légendaire lanière de cuir ne marquant pas sur les peaux noires; aussi n'y avait-il jamais eu sur la sucrerie aucune révolte.

La maison principale d'habitation d'où l'on embrassait en dominant le rivage, les horizons sans fin de l'Océan, s'élevait au milieu d'une vaste plate-forme rectangulaire dont la sucrerie, les magasins et les services généraux occupaient les grands côtés. De la vérandah ouverte où les familles créoles ont l'habitude de passer la soirée, on pouvait suivre les nombreuses allées et venues des Indiens; les uns arrivaient en costume de fête des habitations circonvoisines et se rendaient au camp; les autres, c'est-à-dire ceux de la plantation, traversaient la plate-forme avec des charges de branchages et de troncs d'arbres coupés dans la forêt. Ce bois vert allait servir à confectionner l'immense brasier de la danse.

Il devait régner une très grande agitation dans le village dont le mât central illuminé de feux de couleur dénonçait l'emplacement sur la pente occidentale du plateau : une légère brise soufflant de la mer en apportait, mélangé aux murmures harmonieux de la vague, ce bourdonnement grave et continu qui s'échappe des foules.

Les deux amis suivaient avec une attention et une curiosité des plus vives tout le mouvement qui se faisait autour d'eux, lorsqu'une forte détonation ébranlant la maison, les fit sursauter de frayeur sur leurs chaises, au grand divertissement de la société. On aurait dit un violent coup de tonnerre souterrain. C'étaient les grondements du volcan de la Réunion qui s'allumait pour éclairer la nuit; le cratère, situé à peine à six kilomètres sur la droite, jetait en ce moment des gerbes de flammes s'élançant jusqu'aux nues. Quelques secondes plus tard le phénomène avait cessé; un léger chapeau de nuages pailleté de feux couvrait le cône volcanique dont la masse noire et isolée se détachait au milieu de l'atmosphère d'une admirable transparence.

Le lendemain, dès la pointe du jour, Camille Hoareau parcourait avec ses hôtes le camp où se pressaient deux à trois mille Indiens au moins. Dans ce nombre, il y avait une centaine d'enfants et autant de femmes. Celles-ci, gracieusement drapées dans leur costume national, étaient parées de leurs beaux et lourds bijoux. La plupart des hommes à moitié nus, avaient la tête et la ceinture enveloppées dans des pagnes de mousseline et de flanelle d'une blancheur éclatante qui contrastait avec le noir d'ébène de leur corps.

Au pied du mât se trouvaient les offrandes destinées à la divinité; elles se composaient uniquement de fruits de toutes sortes, tels que régimes de bananes, grappes de cocos et de dattes, oranges et pamplemousses, etc., etc. On y voyait en outre une brebis auprès de laquelle se tenait son conducteur, un jeune enfant de douze ans enveloppé dans une écharpe de gaze verte.

Le cortège se forma en dehors du camp; cependant les diables et les hommes-tigres traînant de lourdes chaînes ne cessaient de bondir de tous les côtés en poussant des rugissements. On descendit dans un désordre tumultueux vers la mer en gagnant le lit d'un torrent desséché sur les bords duquel s'élevait une petite case en paille. C'était la demeure du Dieu qui en fut extrait par les prêtres reconnaissables à leur longue tunique de couleur safranée.

Le Bouddha de l'île de la Réunion était une grossière statue de bois aux mains et aux pieds multiples. On le plaça sur une sorte de pavois que quatre hommes vigoureux enlevèrent sur leurs épaules aux acclamations enthousiastes de tous les fidèles.

Les prêtres se placèrent à la tête du cortège ; les femmes et les enfants, portant les offrandes, entourèrent le divin pavois, et la procession s'ébranla au bruit des chants et des cuivres de toutes sortes ; elle se dirigea vers le rivage.

Le Dieu fut déposé sur les bords de la mer ; lorsque la foule se fut rangée sur les côtés, un des ministres s'approcha et fit sauter la tête de Bouddha d'un coup de sabre, tandis qu'un second égorgeait le mouton dont il répandit tout le sang sur le cou et sur les épaules du dieu décapité : Bouddha venait de mourir pour les hommes.

Cette immolation s'accomplit au milieu d'un silence religieux.

Alors les prêtres lavèrent le corps tout sanglant du divin supplicié et replacèrent la tête articulée sur les épaules de la statue. Bouddha venait de ressusciter..... Aussitôt cris de joie, les chants et les cuivres éclatèrent à la fois dans l'assemblée tout entière.

L'enthousiasme des fidèles s'était calmé ; le cortège se remit en marche dans le même ordre pour se rendre à l'endroit où devaient avoir lieu les sacrifices et les réjouissances en l'honneur de la résurrection du dieu.

L'emplacement choisi se trouvait sur une haute falaise basaltique, formant un plateau qui s'allongeait dans la direction du volcan et s'élevait brusquement en amphithéâtre du côté de la terre.

L'autel sur lequel fut déposé le Dieu était dressé à quelques centaines de mètres du rivage. Aux pieds de la divinité se trouvait le brasier, c'est-à-dire le parquet de la danse. Au moment de l'arrivée du cortège, les gardiens du feu jetaient leurs dernières branches d'arbres dans le foyer; allumé vers les quatre heures du matin, celui-ci avait déjà dévoré une énorme quantité de bois.

Ce brasier, renfermé dans une fosse d'une profondeur de vingt centimètres sur deux mètres de largeur et six à sept mètres de longueur, répandait, en jetant ses dernières flammes et ses derniers craquements, une chaleur intolérable.

Entre l'autel et l'aire du feu il y avait un petit bassin peu profond et rempli d'eau.

La danse du feu ne devait commencer qu'à l'instant du passage du soleil au zénith, c'est-à-dire à midi précis. Comme il n'était encore que dix heures et demie, l'assemblée se dispersa; les Indiens, en regagnant leur camp, emportèrent les uns et les autres une certaine quantité de cendre du foyer.

Cette cendre est consacrée; elle doit avoir de

très grandes vertus, car pendant toute la journée que dure cette singulière cérémonie, les fidèles la boivent délayée dans l'eau ; c'est d'ailleurs la seule boisson permise avec des fruits comme nourriture. Après la fin de la fête, toute la cendre du foyer est précieusement recueillie et conservée; les sectateurs de Bouddha s'en font une tache au milieu du front tous les jours de l'année.

Les rayons du soleil tombaient d'aplomb sur le sol où l'on aurait en vain cherché la moindre apparence d'ombre, lorsque les prêtres vinrent se ranger autour de l'autel; les diables et les hommes-tigres entourèrent le lit de braise incandescente, et deux maîtres de cérémonie, la tête ornée d'un large turban vert et un long fouet à la main, se placèrent à chaque extrémité du rectangle de feu. La foule compacte et recueillie se massa tout aux alentours.

Le silence était profond, l'attente solennelle.

Les deux maîtres de cérémonie, le fouet levé, fixaient le soleil.

Les deux fouets claquèrent en même temps, et aussitôt les diables et les tigres bondirent avec des rugissements au-dessus du brasier. On aurait dit une troupe de damnés de l'enfer se ruant dans les flammes.

La fête venait de s'ouvrir; la *Danse du feu* allait

commencer. Pendant que tous ces jongleurs au corps rayé de rouge, de noir et de jaune, se livraient ainsi à leurs sauts et à leurs contorsions, les fanatiques sortirent des rangs pour venir se placer en face de l'autel, à l'extrémité de la fosse en feu.

Tous ces Indiens, au corps nu et reluisant sous le soleil, avançaient d'un pas tranquille; mais tout dans leur physionomie et dans leurs regards trahissait leur fiévreuse exaltation; on remarquait parmi eux une vingtaine d'enfants de douze à quinze ans.

A un signal donné, les danseurs traversèrent en file et d'un pas assez lent cette couche de braise d'une épaisseur de vingt centimètres; et, ils répétèrent cette marche cinq ou six fois aux acclamations enthousiastes de la foule.

On préludait ainsi à la véritable danse.

Bientôt trois fanatiques entrèrent dans le brasier; ils avançaient doucement, en cadençant leurs pas et en s'accompagnant de chants psalmodiés sur un ton plaintif.

Avec une force de volonté incroyable, ils résistaient aux brûlures de leurs pieds et à la chaleur intense qui leur rôtissait le corps en les étouffant. Pas le moindre cri arraché par la douleur, pas la moindre plainte même. Lorsqu'ils eurent ainsi traversé le brasier dans toute sa longueur, ils entrèrent dans le petit bassin où on les aspergea d'eau mélangée de cendre.

Cependant d'autres leur avaient succédé.

Tous ces danseurs étaient excités par les félicitations et les cris des fidèles qui exaltaient leur fanatisme.

C'est à peine s'ils pouvaient, au sortir d'une de ces épreuves, se traîner et se soutenir sur leurs pieds; n'importe, ils recommençaient leurs danses; il semblait vraiment que le feu leur donnait de nouvelles forces.

C'était un spectacle invraisemblable, placé en dehors des faits et des phénomènes de l'ordre naturel.

Le tour des enfants était venu; ils se présentèrent vingt, mais deux seulement eurent le courage de s'aventurer sur le brasier. Ces deux petits malheureux, dont l'un n'avait pas quatorze ans, avancèrent résolument d'abord, mais au milieu de leur traversée dansante ils s'affaissèrent sur eux-mêmes. Aussitôt les voix, les cuivres et les tam-tams firent entendre un vacarme étourdissant. Cette excitation ne pouvant réveiller ces enfants qui rôtissaient sans pousser le moindre gémissement, les maîtres de cérémonies leur cinglèrent le corps à coups de fouet; ils se relevèrent.

L'un franchit l'espace en courant; l'autre essaya d'en faire autant, mais il retomba dans le lit de braises; alors ce petit martyr sous les morsures du feu et du fouet trouva la force de se rouler jusqu'au bout de la fosse. Il se mourait lorsqu'on le transporta au bassin où son corps fut arrosé de cendre et d'eau.

L'assemblée était dans un enthousiasme délirant.

Bouddha n'avait pas abandonné les Indiens condamnés à vivre loin des bords du Gange. Il était au milieu d'eux, car il venait d'enlever à la terre étrangère où le malheur des temps l'avait fait naître, ce jeune fils de l'Inde.

La fête de la danse du feu venait de se terminer : elle avait fourni sa victime.

Le soir, le camp était brillamment illuminé et retentissait de chants d'allégresse.

. . . .

. . . .

Quelques jours après cette fête bouddhique d'un fanatisme barbare qu'ils pouvaient regarder comme une sorte de préparation aux mœurs étranges et cruelles des diverses peuplades sauvages de la grande île africaine, Rozan et Trottet étaient de retour au chef-lieu de la colonie. Ils s'occupèrent immédiatement de leurs préparatifs de départ; ils disposaient d'une vingtaine de mille francs dont les deux tiers leur servirent à l'acquisition d'une pacotille composée de pièces de cotonnade, d'articles de quincaillerie et de verroterie, de poudre, de vieux fusils, etc, etc.

Les voyageurs avaient arrêté leur passage sur le brick l'*Amélie*, en charge pour Tamatave; le 2 février, le capitaine faisait embarquer précipitamment ses deux uniques passagers, dont tous les bagages étaient à bord depuis la veille.

La mer était houleuse et tout présageait l'arrivée d'un raz de marée, sinon le passage d'un cyclone. Depuis quelques jours, l'aspect du ciel était devenu menaçant; la croix du sud — l'étoile polaire de cet hémisphère — dont les quatre étoiles brillent dans le ciel d'un éclat si vif qu'elles forcent le regard, était cachée par des couches de nuages d'un rouge cuivré teignant à la fois le Ciel et l'Océan.

Le capitaine voulait lever l'ancre et quitter au plus tôt la rade où l'on comptait une trentaine de navires de tous tonnages. Mais la brise vint à tomber subitement et force lui fut d'attendre. Le calme avait succédé au vent; de temps à autre on sentait l'arrivée de quelques bouffées d'air chaud, étouffant. C'était la tempête; tandis que le tonnerre, avec ses grondements précurseurs et lointains, en révélait l'approche, de gros nuages noirs s'amoncelaient à l'horizon ; il s'en écoulait par instants des éclairs éblouissants : on aurait dit des cascades lumineuses. Vers les cinq heures du matin, aux premières rafales de vent, un coup de canon avertit tous les navires de se préparer à déraper ; et le mât des signaux élevé sur le Barachois de Saint-Denis, se mit à transmettre les dernières intructions du capitaine du port. Presque aussitôt un aviso à vapeur de l'État vint se placer en tête de la ligne formée par les navires ; il ne devait abandonner ce poste de péril et gagner la haute mer, qu'après avoir présidé au départ de tous les autres bâtiments. Un quart d'heure plus tard, un second coup de canon donna le signal du dérapage.

Les rafales étaient devenues plus fréquentes et la mer soulevée en montagne se précipitait avec fureur sur les côtes. De toutes parts, les oiseaux traversaient le ciel en ralliant la terre.

Le brick, une véritable coquille de noix, qui s'était d'abord bien comporté, se mit à danser, à piquer des têtes et à perdre ses voiles. Saisi et entraîné par le courant vers la terre, il allait se briser sur les côtes de Sainte-Marie, quand tout à coup le vent tourna en masquant les voiles qui restaient. Le capitaine commanda aussitôt de brasser carré partout. Le navire se releva pour s'éloigner de l'île avec une vitesse incroyable ; dans le cours de la nuit suivante, l'*Amélie* sortait du cyclone dont son capitaine avait su gagner le *demi-cercle maniable*. Les voyageurs n'eurent pas le temps de s'apercevoir du reste du voyage; ils s'amusèrent avec les marins à la pêche d'une quantité de gros poissons. On eut même la bonne fortune de harponner une petite baleine qu'on désespéra un instant de réussir à hisser à bord.

Six jours après son départ de Saint-Denis, le brick dépassait vers les cinq heures du soir l'île Fong d'où la Grande-Terre s'aperçoit sous la forme d'une immense ligne de montagnes bleues; et à l'entrée de la nuit, l'*Amélie* mouillait dans la rade de Tamatave.

CHAPITRE III

MADAGASCAR OU TANNI-BÉ (1).

Les trophées de la plage de Tamatave. — Le débarquement des voyageurs et la Douane hova. — Madagascar et le continent disparu de l'océan Indien. — Le peuple nain de la grande île Africaine ou les Kimos. — Découvertes de M. Grandidier. — Configuration générale de Tanni-Bé; sa division en provinces et ses peuples de la côte orientale et occidentale. — Villes principales. — La ville de Tamatave, chef-lieu maritime du royaume hova; son fort et sa garnison. — La résidence royale du roi Jean-René; la princesse Juliette sa fille et Mme Ida Pfeiffer. — Le bazar. — Les habitants de Tamatave. — Le commerce anglais et les aveux du Rév. J. Mullens. — Bœufs, crocodiles et requins. — La chasse malgache du requin. — Trafic général de Madagascar avec l'Europe et l'Amérique.

Il y a une trentaine d'années, un étrange spectacle, inspirant l'horreur et la pitié, attendait le

(1) Tanni-Bé signifie la « *Grande-Terre.* »

voyageur à son entrée dans la baie de Tamatave. Du navire il découvrait dressées sur la plage, toute une ligne de sagaies au bout desquelles des crânes humains blanchissaient au soleil. Tristes trophées que les Hovas avaient élevé sur ce rivage comme un lugubre avertissement donné à l'envahisseur, comme un défi sauvage jeté à la civilisation européenne.

Ces crânes étaient ceux de nos malheureux soldats d'infanterie de marine tués dans la désastreuse expédition anglo-française de 1845 (1).

La nuit qui succède brusquement au jour sous les tropiques, tomba pendant que l'*Amélie* cherchait un bon mouillage pour filer son ancre. Les derniers rayons du soleil se mouraient sur les crêtes des montagnes et déjà les étoiles, brillant d'une lumière douce et tremblante, envahissaient le ciel;

(1) Cet odieux trophée resta planté près de dix ans (de 1845 à 1854) sur la plage de Tamatave; il ne fut enlevé qu'après la réouverture des ports hovas au commerce européen, à la suite du payement par le gouvernement anglais d'une indemnité de quinze mille piastres. La reine Ranavalo-Manjaka voulant donner au gouverneur de Maurice, une preuve de son bon vouloir, l'autorisa à enlever ces ossements anglo-français; nos compatriotes de l'île Sainte-Marie s'empressèrent de se charger de ce soin pieux; ils recueillirent ces tristes restes et les braves marins du *Berceau* et du *Conway* reçurent enfin les honneurs de la sépulture sur une terre française.

les grands nuages blancs des couches moyennes s'élevaient en se dispersant et leur évanouissement dans les hautes régions de l'air mettait à découvert une voûte céleste d'un azur si foncé que l'atmosphère en recevait une transparence bleuâtre.

Madagascar se dressait dans la pénombre comme une noire et gigantesque muraille s'étendant à perte de vue du Nord au Sud. Les bancs de récifs madréporiques fermant la rade, tranchaient sur la mer par leur couleur d'un blanc grisâtre; ils formaient une grande barre qui rejoignait la plage dont la courbe se dessinait par une étroite bande de sable d'une éclatante blancheur; on apercevait à travers les stipes longs et grêles des cocotiers les silhouettes des maisons éparses sur les bords de l'Océan. La ville semblait plongée dans l'ombre et le silence; tous les bruits qui pouvaient s'en élever se perdaient dans les mugissements de l'Océan dont les vagues, toujours soulevées, se brisaient avec fracas contre la masse puissante des récifs, tandis que, derrière cet abri, les eaux tranquilles de la baie semblaient un miroir où se reflétait le Ciel.

Nos voyageurs, de la dunette où ils étaient assis pendant les dernières manœuvres du navire, contemplaient silencieusement ce magnifique spectacle dont la lune, en s'élevant du sein de la mer, venait encore augmenter la beauté si imposante.

— Quel décor féerique! s'écria Rozan.

— Oui... si féerique, dit Trottet, que nous ne nous apercevons pas qu'on file en ce moment les dernières brasses de la chaîne de l'ancre; il n'est que temps de nous préparer...

— Nous préparer à quoi? interrompit Rozan. Est-ce que tu songes sérieusement à débarquer ce soir? Malgré toute l'impatience que nous avons de fouler le sol malgache, la plus vulgaire prudence nous commande de passer cette dernière nuit à bord. Le capitaine se refusera certainement à mettre la baleinière à la mer ce soir et il ne me semble pas que les canots tirés sur le rivage aient l'air de venir nous chercher. Renonce donc à ton projet.

Entrée dans la rade aux approches de la nuit, l'*Amélie* avait échappé aux bateliers et aux pilotes malgaches. Ceux-ci se portent toujours à la rencontre des navires marchands, les assaillent et s'ils réussissent à grimper à bord, ils s'installent à demeure sur le pont; on n'arrive à se débarrasser de cette population parasite que par le sacrifice de quelques barillets de rhum. Le brick avait bien été signalé, mais aucun indigène n'aurait supposé que son capitaine aurait la hardiesse de s'engager, à cette heure avancée, dans l'étroit et dangereux chenal qui interrompt la ligne des brisants. Le lendemain, à la pointe du jour, le navire était entouré de barques.

Pendant que Trottet, revêtu d'un costume de planteur en toile de nankin et sa valise à la main, arpentait la dunette en pestant contre la lenteur de son ami, celui-ci, tranquillement appuyé sur le bastingage du brick, examinait en connaisseur les pirogues qui naviguaient autour du bâtiment; lorsqu'il eût arrêté son choix sur six grands et solides canots, formés comme tous les autres de troncs d'arbres creusés au feu, il en héla les patrons. Ceux-ci se précipitèrent sur le pont, où Rozan se mit à débattre avec eux le prix du débarquement de sa cargaison; le marché fut long à conclure : le Malgache est naturellement beau parleur et le vaza, inébranlable dans ses offres, dut subir un véritable déluge de paroles. On finit néanmoins par tomber d'accord, après une vive discussion dans un jargon composé de mots français et anglais noyés dans la langue madécasse.

Les robustes et vigoureux bateliers de Tamatave eurent bientôt effectué le transbordement des caisses et des bagages, de la cale du navire dans les pirogues; celles-ci, une fois chargées, regagnèrent la côte à force de rames en emportant les deux passagers de l'*Amélie*.

Vers les neuf heures, Rozan et Trottet mettaient le pied sur la terre de Madagascar; ils y furent reçus par les douaniers hovas. Les douanes sont établies sur tous les points des côtes orientale et occidentale de la grande île africaine; elles existent chez les peuplades indépendantes aussi bien que sur tous les divers territoires dont la réunion forme le royaume de Ranavalo-Manjaka; de tous les grands services publics du gouvernement hova, c'est le seul qui possède, sinon une organisation administrative, du moins un fonctionnement sérieux et régulier. Le droit de douane, tout en différant de nom selon les régions, est universellement de dix pour cent sur toutes les marchandises d'exportation et d'importation; il constitue la principale source de richesses et de revenus de la reine des Hovas, de ses ministres et des grands seigneurs de sa cour ainsi que des roitelets Sakalaves et des chefs des tribus insoumises.

Contrairement à leurs habitudes de chicane et de lenteur désespérante, les officiers de la douane de Tamatave se montrèrent conciliants et expéditifs avec les deux nouveaux venus. Certes, il leur fallut subir certaines majorations de droits et ne pas ménager les cadeaux, multiplier leurs démarches de côté et d'autre et revenir à plusieurs reprises l'un au vice-consulat français, l'autre chez le consul anglais. Mais vers la fin de la journée,

5

ils étaient débarrassés des douaniers hovas et rentrés en possession de leur pacotille.

— Voilà vraiment qui tient du miracle, s'écria le maître d'hôtel Poupart (de Bordeaux) tout ébahi à la vue de ses pensionnaires du matin qui revenaient à la tête d'une armée de porteurs pliant sous le poids des fardeaux... Vous devez, Messieurs, posséder quelque *fadi* (1) d'une puissance irrésistible.

— Notre seul talisman, c'est le nom de mon frère, répondit Trottet.

— Vous le nommez?

— Le docteur Trottet, médecin de la reine à Tananarive.

— Oh! tout s'explique alors, dit l'hôtelier; je connais parfaitement vos deux frères dont l'aîné est retourné fort malade à la Réunion. Je serai très aise d'avoir de ses nouvelles.

La conversation venait de prendre une tournure familière et presque amicale; elle la conserva tout le temps et se poursuivit sous la vérandah de l'hôtel où la brise de mer qui précède le coucher du soleil, apportait un air frais et chargé de senteurs marines.

M. Poupart était établi depuis plus de cinq années à Tamatave; en quittant la vérandah pour

(1) Talisman.

vaquer à ses occupations, il mit au service des deux amis ses relations dans la ville et sa vieille expérience de la vie malgache.

— Eh bien! avais-je raison de dire que la Fortune nous attendait sur cette terre? dit Trottet à Rozan qui était nonchalamment étendu comme son compagnon dans un grand et délicieux fauteuil en rotin de l'Inde.

— Dis donc sur ce sable, pour être vrai, répliqua Rozan. Où vois-tu de la terre ici? Partout où peut s'étendre la vue, on ne découvre que des plaines infinies de sable dont l'éblouissante blancheur, sous la réverbération du soleil, vous brûle les yeux. C'est dans un de ces voyages à Madagascar que ta chère déesse, la Fortune, a dû devenir aveugle. Nous pourrions bien avoir le même sort.

— Tu es d'un scepticisme décourageant. Nous ne sommes encore que sur la côte.

— C'est juste, mais je ne puis cacher mon désenchantement. Comme la folle du logis ne respecte rien, voire même les récits des voyageurs sérieux, je m'étais imaginé un Madagascar à ma façon. Hélas!... Mais voici le capitaine de l'*Amélie* qui arrive, allons à sa rencontre.

— Eh bien, mes chers insulaires, dit celui-ci en leur serrant la main, que me raconterez-vous de votre première journée à la Grande-Terre? Avez-vous parcouru la ville, visité le fort et les environs, retrouvé quelques-uns de vos compatriotes?... Je ne vous ai rencontré nulle part.

En écoutant le récit de ses passagers, le vieux caboteur ne pût s'empêcher de témoigner son étonnement au sujet de leur succès avec la douane.

— Diable... Diable... grommelait-il; ces coquins de Hovas s'humaniseraient-ils? Je n'ai jamais eu pour ma part une pareille chance depuis vingt ans bientôt que je fais les voyages de Madagascar.

— Puisqu'il y a si longtemps que vous fréquentez ce pays, dit Rozan, je vous prierai de nous donner une idée générale de cette grande île, presque inconnue de nos jours.

— Très volontiers, répondit le capitaine ; d'abord installons-nous sous la varangue, à l'abri des derniers rayons de ce soleil de février qui fait éclore les œufs de tortue sur le sable de la côte. Vous autres créoles, vous rôtiriez sur place sans vous apercevoir de la chaleur.

Après s'être commodément installé dans un fauteuil, le capitaine parla de la sorte à ses interlocuteurs qui avaient pris place à ses côtés :

— Comme je vous le disais tout à l'heure, il y a environ vingt ans que je fréquente Tamatave et les autres points de la côte est; j'y viens prendre, comme la plupart des caboteurs, des chargements de bœufs : — c'est le trafic principal depuis la cessation de l'immigration africaine.

Avant notre révolution de 1848 qui a aboli l'esclavage, toutes les côtes de l'île étaient bien plus fréquentées qu'aujourd'hui. Nos prédécesseurs, les négriers dont je n'envie pas la triste célébrité, visitaient les plus petites baies et remontaient même les rivières; on peut affirmer que la traite des esclaves que les Arabes pratiquent toujours dans le canal Mozambique en dépit de nos croiseurs, a attiré pendant ces derniers siècles un nombre considérable de navires sur tous les points de Madagascar. Comment cette île, une des trois plus grandes du globe, placée sur la grande route des Indes orientales et sans cesse fréquentée par des vaisseaux européens, est-elle encore plus inconnue que le centre même de l'Afrique?

Pour moi, je me refuse à voir les causes de cette ignorance générale dans l'insalubrité du climat tout aussi bien que dans la politique des Hovas dont la puissance née d'hier s'évanouirait sous une seule volée de coups de canon. Il me suffira de vous rappeler les intéressantes et curieuses relations que nous ont laissées sur Madagascar les gouverneurs de nos anciens établissements de la côte orientale. Il est vrai que par une de ces fatalités inexplicables, ces écrits au lieu d'étendre par leurs renseignements exacts le champ de nos connaissances, n'ont servi qu'à jeter de nouveaux voiles sur la grande île africaine ; ils rapportaient toutes les fables et toutes les traditions merveilleuses des Malgaches ; la crédulité publique, si avide des curiosités lointaines, s'en est emparée aussitôt ; la science elle-même n'a pas su résister à l'attraction du merveilleux ; c'est ainsi qu'elle a propagé la fameuse fable des *Kimos*, et pendant longtemps toute l'Europe a cru que l'intérieur de Madagascar était habité par une race de nains, les Kimos (1) qui vivaient

(1) « Le naturaliste Commerson, dont le nom a fort heureusement d'autres titres à la célébrité, est le premier écrivain qui soit entré dans quelques détails sur ces pygmées et se soit livré à une dissertation pour démontrer leur existence. Avant lui, le judicieux Flacourt avait pris des informations à ce sujet ; mais il ne nous fait part que du résultat de ses recherches : ce sont, dit-il, des fables que racontent les joueurs *d'herradou* (ménestrels malgaches). Ce témoignage d'un homme qui, par son long séjour et ses recherches à Madagascar, la sagacité et l'exactitude de ses descriptions, mérite toute confiance, est pour nous d'un grand poids. Le ton de la lettre de Commerson a souvent fait naître en nous l'idée qu'elle était une plaisanterie spirituelle, dont l'abbé de Choisy (ou celui qui l'a fait parler) avait donné l'exemple un siècle auparavant. Furetière nous apprend dans son *Ana* (Paris, 1869, in-12, p. 12), qu'il circulait vers la fin du xviie siècle des copies d'une lettre fort curieuse, où il en était fait mention ainsi que

dans les cavernes et ne se nourrissaient que du lait de leurs troupeaux par horreur du sang et de la chair des animaux.

Les anciens avaient inventé une race de géants, les Cyclopes; nous sommes plus orgueilleux, nous prétendons à l'existence d'un monde de pygmées. Vous verrez que les Kimos renaîtront dans quelque autre région inexplorée.

De nos jours, personne ne croit plus au peuple nain de Madagascar; mais pourra-t-on jamais par-

d'une foule d'autres prodiges à Madagascar. Elle est intitulée : *Lettre envoyée de Sar-Jacob en l'isle de Madagascar à M. l'abbé de Marins par M. l'abbé de Choisy, et qui a esté adressée à M. l'abbé de Saint-Martin, escuyer, seigneur de la Mare du désert, premier docteur en théologie de l'Université de Rome et protonotaire du Saint-Siège, pour la faire voir au public.* La simple mention de ce dernier personnage, connu par sa laideur, son costume grotesque, ses habitudes ridicules, sa vanité, son ignorance et sa crédulité, suffit pour indiquer que cette pièce est un piège tendu aussi bien à la simplicité des amateurs de prodiges qu'à l'ignorance vaniteuse de l'abbé de Saint-Martin. De même, Commerson s'adresse aux amateurs du merveilleux, qu'il a révoltés en réduisant à six pieds la taille prétendue gigantesque des Patagons, et leur offre en *dédommagement* « une race de pygmées qui donne dans l'excès opposé. » Il décrit minutieusement ces demi-hommes, *les Kimos*, comme l'abbé de Choisy avait fait des *Tarisbos;* il fait connaître leur caractère, leurs mœurs, leur adresse, leur intelligence et leur ardeur belliqueuse, « qui

venir à déraciner toutes les erreurs qui se sont accréditées sur ce pays? notez que la plupart ont été commises sciemment et entretenues pour le bénéfice des intérêts religieux. Cependant, dans ces quinze dernières années les voiles se sont déchirés sur bien des points et la Grande Ile est presque entièrement sortie de son enveloppe mystérieuse. Encore quelques intrépides explorateurs de la valeur scientifique de M. Grandidier, et l'on ne tardera

se trouve être en raison double de leur taille. » Il parle à la fois de leur pays, de leurs troupeaux, de leurs occupations. Le Gentil (*Voyage aux Indes Orientales;* Paris, 1779, in-4°, t. II, page 503 et suiv.) a réfuté victorieusement toute cette histoire, dont maint savant a été la dupe, et que réveille encore de temps en temps quelque auteur paradoxal. Ce n'a pas été sans quelque surprise que nous avons vu les missionnaires anglais ressusciter dernièrement les Kimos. Leurs connaissances se bornant à la province des Hovas, ils ont retrouvé les Kimos chez les Hovas; ils observent bien des différences, par exemple celle de la taille, mais c'est pour eux une bagatelle; ils ne s'y arrêtent pas : « Le point le plus sujet à controverse de cette relation concerne, disent-ils, la taille des Kimos; il doit y avoir là quelque erreur, presque tout le reste est croyable. » A ce compte, les voyages de M. Samuel Gulliver sont authentiques. — La fable des Kimos ou peuple de nains existe en Afrique, d'où elle aura passé à Madagascar. Edrisi parle d'une nation de petits hommes qui habitent une île ou une contrée orientale de l'Afrique. A Mombase, le lieutenant Thomas Boteler, qui faisait partie de l'expédi-

pas à connaître enfin d'une façon aussi exacte que précise la population ethnique de Madagascar, l'étendue de son territoire fertile, les richesses minières de son sol, sa faune et sa flore. Lorsque tous ces matériaux seront constitués, les savants auront de la vraie besogne ; il ne s'agira pas simplement de faire la description de cette île, il faudra reconstituer le continent de l'océan Indien et rechercher l'époque de sa disparition.

—Un continent de l'océan Indien ! s'écria Trottet.

tion du capitaine Owen sur la côte d'Afrique, reçut des naturels l'assurance positive qu'il existait à un mois et demi de marche dans l'intérieur un district peuplé par une race de pygmées, dont la taille atteignait à peine trois pieds. Ce peuple s'appelait *Mberikimo*. La ressemblance de ce nom avec celui des Kimos n'est pas assez grande pour que l'on puisse en tirer la conséquence de leur parenté; mais le renseignement de Boteler, constatant chez les Africains l'existence de récits absolument semblables à ceux que l'on a recueillis à Madagascar, méritait d'être signalé. » (*Notice géogr. et histor. sur l'île de Madagascar*, par Eug. de Froberville, p. 26-30.) — M. Leguével dit aussi avoir cherché à recueillir sur cette prétendue race de pygmées les renseignements les plus minutieux : souvent il engagea des guides pour le conduire dans leur retraite ; mais, au moment du départ, ils étaient forcés de lui avouer qu'ils ne connaissaient pas la véritable résidence de ces nains, dont l'histoire leur avait été transmise par leurs maîtres. Il rencontra à la vérité dans ses voyages quelques nains malgaches, mais ils étaient, ainsi que ceux d'Europe, issus de parents d'une stature semblable à la nôtre. (T. I, p. 53.)

— Le continent de Madagascar si vous l'aimez mieux; car cette île que l'on rattache à l'Afrique ne lui appartient pas; elle formait la pointe occidentale d'un grand continent aujourd'hui disparu sous les flots. Tout tend à le prouver, et si je n'ai pas hésité à partager cette opinion dès qu'elle a été émise, je doute encore moins de la possibilité de l'asseoir sur des bases aussi certaines que solides. En attendant, les géographes européens renonceront-ils à leur chaîne centrale des Ambohitsmènes, traversant l'île du Nord au Sud et dans toute sa longueur ? Cette arête ou épine dorsale est une pure fantaisie géographique.

— Ah! fit Rozan... mon cher capitaine, vous bouleversez toutes mes idées sur ce pays.

— Je les rectifie simplement, répondit le vieux loup de mer qui après une pause leur demanda : Connaissez-vous les Pyrénées ?

— Oui, répondirent les deux amis.

— Tant mieux, car vous pourrez vous faire une idée à peu près exacte de la configuration de la « Grande Terre ». Figurez-vous le massif des Pyrénées planté au milieu de l'Océan et ayant à sa base une double et étroite ceinture de sable et de terrains bas, marécageux et couverts de forêts vierges : voilà Madagascar.

Derrière cette magnifique et verdoyante ceinture

qui commence au rivage, c'est une longue ligne de mamelons dénudés et de pitons aux sommets chauves, puis toute une armée de montagnes qui s'élèvent et s'étagent les unes sur les autres dans leur escalade, se rapprochent, s'éloignent, se continuent ou meurent brusquement. Partout des murailles basaltiques taillées à pic, des précipices sans fond, des couloirs étroits, des crêtes se prolongeant à l'infini, des rochers debout au milieu de plaines immenses et dont les cimes se perdent dans la nue. Madagascar est un véritable océan de montagnes. De tous côtés des lacs sur les sommets ou dans les excavations du sol, des ruisseaux qui serpentent, descendent en cascades ou se précipitent en torrents, de belles rivières décrivant d'innombrables méandres avant d'arriver aux gorges par où elles s'échappent pour gagner la mer. On est toutefois parvenu à démêler à travers ce colossal bouleversement qui est le produit de plusieurs soulèvements granitiques, cinq grandes chaînes de montagnes courant du Nord au Sud et séparées entre elles par des plaines sablonneuses ou des plateaux entrecoupés de ravins peu profonds.

C'est sur le plus central de ces hauts plateaux qu'habite à quinze cents mètres au-dessus du niveau de la mer, retranché derrière des murailles naturelles presque infranchissables, le peuple *Hova*.

Comme je vous l'ai dit, la zone de terrains qu entoure la base de tout ce gigantesque massif plutonique est étroite, fertile et couverte de magnifiques forêts vierges.

On dirait que la nature a créé ce merveilleux rideau de verdure pour cacher la désolation et l'aridité de l'océan de montagnes qui représente plus de la moitié de la superficie de la grande île.

Si vous voulez bien découper cette zone de forme ovale, à la façon d'un *pain-couronne*, en quatorze morceaux, vous aurez les provinces du littoral; délimités par des rivières, des savanes ou des bois, ces territoires portent les noms des peuplades qui les habitent. De ce côté, c'est-à-dire sur le versant oriental, vous avez en descendant du Nord au Sud: l'*Antakara*, l'*Antanvaratre*, le *Bessimisaraka*, le *Betinaména*, l'*Antasimou*, l'*Antanimouri*, l'*Antarai* et l'*Anossi*.

Les Sakalaves (Antificheremanes, Antimènes, Antimahilakes, etc.) habitent toute la région occidentale que j'ai relativement peu fréquentée.

Les côtes du pays Sakalave s'étendent tout le long du canal Mozambique; elles sont assez découpées et offrent plusieurs grandes baies bien abritées, d'un accès facile, où viennent se jeter des rivières navigables à 30 ou 40 milles dans l'intérieur; il n'en est pas de même sur ce versant : à part la splendide baie de Diégo-Suarez, la côte orientale présente une ligne presque continue de sable qui barre l'embouchure de la plupart des rivières; de là, ce grand chapelet de lacs qui existent le long de ce rivage protégé du côté de la mer par de multiples rangées de brisants.

Enfin, pour compléter ces renseignements généraux, je vous dirai que Madagascar est peu peuplé relativement à son immense superficie. M. Alfred Grandidier estime sa population à quatre millions d'individus; celle-ci se trouve répartie dans tous les villages du littoral et de l'intérieur dont les plus grands contiennent au plus un millier d'âmes; il n'existe dans toute l'île que cinq villes importantes : *Tananarive*, la capitale du royaume hova (75,000 habitants); *Fianamarantsona* (1,000 habitants); *Andérourante* (2,000 habitants), l'ancien établissement français de *Foulpointe* (4,000 habitants) et enfin Tamatave où j'ai toujours vers sept heures du soir, une faim irrésistible...Allons dîner.

— Après le *coup de sec*, mon cher capitaine, dit Trottet.

— Bien entendu... Je ne l'aurais pas oublié.

En prenant, avant de se mettre à table, le petit verre de rhum qui est l'apéritif de la bonne compagnie dans nos colonies, les deux amis remercièrent vivement le capitaine de l'*Amélie*; celui-ci continua d'ailleurs pendant le reste de la soirée à répondre avec la même bonne grâce à toutes leurs questions.

Le grand marché de la semaine avait lieu précisément le lendemain ; la population des villages de l'intérieur descend ce jour-là à la côte pour faire le commerce des échanges; les naturels arrivent de tous les points de la province avec de grands sacs de vacua ou des paniers en bambou remplis de produits indigènes de toutes sortes; en même temps que la foule de ces marchands, des troupeaux de bœufs, de moutons et de *cabris* pénètrent à chaque instant dans la ville où règne une véritable activité commerciale. Grâce à sa situation dans la province centrale de Betsimisaraka et à sa rade fermée sur l'océan Indien, Tamatave est devenue l'entrepôt général du commerce de Madagascar avec l'extérieur.

Sa population ne cesse de croître comme son importance commerciale; elle est actuellement de huit mille âmes et se compose de Betsimisarakas, de Bétinamènes et de Hovas auxquels il faut ajouter un millier de blancs ou *vazas* composés en majeure partie de créoles de Maurice. Sous ce rapport et bien d'autres encore, nos deux voyageurs *créoles* ne pouvaient se considérer ainsi que l'Européen sur une terre absolument étrangère;

TAMATAVE

Le port. — Le village Malgache. — Le fort Hova (Page 86.)

certes, ils se trouvaient pour la première fois dans une ville malgache qu'ils allaient observer dans toute l'expansion de son activité sociale, mais ils connaissaient de longue date les Madécasses. L'un avait été bercé sur les genoux d'une femme Sakalave; l'autre avait appris, dans son enfance, en courant les camps des engagés de l'habitation paternelle, à bégayer cette langue malgache si souple et si harmonieuse.

Leur première visite fut pour le fort de Tamatave qui n'est indiqué que par le drapeau national hova — un pavillon blanc bordé de rouge — flottant au-dessus d'un massif de grands arbres verts. Cachée derrière un épais rideau de pandanus, cette batterie couverte et circulaire, percée de sabords comme un navire, est protégée par un fossé profond et par une double enceinte en terre présentant de larges embrasures. Cet ouvrage de défense, construit en pierre, tombe aujourd'hui en ruine ; tout son armement se réduit à quelques canons de petit calibre, sans affûts. Le fondateur du royaume hova, Radama Ier, dans la poursuite de sa politique pleine de défiance à l'égard des Européens, se reposait sur les fièvres et l'impraticabilité des chemins plutôt qu'il ne comptait sur ce fort; il l'avait fait bâtir à grands frais par deux Arabes de Zanzibar qui à défaut de la science technique de nos ingénieurs, ont su admirablement choisir l'emplacement de leur forteresse au nord-est de la ville; ses canons balayent le village et la campagne tout en commandant les deux passes de la rade dont la plus large se trouve en face de Tamatave.

Malgré son état de délabrement et toute la faiblesse de son armement, ce fort suffit pour maintenir sous un joug tyrannique la population malgache; il sert de résidence au gouverneur hova qui y grelotte la fièvre en compagnie de ses officiers et de ses soldats logés dans les casemates.

Une simple tunique blanche compose tout l'habillement des soldats hovas qui ont la tête découverte et les jambes nues; ils portent toujours deux armes : un fusil d'une main et une sagaie (1) de l'autre. Les chefs, au lieu de conduire leurs troupes, marchent les derniers par étiquette; ceux-ci sont loin de présenter la même simplicité primitive dans leurs costumes chamarrés d'or, véritables arlequins de tous les uniformes militaires de l'Europe.

Tamatave se compose de deux parties distinctes; derrière le fort et sous sa protection se trouve le village hova; sur les bords de la mer, se développe la ville malgache où habitent les trafiquants euro-

(1) D'après M. E. de Flacourt, *sagaye* est un mot corrompu du nom de *assagaye* (dard, javelot) qui est espagnol.

péens. Elle est bâtie sur une longue bande de sable qui porte, chose extraordinaire, une végétation assez variée et presque luxuriante.

L'aspect général de Tamatave ne manque pas d'un certain côté pittoresque, mais il est triste; derrière une longue ligne des grands pandanus (1) bordant la plage, s'élèvent, au milieu d'une véritable forêt de manguiers, de cocotiers, de citronniers, de jujubiers et de bananiers qui poussent et vivent dans ce sable, mille ou quinze cents cases en paille; bâties en bambou ou en bois léger, leurs parois et leurs toitures sont faites avec les tiges, les écorces et les feuilles du ravanela (l'*arbre du voyageur*) (2); elles sont toutes entourées d'un jardin fermé par une clôture en planches ou en pieux. Ces palissades forment les murailles des rues qui courent parallèlement à la mer et dont la principale, située tout près du rivage, est habitée par la population blanche groupée autour des consulats français et anglais; on y remarque deux ou trois maisons bâties à l'Européenne.

Le bâtiment de la douane que tous les étrangers sont obligés de connaître en mettant le pied sur la

---

(1) Pandanus muricata. (Dupetit-Thouars.)
(2) Le ravanela ou *l'arbre du voyageur*, particulier à Madagascar, est d'un emploi général dans les provinces de la côte orientale pour la construction des habitations.

LA CRUCHE VÉNÉRÉE D'AMBOUDISSINE. (Page 181.)

boudissine. Il y avait jadis en cet endroit, à peu de distance de la route, une *Cruche vénérée*. Les peuplades de la côte, obéissant à une coutume séculaire, n'entreprenaient aucun voyage sans venir déposer une offrande en argent dans cette immense jarre de deux mètres de hauteur. C'est ainsi que le voyageur se rendait les Dieux favorables. Lors de la conquête, les Hovas s'emparèrent de ce trésor amassé par la piété et par la superstition. Ces années dernières, un Anglais, en passant dans ces parages, brisa la jarre d'une balle et les débris entassés de la fameuse *Cruche vénérée* ne sont plus aujourd'hui qu'un nid à serpents.

D'Amboudissine, les bourgeanes filèrent droit, à travers un véritable océan de sable, sur Tranc-Marou (littéralement *beaucoup de maisons*) où l'on devait passer la nuit; ils n'y arrivèrent qu'à une heure très avancée de la soirée et descendirent les Vazas devant la porte de la plus belle case de ce village qu'ont dépeuplé les Hovas. Les huit habitants de la cabane, rangés autour d'une grande marmite de riz, se disposaient précisément à prendre leur repas; le chef de la famille s'empressa de venir offrir sa demeure aux étrangers. La femme et les enfants, après avoir balayé et débarrassé en un clin d'œil les deux uniques pièces de la case, étendirent des nattes neuves par terre et se retirèrent en emportant leur cuisine. Le maître de la maison présenta alors ses meilleurs souhaits à ses hôtes et partit à son tour en leur abandonnant la libre jouissance de sa demeure et de tous ses biens. Il ne devait rentrer chez lui qu'après le départ des voyageurs.

C'est de cette admirable façon que les Madécasses entendent et pratiquent l'hospitalité. Il serait difficile de rencontrer par le monde un peuple plus hospitalier que les naturels de Tanni-Bé. L'hospitalité tant vantée des Arabes devient étroite et mesquine si on la compare à cette hospitalité malgache si large et si parfaite. Sur tous les points de la grande île africaine, l'hôte n'est pas seulement une personne respectée pendant son séjour sous la tente, il devient le maître absolu de la cabane où il entre; il est libre de s'y reposer quelques heures ou de l'habiter pendant des mois.

L'homme blanc, c'est-à-dire le vaza, que tous ces insulaires sans exception regardent et respectent comme un être supérieur, est l'hôte privilégié entre tous; dans tous les villages où il s'arrête, il peut compter sur la protection absolue des habitants; à chaque halte, suivant une coutume naïve, on lui apporte le cadeau d'usage : une oie vivante et un demi-ballot de riz blanc. C'est un insigne honneur que de recevoir l'Européen; les chefs et les plus riches du village se le disputent à l'envi; et le vaza donne une marque précieuse de gratitude et d'amitié à son hôte, s'il consent à partager sa couche avec la femme ou la fille de la maison qui lui sont offertes par le chef de famille. Les femmes, loin de se plier avec répugnance à cette coutume, sont plutôt disposées à considérer comme une violation des règles de l'hospitalité ou comme une insulte grossière, le refus du voyageur. N'est-ce pas ce détail de mœurs si révoltant pour nous, qui a servi de base à tant de récits exagérés et erronés sur la dissolution du peuple malgache?

La jeune fille de Tanni-Bé est, avant tout, une enfant de la Nature; sa grande précocité, elle la tient de son climat, et ses formes à l'âge de la puberté, se développent avec une richesse pleine d'exubérance; sous les ardeurs du soleil natal, elle éclate comme la fleur trop gonflée de sève de ses forêts et se flétrit aussi vite. La femme malgache de trente ans a perdu tous ses charmes; elle entre déjà dans la vieillesse. Aussi, pendant les quelques années que dure sa jeunesse, ses sens la dominent entièrement; et, comme elle ne saurait leur résister, elle livre son corps à tous les plaisirs de l'amour. Mais cet enivrement n'est que passager; la jeune fille qui ne connaît d'autre loi que le caprice de ses désirs devient une bonne et fidèle épouse, une mère de famille des plus tendres et des plus dévouées. Le cœur d'une mère ne bat point dans le corps des Messalines : le sentiment de la maternité, le seul devant lequel s'incline l'Humanité tout entière, ne saurait se développer sous le souffle empoisonné du libertinage.

Il y a loin de la liberté des mœurs malgaches à la luxure effrénée des Abyssins dont M. Eugène de Froberville (1) fait descendre la population primitive de Madagascar, aujourd'hui dispersée et sur le point de s'éteindre. Tous les peuples qui habitent le vaste territoire compris entre le pays des Somalis et les rives de l'Atbara sont obligés de protéger la toute jeune fille contre la sensualité de sa propre nature tout autant que contre les violences étrangères, en recourant à une opération chirurgicale des plus curieuses (2). Pour toutes ces

---

(1) Eug. de Froberville : *Recherches sur la race qui habitait Madagascar avant l'arrivée des Malais.*

(2) « Sept jours après la naissance, raconte le Dr H. Blanc dans ses *Notes médicales recueillies durant une mission diplomatique en Abyssinie*, la sage-femme, à l'aide d'un couteau bien tranchant, fait de chaque côté de la vulve une incision profonde et enlève un lambeau de peau et toute la membrane muqueuse ; les cuisses sont ensuite rapprochées et maintenues en place par un bandage pendant cinq ou six jours. L'opération réussit presque toujours, la réunion est généralement parfaite excepté à la partie inférieure, où un

tribus, la vie se résume dans la satisfaction des désirs sensuels les plus grossiers. Elles y placent leur gloire et leur bonheur; et, lorsque l'individu perd sa vitalité sexuelle, le corps entier dépérit et se flétrit.

Il règne à la vérité dans tous les villages madécasses fréquentés par les caboteurs, une débauche sans exemple; à la côte ouest, le navire marchand n'a pas encore jeté l'ancre dans la baie ou à l'embouchure de la rivière, que déjà il se trouve entouré par une flottille de pirogues chargées de jeunes filles du plus jeune âge. Les hommes de l'équipage se les partagent et le bâtiment se trouve ainsi transformé en un lupanar flottant. Chose

corps étranger a été placé de manière à laisser une ouverture pour le passage de l'urine et des règles. On le croirait à peine, mais le fait n'en est pas moins exact : des viols ont lieu dans ces conditions. Quand une fille est donnée en mariage, elle est examinée avant la cérémonie par les parents du fiancé. Si la peau qui recouvre le vagin est intacte elle est acceptée; toutefois la tâche de l'épouse n'est pas facile et dans nos contrées elle pourrait, je crois, garder pour toujours sa virginité. Le jeune Bédouin se confie et avec raison à sa force; l'homme noir doit s'y prendre autrement, et il coupe la peau avec un anneau de cuivre au rebord tranchant qu'il porte à son doigt pour cet usage; mais il faut qu'il s'y prenne fort adroitement, car autrement une honte éternelle s'attacherait à son nom. »

remarquable, la jeune fille qu'un marché honteux livre au matelot qui la choisit, se comporte pendant la durée de cette union des plus passagères, comme une véritable épouse ; elle respecte cet époux de hasard, se plie à ses volontés, veille à ses besoins et pourvoit à sa nourriture. Leur conduite, dans ces circonstances, prouve combien sont à plaindre ces malheureuses filles jetées en pâture au libertinage des Blancs.

Le dérèglement des mœurs de tous les villages maritimes de la grande île africaine est certainement l'œuvre des Européens. « Je ne puis même qu'exprimer, dit M. Grandidier, mon étonnement de ce qu'avec la vie de paresse et de débauche à laquelle se livrent les traitants européens ou créoles, il n'y ait pas plus de malheurs à déplorer. »

Si les femmes de la « *Grande-Terre* » sont d'excellentes mères, de leur côté, les hommes adorent les enfants; il n'est pas rare de voir des vieillards riches épouser des veuves pauvres et chargées de famille, dans le seul but d'en adopter les orphelins. Les rares célibataires qu'on rencontre dans les villages sont l'objet du mépris général et dans la province méridionale d'Anossi entre autres, c'est une marque d'inconduite d'avoir atteint l'âge de l'adolescence sans être marié.

Les mariages se contractent de bonne heure et

leurs liens sont universellement respectés; les rois et les chefs de tribus eux-mêmes n'oseraient sur ce point braver l'opinion publique. Il est vrai de dire que la polygamie toujours en usage chez les grands est autorisée par les mœurs. Le nombre des épouses est cependant limité; la première ou la Vadi-Bé (la *grande femme*) a une prééminence reconnue sur toutes les autres et ses seuls enfants héritent des droits et des biens du père.

Radama Ier qui, selon la coutume, avait le droit d'épouser douze femmes n'en prit que onze; le fils de Ranavalo n'en eut que trois : Rabodo, sa *Vadi-Bé*, beaucoup plus vieille que lui, était la femme divorcée du général Raharla; une des esclaves de cette princesse devint la troisième femme et la favorite du prince.

Cette épouse ou la *Vadi-Sindrangnon*, choisie parmi les esclaves, n'a qu'un règne des plus éphémères; son empire naît et meurt avec le caprice qui l'assied sur les marches du trône; son seul privilège est d'être affranchie de l'esclavage en devenant mère. Cependant Marie—ainsi s'appelait l'esclave favorite de Radama II,—sut prendre et conserver une grande influence par l'énergique fermeté de son caractère, à défaut de toute beauté, sur l'esprit de son jeune et royal amant.

Le mariage malgache s'accomplit avec une très

grande simplicité; le futur paye, suivant une coutume certainement introduite par les Arabes, une dot aux parents de sa fiancée; en retour, ceux-ci tuent un bœuf qui est dépecé, cuit et mangé sur place par les membres des deux familles et l'union est contractée. Dans tout le pays sakalave, ce mariage n'est à vrai dire qu'un concubinage jusqu'à la naissance du premier enfant qui consacre l'alliance définitive et indissoluble des époux; cette consécration naturelle tient lieu de tout acte légal ou religieux; elle a pour conséquence immédiate la communauté des biens. Dans les fêtes et les réjouissances qui se célèbrent alors, on adresse à Dieu des prières et des actions de grâce. Chez les Hovas, le mariage sans être plus entouré de cérémonial, offre toutefois un certain caractère de légalité; il se conclut ainsi que tous les autres actes publics, tels que jugement, nomination aux grades, divorce, adoption, etc., par le *hasima*. Le hasima consiste dans le don d'une somme d'argent au souverain ou à son représentant.

Si comme nous l'avons dit précédemment, le mari, dans certaines circonstances données, soit pour honorer un personnage de distinction ou bien encore pour obtenir un bénéfice, cède la possession momentanée de sa femme à la façon d'un objet, l'adultère est généralement puni de mort ou tout au moins d'une amende considérable. Les Malgaches disent que s'ils ont perdu leurs droits et leurs libertés, ils sont du moins demeurés maîtres de leurs femmes.

Les mœurs de ces insulaires présentent de ces contrastes qui vous remplissent d'étonnement et de pitié. Ainsi, ces peuples qui chérissent les enfants n'hésitaient pas dans leur aveugle croyance aux superstitions à les abandonner et à les immoler. Tous les nouveau-nés étaient soumis à la cérémonie du *mampila* ou horoscope (1). On consultait

(1) A Madagascar, dit M. Leguevel de Lacombe, la naissance des filles ne donne lieu à aucune réjouissance; cet événement paraît produire au contraire un sentiment pénible sur tous les membres de la famille. Si c'est un garçon l'allégresse est générale, après toutefois que les parents ont consulté *l'ombiache*, astrologue et médecin, qui décide s'il doit vivre ou mourir, car s'il était né dans une heure ou un jour réputés malheureux, il serait, ou précipité dans une rivière, ou exposé dans une forêt, ou enterré vivant ; malheureusement pour les Malgaches leurs astrologues reconnaissent un grand nombre d'heures et de jours malheureux. Le père du nouveau-né, entouré de ses proches et amis, et aidé par l'ombiache, plante en terre sa plus belle sagaie, ornée de guirlandes de feuillage, à la tête de la natte où l'enfant repose ; l'ombiache s'en approche avec son *mampila*, tire l'horoscope, et la famille attend avec anxiété le résultat de ses calculs cabalistiques. Le mampila est une planchette avec des bords élevés, divisée en quatre parties de différentes couleurs, par des

le sikidi (sorcier) pour savoir si l'enfant était venu au monde dans une heure ou dans un jour favorables. Sur sa réponse négative, le pauvre petit être était exposé sur le passage d'un troupeau de bœufs ou sur les bords d'une rivière peuplée de crocodiles. Si l'enfant était épargné par miracle, il était rapporté en triomphe à la maison paternelle, car il devait vivre et réussir.

Il faut dire à l'honneur des femmes madécasses qu'elles préféraient, plutôt que d'exposer leurs enfants à cet horrible genre de mort presque inévitable, aller accoucher dans les bois; elles y abandonnaient leurs nouveau-nés à la garde de quelque Dieu inconnu ou à la pitié du voyageur.

Les religieuses de Sainte-Marie avaient créé dans cette île un asile pour ces *enfants du Vendredi*, comme on les appelait. Le jour de la semaine réputé néfaste ou *fadi*, elles se rendaient à la

---

lignes qui vont d'un angle à l'autre. Elle est couverte d'une légère couche de sable fin, sur laquelle l'ombiache trace des caractères arabes, en murmurant des paroles mystiques, parmi lesquelles revient souvent le mot *zan*, enfant. Cependant on suspend au cou du nouveau-né des *fanfoudes* pour le préserver des *mouchaves* que les agents du mauvais génie devaient répandre autour de sa natte. Si l'arrêt de l'ombiache est favorable, tous les assistants sont invités à un banquet, que terminent des danses guerrières ou *milava*.

Grande-Terre et parcouraient les forêts du rivage où elles recueillaient les petites créatures abandonnées. Que ces religieuses n'aient obéi, dans la poursuite de cette sainte et noble mission, qu'à des sentiments de propagande religieuse, gloire leur soit rendue. Elles ont bien mérité de l'Humanité.

On doit à Ranavalo-Manjaka l'abolition de cette atroce coutume; si elle n'existe plus grâce à la seule loi philanthropique qu'ait jamais établie cette cruelle et sanguinaire princesse, dans toute l'étendue du royaume hova, elle est malheureusement toujours en pratique chez les peuplades indépendantes du sud et de la côte occidentale. Les naturels de ces régions ne livrent pas leurs enfants à l'épreuve du sort, ils les tuent à coups de sagaie si leur naissance tombe un jour fadi.

Dans tous les cas, la naissance d'une fille est considérée dans tout Madagascar comme un triste événement pour la famille; celle des garçons excite l'allégresse générale et donne lieu à toutes sortes de réjouissances; après la cérémonie de la circoncision dont la pratique est générale, on se livre pendant plusieurs jours aux combats de sagaies, aux danses et aux festins.

Les enfants répondent à la tendresse de leurs parents; lorsque le fils arrive à l'âge d'homme, il exprime à sa mère sa piété filiale par le *fonfund-*

amassi. Le souvenir du dos ou le fonfund-amassi est une pièce de monnaie que l'enfant remet à sa mère en mémoire de l'époque où elle le portait sur ses épaules dans la pagne du dos. Aussi le culte des ancêtres ou *ranzanes* est-il en grand honneur dans toute l'île; on sacrifie continuellement aux mânes des ranzanes par l'immolation d'un bœuf et par des offrandes de riz sur leurs tombeaux, sur des pierres de sacrifice élevées en quelque endroit ou sur les débris de leurs maisons détruites après leur mort. Dans tous les détails de la vie, on invoque les ancêtres par la prière.

Rozan et Trottet quittèrent Tranoumare le lendemain à la pointe du jour; après avoir traversé un grand bois, la petite caravane revint sur les bords de la mer qu'on ne cesse plus de côtoyer jusqu'au grand village d'Andevourante, situé à vingt lieues dans le sud de Tamatave. Les bouquets d'arbres verts, les grandes forêts et les savanes qu'on parcourt pendant ce trajet de plusieurs jours, sont entrecoupés par de grands lacs qui forment un véritable chapelet le long de la côte; leurs rives présentent des tableaux grandioses ou des paysages ravissants, et leurs eaux d'un beau vert sont couvertes de nombreuses troupes de sarcelles et d'autres oiseaux aquatiques. L'esprit superstitieux et avide de merveilles des Malgaches a peuplé ces lacs d'êtres surnaturels ou fabuleux. C'est ainsi que les deux immenses lacs de Rassoua-Massaï et de Rassouabé ont leurs légendes : A la mort du géant Darafife qui habitait l'emplacement de ces lacs, ses deux femmes (la grande et la petite ou Rassoua-Massaï) s'abîmèrent de douleur au milieu des marais plantés de riz ; elles les remplirent d'eau par leurs larmes et se changèrent en sirènes. Les naturels tremblent en passant la nuit sur les bords de ces deux lacs où ils entendent les voix plaintives des deux femmes du géant.

Radama aimait à fronder parfois les préjugés populaires ; ce prince viola le premier et détruisit le caractère sacré de ces lacs fadis sur lesquels on ne pouvait faire passer ni porcs ni graisse.

Sur la rive droite du lac Rassouabé s'élève le village d'Andavacmenerana (le trou du serpent) dont la légende rappelle en tous points la fable d'Hercule et du serpent Python. Un serpent monstrueux habitait cet endroit et dévastait les pays d'alentour dont il dévorait les hommes et les bœufs ; après une lutte inouïe, le géant de Vavoune réussit à vaincre le monstre ; il le coupa en petits morceaux et dispersa au loin les débris de son corps qui ne purent se retrouver pour se rejoindre.

Certaines forêts de la côte sont également des bois sacrés renfermant des arbres fadis aux branches chargées d'ex-voto en lambeaux d'étoffes de toutes couleurs ; elles sont remplies d'oiseaux et de myriades de papillons magnifiques. Tandis que ces insectes butinent les fleurs des citronniers sauvages, des merles, des sylvies et des cyniris chantent cachés sous l'épais feuillage et le coucou jette son cri en traversant le ciel où plane avec les autres oiseaux de proie le falco-Radama.

Dans les oasis verdoyantes que forment les bosquets disséminés dans les plaines arides en bordure du rivage, on rencontre l'arbre le plus connu et le plus célèbre de Madagascar : le tanghing.

Le *voa-tanghing* est le roi des poisons de la flore malgache; aussi tristement célèbre que l'antiar des Javanais dont l'ombre est funeste même aux suppliciés, cet arbre d'un aspect agréable et d'un port élégant, a été le principal agent de domination des Hovas; cette tribu de montagnards aux instincts farouches a détruit en partie et en moins de trente années les peuplades malgaches avec l'amande du tanghing.

Cet arbre (*Ehanghinia venenifera*) de la famille des apocynées peut être confondu au premier abord avec le franchipanier des jardins de nos colonies ; il en diffère par la couleur de sa fleur et par son mode de fructification; ses feuilles d'un beau vert sont de la forme d'un fer de lance et ses rameaux qui laissent couler aux moindres blessures un suc épais, verdâtre et très corrosif, se terminent par de beaux bouquets de fleurs rappelant avec une coloration plus douce les fleurs du laurier-rose ; ses fruits, verts d'un côté et rougeâtres de l'autre, sont pyriformes et de la grosseur d'une pêche ; ils renferment au milieu d'une pulpe épaisse, un noyau dur et coriace au centre duquel se trouve l'amande servant aux épreuves judiciaires. Cette amande constitue un poison narcotico-âcre des plus subtils qui provoque la mort en agissant sur le système nerveux et en paralysant les muscles. Bien que la plupart des voyageurs aient prétendu le contraire, cet arbre est répandu sur tout le territoire de la grande île africaine : — le voa-tanghing très rare dans certaines provinces, existe dans les plus sombres forêts de l'intérieur aussi bien que dans les bois clairsemés des bords de l'Océan où il végète à l'état d'arbrisseau ; dans les endroits où il croît à l'abri des vents, il atteint de belles proportions et constitue un fort bel arbre. Jamais les oiseaux ne se reposent sur ses branches ; jamais une abeille ni un papillon ne se reposent sur ses belles fleurs roses-veinées de lilas ; jamais aucun nid de fourmis dans l'entrelacement de ses racines. Cependant il existerait, suivant M. Colin, sur le bord des rivières où cette plante se plaît assez, une petite espèce de crabe qui mange les fruits du tanghing.

Les Madécasses connaissent les propriétés toxiques de l'arbre à tanghing depuis un temps immémorial ; toutes les relations des voyageurs sont remplies de détails dramatiques sur l'épreuve judiciaire que les peuplades de la côte pratiquaient depuis des siècles avec l'amande du fruit du *voatanghing*. Cette sorte de jugement de Dieu était donc une coutume profondément enracinée dans les mœurs malgaches, lorsque les Hovas, sous la conduite de leur chef, sortirent de leurs montagnes pour envahir le littoral. Ces dignes descendants des farouches bandits des mers de la Sonde, pouvaient-ils jamais trouver, pour assurer leur conquête par l'extermination et asseoir leur domination par la terreur, une arme plus précieuse que le *poison légal?* Radama s'empressa de faire entrer dans sa législation cette épreuve judiciaire appelée à si bien servir ses desseins politiques. Il pouvait compter sur la complaisance servile des ampitanghins, c'est-à-dire des prêtres-sorciers chargés de préparer et d'administrer le poison. Habiles comme tous leurs pareils à entretenir leur toute-puissance basée sur la crédulité superstitieuse et naïve des peuples, ces prêtres savaient utiliser les vertus vénéneuses de la plante : — ils faisaient varier à leur gré les effets du breuvage toxique : celui-ci consiste dans une macération ou décoction dans l'eau d'une certaine quantité de râpures de l'amande.

Nous dirons plus loin le terrible usage que Ranavalo aidée par ses sikidis sut faire du tanghing. Ce Néron femelle dépassa les sauvages et sanguinaires fantaisies du César qui s'éclairait aux lueurs de l'incendie de Rome ; elle anéantit sa famille, sa noblesse et son peuple ; elle détruisit des tribus malgaches presque tout entières. On évalue à plus de cent mille le nombre de ses victimes. Son fils avait assisté à toutes ces scènes de destruction en maudissant son impuissance ; aussi, son premier acte en arrivant au trône fut-il d'abolir l'épreuve et l'usage du tanghing dans toute l'étendue de son royaume.

On doit féliciter les deux reines qui ont succédé à ce malheureux prince d'avoir maintenu l'abolition de cette coutume aussi odieuse que barbare.

Puisse l'épreuve judiciaire du tanghing disparaître de tout le pays malgache ! Elle se pratique encore dans la moitié de la grande île africaine, c'est-à-dire sur le territoire de toutes les peuplades insoumises et indépendantes.

Le tanghing n'était pas, chez les Hovas, le seul élément de ces espèces de jugements de Dieu où la bonne foi des indigènes était poussée si loin que jamais l'accusé n'essayait de se soustraire au sort qui l'attendait : il se livrait de lui-même et sans proférer la moindre plainte à ses bourreaux ou plutôt à ses assassins. L'épreuve du fer chaud remplaçait souvent celle du tanghing.

Les peuplades du Sud n'emploient aucun de ces deux moyens ; les crocodiles y sont appelés à rendre la justice ; l'accusé est condamné à plonger trois fois devant l'îlot qui sert de repaire à ces monstres, et s'il leur échappe on le déclare innocent (1).

(1) M. Leguével dans son séjour à Matatam assista à une pareille épreuve que subissait une jeune fille accusée par un parent jaloux d'avoir eu commerce avec un esclave. C'est-là un crime horrible à Matatam et surtout dans la caste des *Zanak-andia* où cette jeune fille était née.

CHAPITRE VII

LA RÉGION DES FORÊTS VIERGES.

Andévourante ou la *Capoue* malgache. — Les produits de Tanni-Bé. — Le palmier Raphia et l'Arbre du voyageur. — Le tombeau du premier martyr chrétien de Madagascar. — La rivière l'Iarouka. — Les bibyls ou serpents. — Faune et flore malgaches. — Les sources thermales de Ranémafane et le village lacustre de Béfourne. — Le plus grand papillon commu l'*Urania-Raphœa*. — La forêt d'Alanamasoatrao. — L'oiseau royal des Hovas ou le *vouroun-mahère*. — Les chasses de Radama. — Le Sommet des larmes. — La traite ancienne des esclaves et l'esclavage à Madagascar.

Quatre jours après leur départ de Tamatave, les deux voyageurs atteignaient le village d'Andévourante bâti sur la rive gauche de l'Iarouka et non loin de l'embouchure de cette rivière qui limite les provinces de Betsimisaraka et de Bétaniména. Les Bétaniménes dont le territoire est d'une richesse remarquable en céréales de toute sorte, n'ont pas la constitution athléthique de leurs voisins, mais ils sont moins bavards et plus braves; les Hovas les ont toujours traités avec plus d'égards que les autres peuples conquis.

Andévourante est un des plus grands et des plus beaux villages de Madagascar; placé sur la route naturelle de la capitale et des provinces du centre, sa situation exceptionnelle lui crée une importance commerciale que son fleuve profond et navigable dans une grande étendue de son parcours, contribue encore à augmenter. Les deux amis furent frappés de l'aspect général de ce gros bourg dont la population dépasse deux mille habitants; les cases nombreuses et bien bâties, laissent deviner l'aisance et les habitudes de bien-être des habitants qui sont propres et même recherchés dans leurs costumes.

Il règne un mouvement continuel dans ce village où se rencontrent et s'entre-croisent des armées de porteurs chargés de sacs de riz et cages de volailles, de barils de rhum et de poudre, de caisses d'argent et de ballots de marchandises européennes; des troupeaux de bœufs venant des hauts plateaux de l'Ankaye et de l'Ankove ne cessent d'y traverser l'Iarouka pour gagner le littoral.

L'étranger peut observer à Andévourante les mœurs malgaches dans leurs moindres détails;

les naturels sans souci de l'existence au milieu d'une nature prodigue de tous ses biens jusqu'à la profusion, passent leur vie dans les fêtes et les plaisirs; tantôt ce sont des réjouissances à l'occasion de la naissance d'un enfant mâle, tantôt des danses et des libations pour fêter l'arrivée de l'hôte; aux cérémonies du *fatidrah* et du *mampila* (horoscope) succèdent les célébrations de funérailles qui se terminent toujours par de véritables saturnales. Aussi, ce village est-il regardé par certains voyageurs comme la *Capoue* malgache; les hommes vivent dans une mollesse oisive et donnent un libre cours à leurs passions; la plupart passent leur temps à s'enivrer avec une liqueur dont les Madécasses raffolent, le *betsa-besse* (1). Les femmes seules travaillent; elles excellent d'ailleurs dans la fabrication des ouvrages en paille et des étoffes de coton, de soie et de *rafia*. Ces industrieuses ouvrières sont d'une adresse et d'une habileté merveilleuses; elles tressent et façonnent la paille de riz avec de véritables doigts de fées et l'on reste confondu de surprise à la vue des

(1) Le betsa-besse est un mélange de jus de canne à sucre et de sucs de plantes indigènes; il détermine immédiatement le trouble de l'esprit; cette brusque ivresse fait penser au docteur Vinson que le haschisch entre dans la composition de cette liqueur alcoolique.

riches et magnifiques lambas de soie qui sortent de leurs métiers à tisser.

Ces métiers qu'on rencontre dans toutes les cases du village sont des plus primitifs ; ils consistent en quatre piquets plantés verticalement dans le sol pour former un châssis qui soutient des baguettes transversales ; deux autres petits piquets placés à une distance de six ou sept pieds portent une baguette à laquelle est attachée la trame. C'est avec ce simple appareil que les femmes malgaches parviennent à fabriquer des tissus d'une finesse, d'une solidité et d'une souplesse qui ne le cèdent en rien à nos plus fines batistes et à nos plus belles soieries.

Les *rabanes* ou les étoffes en rafia tiennent dans l'économie domestique des peuplades de Madagascar la place qu'occupent chez les nations européennes les toiles de chanvre, de lin et de coton. On fait avec les fibres de ce palmier les tissus les plus grossiers et les plus fins ; les fortes rabanes servent de nattes et de sacs, les autres sont employées comme vêtement ; mais les princes de la famille royale et les grands seigneurs ont seuls le privilège de porter les rabanes aussi fines que de la batiste.

Le palmier raphia, connu à l'île Bourbon sous le nom de *moufia*, appartient à la famille des sagoutiers; ce bel arbre croît dans le fond des ravins où il se rencontre en abondance mais par groupes disséminés; son stipe vigoureux et généralement peu élevé porte une belle couronne de longues et larges feuilles d'où s'échappent d'énormes grappes de gros fruits à l'enveloppe écailleuse et vernissée. Avec les fibres tendres, blanches et textiles du moufia déchirées en lanières plus ou moins fines, les Malgaches fabriquent des cordes, des nattes, des corbeilles et toutes les rabanes si renommées de Madagascar.

Le rafia auquel les botanistes ont conservé son nom malgache (*sagus raphia*, Lamarck) est aussi précieux pour les peuplades de tout le littoral de la grande île que le fameux *Arbre du Voyageur* (ravenala).

Ce magnifique végétal (ravenala) dont il existe des forêts dans toutes les régions basses et malsaines de la côte orientale, dans le fond des vallons aussi bien que sur les flancs des collines, est encore de nos jours l'objet des récits les plus fantaisistes. L'eau des pluies qui s'accumule et se conserve à la base de sa couronne de feuilles aux longs pétioles tubuleux n'a jamais sauvé la vie au voyageur mourant de soif, car le ravenala ne se plaît que dans les endroits humides. A la Grande-Terre, le ravenala (*feuille de la forêt* comme l'appellent les Madécasses) mérite d'être nommé « l'*Arbre du constructeur* »; il entre presque seul dans la construction de toutes les maisons du littoral. Sa feuille dont l'éventail gigantesque sert à la toiture a des nervures assez fortes pour qu'on en fasse les cloisons et même les murs extérieurs; l'écorce battue du tronc constitue les parquets. Les indigènes emploient en outre la feuille verte de cet arbre enguise de nappe, de plats, d'assiettes, et à une foule d'autres usages domestiques.

L'arbre des Voyageurs (*Urania speciosa* des botanistes) est particulier à l'île de Madagascar; il a le tronc ridé et élancé d'un palmier et les feuilles du bananier; mais celles-ci, plus épaisses et plus fortes, se redressent vigoureusement au lieu de retomber et se déploient en éventails réguliers au sommet du stipe.

La *Capoue* malgache n'a pas échappé aux missionnaires anglicans; ils ont élevé une église et établi une mission dans ce village qui renferme la dépouille du premier martyr chrétien de Madagascar; le 8 décembre 1832, le comte de Solages, préfet apostolique de Bourbon et de Madagascar, succombait dans ce bourg où M. de Lastelle, devenu le favori de la reine, lui a fait élever un modeste mausolée.

Les Méthodistes anglais n'auraient point été, paraît-il, complètement étrangers à la fin misérable du missionnaire catholique; ils le représentèrent à Ranavalo comme un redoutable magicien capable de la faire périr par ses sortilèges; la reine effrayée, fit arrêter et jeter M. de Solages dans une case où il mourut de faim.

A partir d'Andévourante que Rozan et Trottet quittèrent dans la matinée du lendemain, la route devient directe; elle abandonne les bords de l'Océan et se dirige droit dans l'Ouest, c'est-à-dire vers la région des hautes montagnes.

La caravane reprit de nouveau la voie fluviale; après la traversée de l'Iarouka, les pirogues s'engagèrent dans un de ses affluents dont les rives disparaissant sous les larges et vertes feuilles d'aroïdes étaient ombragées par de grands arbres étalés en parasol. Des hérons rouges et blancs, des martins-pêcheurs aux vives couleurs bleues et jaunes et des aigrettes au plumage d'un blanc argenté s'envolaient à tout moment sur le passage des canots pour s'enfuir à tire-d'aile. Cette montée de rivière déroulait aux yeux toute une succession de paysages aux proportions grandioses ou renfermés dans un étroit cadre de verdoyantes collines; les deux amis émerveillés par les splendeurs de cette nature vierge, trouvaient un charme infini à entendre les chants de leurs rameurs; ces bateliers chantaient d'une voix harmonieuse et grave une mélopée bizarre, composée de deux à trois mesures au plus; la musique en était simple et empreinte d'une mélancolie communicative. Rozan lui-même, toujours prêt à sourire de l'enthousiasme facile de son compagnon, s'était abandonné à la douce exaltation de ses sens; il avait oublié sa prudence ordinaire et s'était relâché de son active surveillance; ce moment de laisser-aller faillit terminer d'une façon tragique le voyage des vazas. Les porteurs de leurs valises, assis à la proue de leur pirogue, se prirent de querelle et passèrent aussitôt des paroles aux actes; au premier échange de coups de poings, la barque chavira.

La rivière n'était point profonde; mais des caïmans, qui prenaient gravement un bain de soleil sur un îlot de sable voisin, se reveillèrent brusquement de leur apathie et se précipitèrent dans le fleuve. Heureusement, les bateliers se mirent sans plus s'émouvoir, les uns à faire un tapage effroyable en battant l'eau de leurs rames, les autres à pêcher les bagages et à redresser la pirogue. Cet accident n'eut aucune suite fâcheuse; mais les voyageurs ne venaient pas moins de courir un extrême péril.

Lorsqu'on débarqua après quatre heures de

navigation, Trottet se chargea d'administrer une ferme correction à coups de baguette de fusil aux deux batailleurs, en les menaçant de la perte de leurs salaires si le fait se renouvelait ; leurs camarades applaudirent à cette exécution. C'est ainsi qu'il faut malheureusement traiter ces hommes qui ne reconnaissent que la force.

On avait atterri dans un petit bois dont les arbres chargés de fleurs de toutes couleurs formaient de magnifiques bouquets embaumant l'air de leurs suaves parfums. Après avoir partagé, en vrais créoles, le repas composé de riz et de bœuf boucané de leurs hommes, les vazas auraient bien voulu se reposer sous ces délicieux ombrages ; mais les bourgeanes les pressèrent de remonter en *filacon* pour atteindre avant le coucher du soleil le village le plus voisin. Les porteurs craignaient d'être surpris par la nuit au milieu de ces bois remplis de *bibyls* (serpents) ; à chaque pas, on rencontrait en effet des couleuvres de toutes grandeurs qui s'enfuyaient en glissant à travers les broussailles.

Les grands et petits serpents qui pullulent dans toutes les forêts de l'île ne renferment très heureusement aucune espèce venimeuse. Les Malgaches le savent, mais comme ils ne peuvent maîtriser la répulsion instinctive que leur inspirent ces reptiles ils en ont une frayeur superstitieuse qui est excessive. Ainsi s'explique la grande place et le grand rôle que tiennent les bibyls dans toutes les vielles légendes madécasses.

Les couleuvres inoffensives de Madagascar atteignent à vrai dire des tailles gigantesques, inconnues partout ailleurs; c'est ce qui a fait croire à certains auteurs d'une imagination trop facile que le *boa* existait dans les grands bois de *Tanni-Bé*. A part les crocodiles, on ne trouve sur tout le vaste territoire de la « Grande-Terre » aucun des animaux redoutables qui peuplent le continent voisin: ni lions, ni tigres, ni éléphants, ni serpents venimeux, etc. Les seuls animaux qui habitent l'intérieur de l'immense ceinture de bois dont la grande île africaine est enveloppée, sont des bœufs, des cochons sauvages, des tendracs, (1) et des lé-

(1) Le *tendrac* (*centenes spinosus,* Desmarets) n'est pas un des animaux les moins curieux qu'il y ait à Madagascar; il est gros comme un lapin domestique; ses formes et son organisation ne diffèrent pas beaucoup de celles du hérisson; il se terre au mois d'avril, dans un trou de deux ou trois pieds de profondeur, où il reste dans un état de torpeur jusqu'en décembre. Quoiqu'il ne prenne pas de nourriture pendant ce sommeil de sept mois, il engraisse d'une manière prodigieuse et perd cette odeur insupportable et ce goût plus fort que celui de venaison qu'on trouve à sa chair quand il est errant pendant l'hivernage. On connaît les endroits où les tendracs se sont terrés par la présence de monticules semblables à ceux qui couvrent

muriens. On peut même dire que ces sortes de singes sont les véritables habitants des forêts madécasses dont les arbres aux troncs pressés et reliés entre eux par un inextricable lacis de lianes géantes et de bambous-lianes forment une muraille infranchissable. Les baba-koutes (1), les simépou-

des trous de taupes; les petits garçons ont l'habitude d'y fouiller, et les en arrachent avec beaucoup d'adresse; cependant, il arrive quelquefois que le tendrac dont ils troublent le sommeil léthargique les mord assez fortement pour leur faire lâcher prise. La chair de cet animal, quand il a été quelques mois en terre, a le goût de celle du cochon de lait; il a ainsi que lui une couche de graisse ou panne mais plus savoureuse. Les Malgaches, et surtout les Hovas en sont très friands.

(1) *Le baba-koute* (petit-père ou le père enfant) est une espèce de singe; les plus grands ont trois pieds de hauteur : ils vont presque toujours par troupes, et n'habitent que les grands bois; leur poil ras est de la couleur de la souris; ils n'ont pas de queue. Ces animaux, qui ont physiquement du rapport avec l'orang-outang, ont comme lui plusieurs des habitudes des hommes : ils se tiennent naturellement debout ou assis; leur air est triste, il ressemble à celui d'un homme qui souffre. Les naturels craignent les baba-koutes; ils disent que ces singes étaient autrefois des hommes, mais que pour se soustraire au travail, qui est le devoir de tout membre d'une société, ils se retirèrent dans les bois, et que Zanaar, indigné de leur paresse, rendit leur race inférieure à la nôtre et les métamorphosa.

C'est sans doute de ce lémurien que parle E. de Flacourt quand il donne la description d'un animal à tête ronde et

nes (1) et les makis (2) trouvent en même temps que leur demeure un passage facile dans la voûte de ces grands bois impénétrables.

à face humaine, qui a les pieds de devant et derrière comme ceux du singe, le poil frisotté et la queue courte.

(1) Le *Simépoune* ne diffère du baba-koute que par ses oreilles complètement nues, par sa gueule qui est un peu plus longue et par la couleur blanc-jaunâtre de son pelage laineux et agréable au toucher. Si la conformation et le volume de son crâne sont semblables à ceux du petit-père, son museau, un peu moins allongé, lui donne assez l'aspect des épagneuls *King's Charles*.

(2) Il y a plusieurs espèces de makes ou makis à Madagascar ; les plus petites et les plus jolies sont de la grandeur d'un chat ordinaire, mais plus minces ; leur fourrure, tachetée de gris, de blanc et de noir, ressemble à celle de l'hermine, et pourrait avoir de la valeur en Europe s'il était possible de la conserver : on s'en procurerait des milliers, car les forêts sont peuplées d'une innombrable quantité de ces animaux. Le museau de la make est noir et allongé comme celui du renard ; ses oreilles sont étroites, effilées et courtes ; sa queue est longue et fourrée. La make rousse est un peu plus grosse que les autres espèces ; sa chair est aussi bonne que celle du lièvre, qui n'a jamais pu s'acclimater à Madagascar. La plus grande de toutes les makes (le *macoco*) est noire et blanche ; son crâne est couvert d'un poil noir, court et luisant, et sa tête entourée d'un bandeau de longs poils blancs ; elle a au cou une sorte de fraise noire, qui contraste singulièrement avec l'extrême blancheur du reste du corps ; ses pattes sont couvertes jusqu'au genou de poils noirs, disposés exactement comme des gants à la crispin ; sa queue est d'un noir luisant. Les makes de cette espèce sont plus longues et

Si les makis avec leur petite tête délicate, intelligente et pointue qui s'échappe de leur magnifique robe de fourrure rayée de blanc et de noir sont admirables à voir, l'*aïe-aïe*, cet autre habitant des bois madécasses est un animal d'une horrible laideur; il doit son nom au cri de surprise et d'horreur : Aïe! Aïe! qui échappa au naturaliste Sonnerat à la vue d'un de ces cheyromys.

L'aye-aye qui tient des anthropoïdes par ses membres postérieurs et se rapproche de l'écureuil par sa queue et ses dents, est un des plus curieux et des plus singuliers animaux du globe; il a la tête grosse et ronde, les oreilles droites et nues, plus grosses qu'un angora; elles sont d'un naturel plus doux que les autres, quoiqu'elles ne soient pas faciles à apprivoiser.

Le makis vivent en troupes sur les arbres; ils se nourrissent ainsi que les baba-koutes et les simépounes de fruits et quelquefois d'insectes, bien qu'en toutes choses ils se comportent à peu près comme les singes, leur caractère est toutefois beaucoup moins impétueux; il est même empreint d'une certaine taciturnité. D'une nature très frileuse, ces lémures qui recherchent en tout temps les rayons du soleil, aiment à s'approcher du feu. Pour dormir, ils se retirent dans des lieux d'un accès difficile, et suivant Desmarets, quand ils sont accouplés par paire, ils se rapprochent ventre contre ventre, s'enlacent dans leurs bras et leurs queues et dirigent leurs têtes de façon que chacun d'eux peut apercevoir ce qui se passe derrière le dos de l'autre.

de gros yeux et une fourrure formée de deux sortes de poils; les uns laineux et courts, les autres longs et soyeux; il est nyctiophyle et ne peut supporter la lumière du jour qui l'éblouit. Plein d'activité la nuit, ce nocturne qui se nourrit d'insectes et de fruits, se cache et dort pendant la journée sous les grosses racines chaussées de mousse des vieux arbres.

Cet animal unique dans son genre et essentiellement propre à Madagascar, aura bientôt disparu; il est en voie d'extinction, et déjà même il n'existerait plus que sur la côte-ouest, dans quelques territoires Sakalaves où il devient de plus en plus rare. Le Muséum de Paris a possédé il y a une trentaine d'années le seul aye-aye qui ait jamais vécu en Europe.

Le lendemain du départ d'Andévourante, les makis fournirent à Trottet l'occasion d'exercer ses talents de chasseur; jusqu'alors, il ne s'était livré qu'au massacre facile des canards sauvages et des jolies sarcelles qui couvrent littéralement la surface des grands lacs. La caravane était arrivée vers les six heures du soir à la lisière d'une forêt où l'on devait camper la nuit. Pendant que Rozan s'occupait de faire disposer le campement, son compagnon se mit en quête de quelque gibier et pénétra avec un des bourgeanes dans le taillis.

Tout dans la Nature était dans une morne tranquillité ; le ciel où les étoiles commençaient à paraître, s'apercevait à peine à travers la cime des grands arbres ; on entendait le bourdonnement des milliards d'insectes phosphorescents qui illuminent les forêts madécasses pendant la nuit.

Trottet, après avoir marché quelque temps à l'aventure, s'était assis sur un épais tapis de gazon pour se reposer ; dominé bientôt par toutes les influences extérieures, il s'abandonna à la rêverie. Se reportant à Paris où s'étaient passées les plus belles années de sa jeunesse, il songeait à l'avenir nouveau et inconnu qu'il venait chercher sur cette terre. La destinée de l'homme, se disait-il, est parfois bien singulière ; elle l'entraîne tantôt d'un côté, tantôt de l'autre et de cette marche incertaine découlent ces actions si diamétralement opposées qu'on relève dans l'existence humaine. Le chasseur, son fusil entre les jambes, était entièrement plongé dans ses réflexions lorsqu'un cri plaintif comme celui d'un enfant, vint éveiller les échos endormis ; ce cri singulier se répéta presqu'en même temps de tous les côtés à la fois. Le bourgeane s'était empressé de recommander l'immobilité et le silence au vaza ; il lui indiqua du doigt la cime des arbres que venait d'envahir une nombreuse troupe de macocos ; ces makis de la grande espèce jouaient entre eux dans les arbres; ils se pendaient aux branches et les uns aux autres par la queue, formant ainsi des grappes ou des guirlandes vivantes qui se balançaient dans les airs comme si elles étaient agitées par le vent. Ces animaux, en exécutant leurs mille cabrioles dans l'espace, offraient un spectacle de nature à dérider l'homme le plus sérieux.

Un magnifique macoco en se laissant glisser à travers l'épais feuillage, vint s'accrocher par la queue à une branche très basse, située précisément au-dessus de la tête des deux hommes. Trottet l'ajusta et l'instant d'après le bel animal roulait sur l'herbe en poussant des cris atroces. La bande entière disparut comme par enchantement. Plusieurs Malgaches qui étaient accourus au coup de fusil, achevèrent à coups de bâton la pauvre bête qu'ils dépecèrent soigneusement pour la peau.

Une heure après cet exploit cynégétique, les deux amis mangeaient sur l'herbe et dans des assiettes en feuilles de ravanela, leur premier rôti de maki; ils jurèrent bien de ne jamais plus toucher à la chair de macoco qui est dure, coriace et détestable au goût.

La caravane après avoir passé la nuit à la belle étoile, se remit en route dès la pointe du jour; elle atteignit bientôt la ligne des petits mamelons qui commencent la partie montagneuse de Madagascar; tous ces monticules coniques se superposent en formant des cirques d'un aspect des plus pittoresques et des vallées étroites où serpentent une foule de petits ruisseaux.

Dans l'ascension de ces collines dont les unes sont dénudées et les autres couvertes d'épaisses et vertes forêts de ravanela, les bourgeanes ne cessèrent d'exciter l'étonnement et l'admiration des voyageurs.

Ces hommes qui se stimulent dans ces raides montées en poussant à chaque pas des cris sauvages, déploient une force herculéenne et une adresse sans bornes; leur pied est toujours sûr et leur corps a la souplesse du reptile. En voyant les efforts surhumains que faisaient leurs porteurs dans les pentes rapides et glissantes, Rozan et Trottet cédant à un mouvement d'humanité bien naturel, voulurent descendre de leurs fitacons. Les porteurs s'y refusèrent obstinément en rappelant aux vazas les recommandations formelles de leur ami, le négociant malgache de Tamatave. Ceux-ci n'insistèrent plus; ils ne tardèrent pas à reconnaître l'impraticabilité pour des étrangers de ces chemins, qui devenaient de plus en plus épouvantables à mesure qu'on avançait dans la montagne. En traversant les vallons, remplis pour la plupart de petits marais, les porteurs enfonçaient dans la vase jusqu'au genou.

Lorsque la caravane atteignit vers le milieu de la journée le village de Ranomafane, les hommes étaient exténués de fatigue. Ranomafane qui est bâti dans une situation charmante au pied de jolies collines s'élevant en amphithéâtre, est célèbre par ses sources minérales d'eaux chaudes. Ses sept ou huit fontaines sulfureuses sont situées à un quart d'heure de marche dans le nord du village; elles coulent sur un fond de sable brun et jaillissent en bouillonnant dans le lit même de la rivière dont elles échauffent l'eau par suite de leur température élevée; celle-ci dépasserait 70 degrés. Les Malgaches éloignent soigneusement leurs troupeaux de cet endroit dont le sol renferme des conglomérats de grès et de fer; ils sont persuadés que leurs bœufs périraient s'ils buvaient jamais de cette eau minéro-thermale qui serait très digestive et d'une saveur agréable.

Après une halte de plusieurs heures, la caravane poursuivit sa route en traversant plusieurs villages, entre autres Voizanhaar où tout respire l'aisance, la paix et le bonheur; elle vint coucher à Ampasimbé qui s'élève sur une plate-forme régulière cachée au milieu des bois. A leur entrée dans ce bourg, les vazas furent reçus par une sérénade; les jeunes filles vinrent au-devant des étrangers en chantant et en dansant; elles s'accompagnaient en frappant sur un bambou avec des baguettes de bois et leur danse lascive imitait les mouvements de l'oiseau de proie qui plane et tourne dans l'espace. Dans la matinée du lendemain, un des habitants apporta à Trottet une *Hala-Bé;* tel est le nom malgache de l'araignée géante (*Epura Madagariensis*, Vinson) qu'on trouve dans l'intérieur du pays contre les murs des cases. Si les naturels mangent en l'accommodant à l'huile ou à la graisse cette araignée, l'une des plus monstrueuses qui existent, ils sont par contre terrifiés à la seule vue de deux autres araignées qui vivent sur les arbres de leurs forêts.

Redoutables par leur venin, celles-ci sont *fadis* ou sacrées. Dans leur terreur superstitieuse, les Malgaches prétendent que le souffle de ces insectes suffit pour provoquer l'enflure du corps et que le bœuf avant de se coucher fouille du regard et flaire l'herbe tout autour de lui. En tous cas ces deux araignées portent un venin d'une terrible malignité; si leur piqûre n'entraîne pas toujours la mort, elle est des plus dangereuses.

La première appelée *Fouka* ou *Foka* (1), de la

(1) M. Leguével dans son *Voyage à Madagascar* parle d'une grosse araignée noire que les Malgaches redoutent

forme d'un petit crabe, a tout le corps semé de tubercules d'un brun rougeâtre ; ses pattes courtes et ramassées sont couvertes d'aspérités comme celles des crustacés; sa piqûre provoque immédiatement une enflure qui de la partie lésée se propage à tout le corps.

avec raison. Elle est presque aussi grosse que les petits crabes connus dans l'Inde sous le nom de *tourlourous ;* elle est velue, et a sur le dos trois ou quatre taches jaunâtres. Cette araignée est rare et ne se trouve que dans les forêts les moins fréquentées; elle se loge en terre, dans de petits trous qui ressemblent à ceux des mulots. Un jeune esclave qui l'accompagnait en fut piqué : aussitôt il fut pris d'une agitation nerveuse que la peur augmentait peut-être encore. On fit venir *l'ampaanzar*, qui prescrivit des bains de vapeur composés d'une décoction de diverses plantes qu'il désigna. Le tremblement du malade redoublait visiblement : deux personnes suffisaient à peine pour le soulever au-dessus de la panelle qui contenait le bain : il avait la langue sèche et les yeux enflammés, et il avalait avec beaucoup de peine quelques gorgées d'une infusion de plantes aromatiques. Lorsqu'il eut pris son bain, on l'étendit sur une natte, et l'on fit venir des femmes pour le masser : il tomba bientôt dans un assoupissement auquel succédèrent des syncopes; la peau était restée sèche, malgré la température élevée du bain, les extrémités devenaient froides, et des mouvements convulsifs annonçaient une fin prochaine : en effet il mourut le lendemain. On remarquait seulement à la piqûre une petite tumeur entourée d'un cercle violet. Les Malgaches disent qu'il est très rare de pouvoir rappeler à la vie ceux qui ont été piqués par cette araignée.

La Ménavoude ou *cul rouge* (*Latrodicus Menavodi* de Vinson) est beaucoup plus petite mais tout aussi venimeuse que la première. Longue d'environ dix millimètres, elle est de couleur noire ; son abdomen rond et bombé présente sur sa face antérieure une bande transversale d'un beau rouge de feu et à sa partie postérieure une grosse tache de même couleur ; les pattes dont la première et la quatrième paires sont plus longues que les autres sont des plus fines. E. de Flacourt rapporte que des nègres piqués par cette terrible araignée du pays *manavoudi* étaient restés pendant deux jours en pâmoison et froids comme glace. Sa piqûre ou sa morsure passe pour être mortelle comme celle du *Latreticide assassin* de la Martinique ou du malmignatte des îles d'Elbe et de Corse. Cependant on parvient à l'aide de prompts secours à empêcher la mort ; c'est ainsi qu'à Tananarive, on conjure les effets du venin par une large incision de la piqûre suivie de l'application du fer rouge.

A partir d'Ampasimbé, la région change complètement d'aspect ; les monticules en pain de sucre et au sommet dénudé s'éparpillent pour disparaître ; les collines se massent par la base, s'allongent et s'élancent ; elles se recouvrent d'une herbe épaisse qui remplace les bois de ravenala et le raphia devient de plus en plus rare dans les ravins. On se trouve en un mot au pied des premiers contreforts du vaste océan de montagnes de la grande île africaine, cette mer montagneuse :—dont chaque vague est un monticule et chaque sillon un précipice sans fond ou une vallée sans fin, se déploie à douze cents mètres de hauteur. Les Malgaches avides de traditions merveilleuses, disent avec orgueil que leurs montagnes élèvent leurs cimes jusqu'aux cieux dont elles soutiennent la voûte.

Les bourgeanes se dirigèrent en quittant Ampasimbé sur une belle montagne à pic, le *Malidou* qu'ils escaladèrent d'une seule traite. C'est à la crête du Malidou que commencent les grandes forêts de l'île qu'il faut traverser dans toute leur largeur pour atteindre les hauts plateaux de l'Ankay et de l'Ankove.

Après une marche de quatre heures à travers les bois par des sentiers étroits et glissants, la caravane déboucha dans la vallée de Béfourne. Cette vallée profonde et complètement inondée par les eaux forme un véritable lac au milieu duquel s'élève un village bâti sur pilotis.

— Mais c'est bien un village que je vois là au milieu de l'eau, s'écria Rozan stupéfait.

— Quelque hameau inondé et abandonné, répartit son compagnon.

— Abandonné... dit Rozan. Pourquoi donc ces

cases sont-elles bâties sur des plate-formes construites au-dessus du lac? Peux-tu me l'expliquer?

— Ma foi, non, répondit Trottet. Ah! mais voilà qui est plus incroyable... Je vois des portes s'ouvrir....

— Et des hommes et des enfants qui en sortent....

— Ils détachent une barque et viennent à nous.

Les deux amis étaient au comble de la surprise; ils se trouvaient pour la première fois en présence d'une de ces habitations lacustres qui ont si grandement étonné, il y a près de quatre siècles, les premiers navigateurs espagnols, à leur arrivée sur les rivages du Maracaïbo (1).

Ce village lacustre malgache est situé à dix journées de marche de Tamatave et à cinq de la capitale hova; les voyageurs le visitèrent avec la plus vive curiosité, pendant que leurs hommes contournaient le lac pour gagner la déchirure par laquelle les eaux se précipitent dans la vallée de Béfourne; le spectacle qui se découvrait de la plate-forme de ces misérables habitations élevées au-dessus de l'eau était vraiment merveilleux.

(1) Voir page 352: *les habitations lacustres anciennes et modernes.*

Le petit lac aux eaux tranquilles et bleuâtres miroitait au fond d'un immense entonnoir rempli par des myriades de papillons de toutes couleurs ; ils voltigeaient en masse si drue qu'on aurait dit des flocons de neige colorée qui tombaient du ciel en tourbillonnant dans l'air.

Madagascar est la contrée du globe la plus riche en papillons ; on y rencontre une infinie variété de lépidoptères parmi lesquels le plus beau papillon connu : l'*urania riphæa* de Cramer dont les ailes mesurent vingt-cinq et même trente centimètres d'envergure. L'*urania* est répandu sur la côte orientale depuis l'île Sainte-Marie jusqu'à Tananarive où on le nomme le papillon vert doré, à cause des splendides reflets d'or et des taches transversales vertes qui brillent sur ses ailes diaprées de plusieurs couleurs. Certains naturalistes en ont fait le papillon du manguier dont la feuille servirait de nourriture à sa chenille. C'est là une opinion certainement erronée, car ce magnifique lépidoptère est des plus communs à Ambatoumanga où le manguier est complètement inconnu.

La zone sablonneuse qui s'étend de Tamatave à Andévourante possède une quantité assez considérable de ces insectes ; mais rien n'est comparable sous ce rapport à la richesse des grandes forêts de l'intérieur; elle dépasse tout ce que l'on peut imaginer.

Lorsque les épais et froids brouillards qui couvrent pendant la nuit ces contrées marécageuses s'évanouissent aux premiers rayons du soleil, les lépidoptères cachés sous le sombre et humide feuillage s'éveillent et reprennent avec une folle ivresse leur existence aérienne; alors la forêt tout entière, les bords fleuris des rivières, et le lit desséché du torrent se peuplent de papillons aux vives couleurs, qui se croisent, se poursuivent et se fuient en se jouant dans les airs. L'œil se lasse de les suivre dans leur vol léger et capricieux au milieu des bois d'Alanamasoatrao, de Mahadilou et de la chaîne des Angaves.

La ravissante vallée de Béfourne est l'endroit le plus malsain de toute l'île; l'air embaumé qu'on y respire porte les germes de la fièvre maligne dans le parfum des fleurs. C'est à ce fatal village que Ranavalo fit interrompre le voyage des Européens expulsés à la suite de la découverte de la conspiration qui devait la renverser du trône. Les compagnons de Mme Ida Pfeiffer y séjournèrent pendant plus d'un mois; la vieille reine en livrant les étrangers qu'elle n'avait pas osé faire périr au climat de Béfourne, espérait bien que la mort les prendrait.

Nos voyageurs ignorants des dangers qu'ils couraient et séduits par toutes les splendeurs de cette nature enchanteresse, s'éloignèrent avec regret de ce village lacustre pour aller coucher à Ambavaniassina. Ce petit hameau dont le nom signifie la *bouche mystérieuse*, se trouve à l'entrée même de l'immense et magnifique forêt d'Alanamasoatrao qui a plus de 60 kilomètres de largeur ; c'est une des portions de la vaste ceinture de grands bois qui à peu près à la même altitude traverse toutes les provinces du littoral. Le passage de ces bois impénétrables couvrant toute une chaîne montagneuse formée de plusieurs plis gigantesques n'exige pas moins de deux journées de marche. Aux précipices sans fond remplis de fondrières dissimulées sous d'épaisses couches de feuilles de fougères arborescentes, succèdent des montagnes accores sillonnées de profondes déchirures d'où se précipitent les torrents; le sol est de la nature la plus inégale; partout des arbres géants dont la voûte épaisse et sombre abrite des fourrés inextricables d'arbustes et de végétaux tout chargés de fleurs ; çà et là des pandanus gigantesques debout sur leurs racines aériennes et des palmiers au stipe grêle et uni qui s'élancent vers le ciel. Ces colosses, dont le moindre atteint 60 mètres de hauteur, étalent leurs vertes et larges couronnes de feuilles dans les régions élevées de l'atmosphère où voyage et plane l'oiseau royal de Madagascar, le vouroun-mahère.

La Falco-Radama est un beau faucon gris rayé de brun dont le plumage rappelle celui de l'épervier. Ce rapace de la taille d'une grosse buse est particulier à la grande île africaine; il habite les grandes forêts de l'intérieur et les hautes montagnes de l'Ankove où il niche sur les entablements et dans les anfractuosités des rochers.

Radama Ier dont la suprême ambition était d'égaler les empereurs de l'Europe, voulut avoir, à leur exemple, un oiseau emblématique de sa puissance; il choisit le vouroun-mahère qui, les ailes éployées et la tête armée de sept pointes de sagaie, couronne aujourd'hui tous les édifices royaux de Tananarive. Son image, que le conquérant hova portait sur la poitrine dans les grandes cérémonies, surmonte également le mât qui dans tous les villages du centre se trouve érigé au milieu de la place publique.

La traversée de la forêt d'Alamazaotrao est la partie la plus pénible du voyage; les bourgeanes ont l'habitude de sacrifier aux sikidis (sorciers) avant de s'engager dans ces grands bois où ils ont à lutter constamment contre des obstacles presque insurmontables. La route est effrayante, coupée à chaque instant par des ravins profonds ou par des troncs d'arbres couchés en travers de la voie; le sol formé d'une argile ferme est glissant, rempli d'excavations où l'on tombe en s'enfonçant dans la boue; en certains endroits, les sentiers deviennent si raides que tous les porteurs s'attellent au fitacon du voyageur dont le corps bien qu'allongé dans le palanquin, prend la position verticale.

En parcourant ces chemins terribles on comprend qu'en 1816 la plupart des hommes du capitaine Lesage se soient jetés par terre en déclarant qu'ils préféraient mourir sur place plutôt que d'aller plus loin.

Rozan et Trottet avaient assisté avec une curiosité indifférente aux cérémonies de l'invocation des sorciers; une fois engagés dans la profondeur de ces sombres bois, ils s'expliquèrent le culte superstitieux des Malgaches pour leurs mystérieuses forêts; ils recevaient de cette nature vierge, d'une grandeur si sauvage, une foule d'impressions indéfinissables qui réagissaient vivement sur l'esprit. Tantôt la forêt se remplissait tout à coup de hurlements et de plaintes lamentables et presqu'en même temps l'on recevait sur la tête une pluie de feuilles et de branches cassées; c'étaient des troupes de baba-koutes et de makis fuyant par le faîte des arbres; tantôt le vouroun-mahère planant dans l'espace, jetait son cri sinistre qui retentissait lugubrement au milieu du plus profond silence; tantôt les hautes herbes ondulaient vivement sur le passage de grands serpents et des troupes de sangliers traversaient la route.

Ces animaux abondent dans tous les bois de la grande île; il en existe deux espèces, l'une petite et assez rare, l'autre dont la taille se rapproche de celle des sangliers d'Europe. Des bandes de sangliers font parfois des invasions sur les terres cultivées et dévastent en quelques heures les plus belles plantations de riz; ils deviendraient un terrible fléau pour le cultivateur, si à côté des chefs malgaches qui occupent tous leurs loisirs à leur leur faire la chasse, il n'y avait pas des chasseurs de profession pour les détruire.

La chasse au sanglier et au bœuf sauvage était un des plaisirs favoris de Radama Ier; il employait dans ses expéditions cynégétiques deux ou trois mille hommes, armés de fusils pour la plupart. Aussi le carnage était immense. Un auteur indigène a communiqué au Rév. Ellis le récit d'une de ces parties monstres, organisée à cent milles environ à l'ouest de la capitale, pendant l'automne de 1825.

« Voici, dit-il, les animaux que nous avons obtenus à la fin de septembre et au commencement d'octobre : Bœufs sauvages, 3,063; poules sauvages, 2,235; sangliers, 63; grandes tortues amphibies, 326; grands paniers de poissons, 5; anguilles, 183; tendracs, 18; lémures, 43; crocodiles, 13.

« Nous n'avons chassé que dix jours le bœuf sauvage, et quand la chair (des bœufs) a été consommée, nous avons chassé le sanglier deux jours seulement. Nous avons pris toutes les poules sauvages en un jour. Nous ne les avons pas tirées, nous nous en sommes emparés. Les bœufs sauvages et les sangliers ont été tués par les soldats, et les oiseaux pris aussi par eux. Les crocodiles et le reste : poissons, tortues, singes, tendracs ont été pris par le peuple, laboureurs et bourgeois. »

Vers le milieu de la journée, la petite troupe atteignit la base du fameux rocher de l'Andrianba-vabé que l'on découvre du rivage de Tamatave; après une halte de plusieurs heures, les bourgeanes tournèrent ce gigantesque cap basaltique si tristement célèbre dans l'histoire des peuplades de l'intérieur. Son sommet situé à douze cents mètres de hauteur au milieu de sites impressifs porte chez les Hovas le nom de *Sommet des Larmes*. Lorsque le montagnard qui sort de l'Ankove, arrive sur ce plateau culminant, il se met à pleurer en apercevant la mer pour la première fois. Il se sent déjà bien loin de sa chère province natale; peut-être se souvient-il aussi du sort misérable de ses aïeux. C'est là que Radama le Grand conduisait ses prisonniers de guerre pour les vendre à des Arabes faisant la traite des esclaves avec les négriers de la côte. Ces malheureux tout chargés de chaînes, venaient de la capitale où on les réunissait après les avoir tirés des diverses provinces de l'intérieur. Du haut de ce rocher, en même temps qu'ils découvraient l'Océan, ils pouvaient contempler une dernière fois leurs montagnes.

En se voyant près de quitter à tout jamais leur famille et leur patrie, près de s'embarquer sur cette mer inconnue dont les vagues allaient les emporter dans une terre lointaine et étrangère, une terre de rudes travaux, de misère et de mort, quelques-uns de ces infortunés se précipitaient du *Sommet des Larmes* dans l'abîme; tous se livraient au désespoir. Mais le fouet des marchands arabes cinglant le corps nu de l'esclave, se chargeait de sécher les pleurs et de conduire rapidement à la côte le bétail humain.

En échange du riche tribut annuel que lui servit l'Angleterre, Radama consentit vers le milieu de son règne (1816) à abolir dans ses États la traite des esclaves et ses successeurs ne l'ont jamais plus rétablie. Ce hideux commerce disparut ainsi de la côte orientale de la grande île, mais il ne devait rien perdre de son activité pendant longtemps encore sur la côte occidentale. Toute cette région que l'étroit canal Mozambique sépare de l'Afrique a échappé jusqu'ici, en grande partie du moins, au joug des Hovas. Il y existe encore un assez grand nombre de territoires indépendants dont les roitelets ou les chefs de tribus étaient jadis toujours armés les uns contre les autres; toutes ces guerres n'avaient d'autre but que de faire des prisonniers pour les vendre aux négriers qui louvoyaient constamment dans ces parages. L'homme s'échangeait contre des barils de rhum, des pièces d'étoffe, des verroteries et principalement contre de vieux habits militaires et de mauvais fusils. Le marché une fois conclu entre le roitelet sauvage et le capitaine du navire européen, celui-ci prenait livraison de ses esclaves qu'on garrottait solidement deux par deux pour les empiler au fond des canots. Ces malheureux, à leur arrivée à bord, étaient entassés dans la cale du bateau et ne revoyaient plus la lumière pendant des mois entiers.

Et cependant, combien ceux-ci préféraient leur triste sort à celui de leurs compagnons refusés par le capitaine comme une marchandise sans valeur!

Ces derniers étaient impitoyablement massacrés sur place à coups de sagaies. C'était ainsi que les chefs sakalaves se débarrassaient de leurs prisonniers inutiles.

Cet horrible trafic de chair humaine a presque complètement disparu de ces côtes, grâce à la surveillance active qu'y exercent les navires de guerre des marines anglaise et française. Quoi qu'il en soit, les Arabes réussissent encore sur quelques rares points de ce littoral à faire la traite des noirs; et celle-ci continuera d'exister tant que l'Europe, réunie en Congrès sous la bannière de l'Humanité, ne fera pas tomber les dernières chaînes du dernier esclave, quelque part qu'il se rencontre.

Radama et ses successeurs n'ont aboli que le commerce extérieur des esclaves; quant à l'esclavage lui-même, il n'a jamais cessé d'exister dans toute l'étendue du territoire de la grande île africaine; et, chose bien digne de remarque, la race conquérante n'a pas plus que les Malgaches le privilège d'y échapper : le Hova perd, par suite de condamnation ou d'insolvabilité comme débiteur, sa liberté et devient esclave. Il faut reconnaître que l'état de servage à Madagascar n'a rien de la cruauté de l'esclavage africain; il est même très doux : le maître n'exige pas de ses serviteurs plus de travail qu'il n'en pourrait faire lui-même, et l'esclave peut recouvrer sa liberté par le rachat ou l'affranchissement; il reprend alors sa situation sociale antérieure.

Chez les Hovas, les esclaves se divisent en deux grandes classes : la première comprend les esclaves du roi composés de Malayoux et de Madécasses; ceux-là possèdent le droit d'épouser des femmes libres et remplissent les fonctions de pages, d'écuyers et de majordomes; les autres servent dans la garde royale et dans l'armée où les grades même supérieurs leur sont accessibles. La faveur du prince distingue parfois quelques-uns de ces esclaves et les élève aux plus hautes dignités et charges de l'État. Dans la seconde classe composée par les esclaves des particuliers, on compte des gens de toute origine et de tout âge.

CHAPITRE VIII

LE PAYS DES HOVAS OU LA RÉGION DES HAUTS PLATEAUX

Le dernier village de la forêt d'Alanamasoatrao. — Les rats blancs. — Les prairies flottantes et le supplice des Nobles.—Les plateaux de l'Ankaye et l'Angave.—L'Ankove ou le pays des Hovas. — La rivière Ipoka, le lac Itasy et la cataracte de Fahantsana. — Les monuments mégalithiques de l'Ankove et le peuple primitif de Madagascar.— Kabars.—Le culte des morts à Tanni-Bé. — Les tombeaux et leurs trésors. — Religion malgache.— Le *siquité* et le *saudati*. Le dahara des troupeaux. — La danse nationale des Hovas ou la *Séga*. — La ville de Mantassoua et M. Laborde. — Arrivée des voyageurs à Tananarive. — Le sous-secrétaire d'État Renimavaro. — Installation des deux vazas dans la capitale. — Rozan part pour un voyage d'excursion dans le Nord-Ouest.

La nuit surprit les voyageurs en pleine forêt; ils franchirent à la lueur des étoiles la rivière de l'Iarouka qu'ils avaient traversée à Andévourante et débouchèrent bientôt après dans une magnifique clairière au milieu de laquelle est bâti le village d'Alanamasoatrao. Ce village de bûcherons, tout entouré de grands parcs à bœufs est la station de relais des messagers du gouvernement; il peut être considéré comme le point de démarcation entre les régions du littoral et les hauts plateaux du centre. Sans parler du climat qui est vif et presque froid, l'aspect des hommes et des choses change complètement. La Nature varie dans ses productions et le Hova se fait sentir sous la peau cuivrée des habitants. Ici plus de raphias ni d'arbres du voyageur; le bois dur et le bambou les remplacent dans la construction des cases aux toits aigus et couverts de chaume.

Les deux vazas, en visitant quelques-unes de ces maisons solides en même temps que coquettes, furent frappés de la quantité considérable de rats blancs qu'elles renfermaient; le village est infesté par ces rongeurs qui y pullulent tout à leur aise. Madagascar est d'ailleurs le paradis par excellence des rats et des souris : leur multiplication y est singulièrement favorisée par la superstition des naturels qui voient dans les chats et les hiboux des animaux de mauvais augure qu'il faut éloigner des demeures.

Les bourgeanes se remirent en route le lendemain de très bonne heure afin d'atteindre la lisière de la forêt avant le coucher du soleil; ils avaient en sortant des grands bois qui meurent à la crête de la montagne, à faire la traversée périlleuse des prairies flottantes défendant l'entrée du plateau de l'Ankaye. Il suffit d'un faux pas ou de la moindre erreur de direction pour disparaître à jamais dans ces terrains fangeux qui bordent et limitent la magnifique forêt d'Alamasoatrao. De riches tapis de verdure tout émaillés de boutons d'or cachent ces abîmes liquides où le bœuf s'enfonce sous son propre poids et devient une proie vivante pour les corbeaux. Ces oiseaux n'attendent point la mort de la pauvre bête pour déchiqueter son cadavre.

Comme les Malayous ne le cèdent pas à leurs ancêtres les Malais dans le raffinement des cruautés, ils ne pouvaient manquer d'appliquer ce genre de supplice; ils l'ont réservé aux grands seigneurs et aux nobles. Combien parmi les condamnés à s'ensevelir dans ces abîmes de boue liquide, ont dû maudire les privilèges attachés à leur naissance! Ranavalo qui se garda bien de violer la loi interdisant de verser le sang des nobles, en a fait périr des milliers par cette mort affreuse, dans les prairies flottantes des environs de Tananarive.

Après avoir franchi ce périlleux passage où l'on rencontre par instants des cornes de bœufs qui émergent des hautes herbes, la caravane se dirigea sur la ville de Moramanga; elle y arriva à la tombée de la nuit.

Le plateau de l'Ankaye se développe à 925 mètres d'altitude et sert d'assiette aux plus hautes montagnes de l'île; il offre aux regards émerveillés du voyageur un des plus imposants spectacles de la Nature. La vue de cette immense plaine aux ondulations gracieuses et fermée d'un seul côté — de l'ouest au nord — par des masses montagneuses dont les pics s'élancent dans la nue, arrache des cris d'admiration. De la maison qu'ils occupaient les deux amis apercevaient un fil d'or qui semblait partir des étoiles couronnant les sommets pour descendre en serpentant le long des flancs bleuâtres de la montagne et se perdre dans la vallée; c'était la route de la province d'Emyrne dont la lune éclairait le long ruban d'ocre jaune et rouge.

Ce plateau de l'Ankaye tout parsemé de petites collines couvertes de bouquets de bois ou de pâturages et de jolies vallées entrecoupées de ruisseaux ou de rizières, est le bassin d'un ancien lac; son sol est formé de couches de sédiment très riches en débris fossiles. La fameuse rivière du Mangourou qui l'arrose est une des plus grandes de Madagascar; elle coule du nord à l'ouest dans un étroit vallon et se dirige de ces hauteurs vers la mer où elle se jette à 25 milles de Tamatave, en se précipitant par une succession de rapides et de cascades.

Les habitants de la riche plaine de l'Ankaye qu'on nomme Tankays, sont des Bezanozanos; ils descendent selon toute probabilité des Betsimisarakas du littoral qui vinrent s'établir sur ces hauts plateaux, se croisèrent avec leurs voisins et finirent à la longue par former une tribu distincte. Lors de la conquête hova, leur population était nombreuse; elle fut décimée par les vainqueurs; ceux-ci vendirent aux Européens ou transportèrent comme esclaves aux confins des provinces centrales la majeure partie des Bezanozanos; les autres furent réduits à faire dans toutes les parties de l'île, le pénible service des transports.

La caravane partit de Moramanga le lendemain au petit jour; porteurs et vazas avaient hâte de se remettre en route; ils avaient souffert toute la nuit du froid qui est intense sur ce plateau; la température y descend à $+$ 4 degrés. Au bout de trois heures de marche, on arriva sur les bords du Mangourou qui cache dans ses eaux profondes et noires tout un peuple de crocodiles. Après la traversée de la rivière au village d'Andakana, les bougeanes eurent à gravir quelques collines et la belle montagne boisée d'Ifodi d'où l'on débouche en suivant les rives du Manambola dans la vallée de l'Angave, plus étroite et plus sinueuse que celle de l'Ankaye. Cette vallée complètement renfermée dans un cercle de montagnes est un pays charmant où règnent la vie et le mouvement. Partout, au milieu de jolies rizières, des petits hameaux autour desquels vont et viennent des bandes de volailles, de dindons et de porcs; dans les prairies, des troupeaux de moutons au poil ras et à la queue retroussée qui paissent à côté de bœufs magnifiques (1); çà et là, des bouquets de grands arbres ou des bosquets de goyaviers, de pêchers et de mûriers qui croissent naturellement; de grands parcs entourent les villages défendus pour la plupart par une enceinte de murs en terre rouge et en pierre. Vers le milieu de la journée, les voyageurs firent une halte au pied de

(1) Les Hovas pratiquent un système d'engraissement pour les bœufs qui mérite d'être connu sinon appliqué par nos éleveurs de Normandie; l'animal à engraisser est placé dans une fosse creusée en terre où la pauvre bête peut à peine se mouvoir. Un toit de chaume, placé au-dessus de la fosse, sert à abriter de la pluie et du soleil le bœuf qui est largement nourri avec de l'herbe fraîche et de la farine de manioc. Au bout de deux ou trois mois d'un pareil régime, le bœuf devient tellement énorme qu'il est souvent impossible de le retirer de sa prison cellulaire. On est obligé de l'abattre et de le détailler dans la fosse même.

la belle cascade de la rivière Mandraka, et le soir ils arrivèrent à l'étape d'Amboudimangave. C'est à ce village situé sur la première marche du massif de l'Angavou que la chaîne des monts Ankayes et celle de l'Ankove qui s'avancent à la rencontre l'une de l'autre en formant une immense courbe des plus gracieuses, s'arrêtent brusquement pour ne laisser entre elles qu'un étroit passage.

Les porteurs aiguillonnés par le froid et par le sentiment de leur prochaine arrivée, se reposèrent à peine dans toute la journée du lendemain. Ils escaladèrent d'un pas rapide et léger, les flancs rocailleux et escarpés du Mandrahodi dont le sommet chauve d'un aspect sombre et terrible se dresse dans les airs à plus de deux milles mètres de hauteur. Cette fameuse montagne marque la limite extrême du pays des Hovas. Son revers du côté de l'Océan est couvert de haut en bas de fourrés verdoyants et frais dans lesquels chantent une foule innombrable de merles. Après avoir cheminé à travers une région montueuse et agreste, sillonnée de rivières et de ruisseaux aux bords ombragés par des aréquiers et des fougères arborescentes, on gravit une nouvelle montagne dont la crête porte le village de Keramadinika.

Les bourgeaudes avant d'entrer dans ce bourg, arrêtèrent les vazas sur une éminence d'où l'on dominait une vaste plaine mamelonnée et nue ; c'était l'Ankova ou le pays des Hovas limité à l'horizon par le rocher solitaire d'Ambouépagnieri à gauche, et à droite par l'énorme masse de l'Angavoukeli qui ressemble à un cénotaphe bleu.

L'Ankove est la province la plus importante de Madagascar par le nombre, la puissance, la richesse et l'intelligence relativement supérieure de ses habitants ; elle présente une succession sans fin de collines arides pour la plupart et séparées entre elles par de petits marais fangeux remplis de joncs et de plantes aquatiques. Cette région dont le climat est salubre, l'air vivifiant, mais le sol d'une médiocre fertilité, présente un aspect morne et désolé ; il n'y existe aucun bois qui repose la vue en rompant la monotonie du paysage. Toutefois dans la saison pluvieuse les cimes et les flancs des montagnes toutes ferrugineuses se recouvrent d'une herbe courte et épaisse, et les vallées se tapissent d'un vert gazon ; l'aspect de la contrée change et devient délicieux. En même temps les pentes douces des collines et les terrains bas se couvrent de cultures variées ; ce sont des plantations de maniocs, de patates, de citrouilles, de cannes à sucre, etc., que séparent, et encadrent de magnifiques rizières. C'est dans la culture du riz et dans l'irrigation des rizières que le Hova montre comme cultivateur une réelle intelligence et une habileté sans égale. Il sait capter les moindres petits cours d'eau, réunit leurs filets et les conduit sur les petits carreaux de terre ensemencés; ces plate-formes aux bords relevés, sont superposées les unes aux autres, de telle façon qu'elles se trouvent successivement irriguées par les eaux qui descendent d'étage en étage jusqu'à la dernière rizière.

Les Hovas ne s'inquiètent que de la culture du riz et de l'élevage des bestiaux; partout où se forme la moindre flaque d'eau, ils essaient aussitôt d'établir une nouvelle rizière; partout où l'herbe peut pousser, ils détruisent les forêts et les remplacent par des pâturages pour leurs troupeaux de bœufs. Il est vrai que le riz constituer la base de leur alimentation et que le bœuf, comme nous l'avons dit précédemment, est la principale source de revenus du royaume.

La province d'Ankove dont la population répandue dans les trois grands districts d'Imerina, d'Imama et de Vonizongo s'élève à deux millions d'habitants, est arrosée par le fleuve Ipoka. Cette belle rivière est déjà navigable dans les environs de la capitale qu'elle entoure presque complétement; elle prend sa source dans l'est, incline à l'ouest en parcourant la riche et populeuse vallée de Betsimitatatra et va se jeter dans le Betsibouka. On remarque encore entre autres beautés naturelles de cette région le lac Itasy qu'alimentent trois rivières et la magnifique cataracte de *Faharantsana.*

Sa configuration topographique, son climat d'altitude, ses productions végétales et son peuple concourent à distinguer ce plateau central des autres régions de Madagascar; mais ce qui donne à l'Ankove son caractère de puissante originalité, ce sont ses monuments mégalithiques : en entrant dans l'Ankove, on découvre de tous côtés de véritables *menhirs* de plusieurs mètres de hauteur. Ces grandes *pierres debout,* étroites et longues, taillées grossièrement dans un seul bloc de granit ou de grès, sont disséminées sur la route des villages ou plantées en rangées parallèles dans les plaines; on dirait une armée de fantômes surgissant de terre. Ces monolithes que les Hovas et les Sakalaves entourent d'une vénération superstitieuse sont les tombeaux du peuple primitif de la Grande-Terre, les Vazimbas. On ne peut s'empêcher de rapprocher ces pierres levées des menhirs et des dolmens qui couvrent les diverses régions de l'Europe. Aussi bien les uns et les autres revêtent les mêmes formes et sont dressés de la même façon ; ici et là, c'est bien l'œuvre des premiers habitants du globe. Qu'ils habitent le sol de la Bretagne, sur les confins

MONUMENTS MÉGALITHIQUES DE L'ANKOVE
Tombeaux des habitants primitifs de l'Ile. (Page 243.)

occidentaux de notre vieille Europe ou qu'ils se trouvent emprisonnés dans la portion restante du continent disparu de l'Océan Indien, ces hommes des premiers âges historiques se présentent avec la même architecture dénonçant les mêmes coutumes.

Ces monuments mégalithiques de l'Ankove ne sont-ils pas appelés à former un nouveau chapitre dans l'histoire des migrations de l'espèce humaine ? Quant à leurs architectes, les Vazimbas, il serait aujourd'hui difficile de retrouver leurs descendants directs dans quelque partie de l'île.

Nous ne croyons pas que la population primitive de Madagascar soit originaire de l'Afrique, malgré l'opinion de la plupart des voyageurs; elle a été refoulée dans les montagnes par l'invasion des peuplades du continent voisin, puis chassée de ce dernier asile par un peuple nouveau : les Hovas en envahissant l'Ankove ont détruit, dispersé et absorbé l'antique race des Vazimbas; elle est sur le point de s'éteindre, si du moins elle existe encore dans quelque région inconnue de la Grande-Terre.

Les tombeaux des anciens Vazimbas ne sont pas seulement l'objet d'un respect mêlé de crainte pour les populations de l'Ankove; c'est au pied de ces monolithes que se réunissent les habitants des villages afin de vider leurs différends; c'est là, sous la protection de ces mânes vénérés que le peuple de l'Ankove tient ses grandes assemblées nationales et prend ses décisions solennelles.

Toutes les réunions madécasses, qu'elles soient d'un caractère privé ou public, s'appellent des *kabars*. On tient kabar sur tous les points de Madagascar, et partout on remarque chez ces insulaires le même amour de ces sortes d'assemblées. Le Malgache est un parleur infatigable; s'il est facond, il ne manque ni d'imagination ni d'éloquence naturelle; il se complaît dans ces luttes oratoires auxquelles se prête d'ailleurs sa langue (1) souple, riche, sonore, et éminemment

---

(1) La langue malgache, dit le P. Henry de Régnon, est remarquable par son harmonie comme par la multiplicité des synonymes exprimant les nuances de la pensée. C'est la même abondance de voyelles sonores qu'on retrouve dans le malais des îles de la Sonde. La traduction de ce langage, à la fois concis et riche en termes spéciaux, exige mille périphrases, lorsque nous voulons chercher dans nos langues européennes des équivalents. Un grand nombre de mots composés expriment aisément les idées les plus complexes. Les affixes, les particules explétives, les enclitiques y jouent un grand rôle; et si la grammaire est fort simple, si nous ne retrouvons dans le malgache ni les genres, ni les nombres, ni les cas, ni la flexion des déclinaisons, ni la distinction des substantifs et des qualificatifs, la nombreuse nomenclature des mots est telle qu'on n'a point lieu de regretter les formes absentes.

harmonieuse. Aussi le premier échange de relations entre deux ou plusieurs indigènes commence toujours par un kabar; ils s'accroupissent les uns en face des autres et chacun à son tour fait le récit détaillé de son existence.

A côté des assemblées publiques, des kabars secrets se tiennent au milieu des ténèbres de la nuit et dans les endroits les plus écartés; la guerre ou la paix entre les villages, les révoltes contre le joug du vainqueur sortent de ces réunions nocturnes.

Chez les Sakalaves indépendants de la côte ouest, toutes les affaires se règlent dans des kabars qui présentent dans leur caractère solennel un côté des plus pittoresques. Ainsi les vieillards de la tribu, chargés de rendre la justice, sont assis en cercle, leurs deux sagaies plantées dans le sable devant eux et leur fusil tenu dans la main gauche avec la crosse par terre. Les deux parties sont introduites dans le cercle et plaident devant ce Conseil des Anciens qui décide souverainement. Les jugements du kabar sont sans appel et la justice est sommaire; la condamnation capitale est suivie de l'exécution immédiate : — le malheureux condamné est sagayé sur place. Les trafiquants européens de cette côte sont comme les naturels justiciables de ces assemblées; mais ils n'ont jamais à subir, même dans les circonstances les plus graves, que des amendes payées en marchandises.

Pour revenir aux plus anciens monuments de Madagascar, si les indigènes n'ont pas conservé dans les sépultures l'architecture simple des Vazimbas, ils ont du moins gardé leur habitude d'enterrer les morts le long des routes, dans les champs ou dans l'intérieur des villages. Aussi la capitale des Hovas est-elle une véritable nécropole; chaque habitant possède dans la cour de sa maison, les tombeaux de ses ancêtres. Ceux-ci sont construits en belle pierre grise, grossièrement taillée; ils consistent en deux plate-formes carrées et superposées dont la supérieure porte à son centre une pierre debout. Ces mausolées sur lesquels on voit des crânes de bœufs offerts aux mânes des morts, ne portent aucune inscription. Les Hovas ne se servent point de cercueil; ils enveloppent le cadavre dans des pièces de soie et enterrent le mort avec ses vêtements, ses insignes et ses armes. Les funérailles ont lieu au son de la musique et se terminent presque toujours par de véritable saturnales; les parents, les amis et les esclaves font la veillée du corps; tandis que les bouteilles de rhum circulent de main en main, on se répand en éloges sur les mérites du défunt et en lamentations sur sa perte; après la cérémonie, les libations recommencent de plus belle; on se régale aux frais de la succession et la fête se prolonge pendant plusieurs jours.

Aucun peuple de la terre ne professe pour les tombeaux un culte qui égale celui des Hovas. Il n'est pas d'exemple que ces Malayous aient jamais profané ou violé une tombe; ils respectent et vénèrent même celles de leurs chefs les plus odieux. Aussi ces sépulcres sont-ils des lieux de dépôts sacrés; ils renferment de véritables trésors dont la famille ne peut disposer que dans les cas extrêmes et après s'être réunie en conseil. C'est ainsi que pour fournir la rançon immédiate d'un de ses membres condamné à l'esclavage pour dettes ou pour quelque crime d'État, elle fait ouvrir la tombe et en retire les richesses confiées à la garde de ses morts.

Mais à part les Betsiléos et les Antsianakes qui comme les Hovas vivent au milieu des tombeaux, toutes les autres peuplades de Madagascar, dans leur vénération mêlée de frayeur, cachent leurs morts dans les endroits les plus déserts et les plus sombres de la forêt; c'est sur une pierre élevée en quelque endroit du village qu'on leur offre des sacrifices et des offrandes.

Les Sakalaves qui redoutent beaucoup la mort ne se contentent pas seulement de détruire avec tous les objets qu'elle renferme, la case du décédé; ils abandonnent souvent leur village et le nom du mort n'est jamais plus prononcé; c'est sous un nouveau nom que la famille vénère sa mémoire. Ainsi leur fameux roi Ramitra s'appelle parmi les morts Mahatenorivou (*le prince qui a vaincu mille ennemis*) et malheur à celui qui prononcerait l'ancien nom du souverain ; il serait considéré comme le meurtrier de son roi, et s'il échappe à la sagaie, il perd du moins tous ses biens qui sont livrés au pillage. La cérémonie funèbre des rois Marouserananes est particulièrement remarquable ; le corps du prince, cousu dans une peau de bœuf, est transporté dans la partie la plus déserte de la forêt voisine où on le suspend à un arbre ; et sa garde est confiée à une famille. Après plusieurs mois, les chefs se réunissent et se rendent à la tête de leurs tribus auprès du cadavre pour recueillir les reliques royales, c'est-à-dire quelques vertèbres, des mèches de cheveux, un ongle, etc. Les restes une fois placés dans un cercueil afin que le souverain ne se confonde pas même dans la mort avec ses sujets, sont ensevelis avec une très grande pompe. La cérémonie se termine toujours par des sacrifices humains. Quant aux royales reliques, elles sont renfermées dans une dent de crocodile et déposées dans la maison sacrée des ancêtres.

Le culte des ancêtres ou ranzanes est général dans toute la grande île africaine où on ne saurait violer un vœu fait à leurs mânes; ils passent pour s'occuper de ce monde et représentent un des deux grands principes de la religion malgache. Quoi qu'on en ait dit, les Malgaches ont une religion et celle-ci ne ressemble en rien au fétichisme grossier ou à l'idolâtrie des peuples sauvages. On doit croire sur ce point les déclarations de M. Grandidier qui a déchiré en tant d'endroits l'épais voile tissé d'erreurs dont les trafiquants ignorants et les missionnaires intéressés ont couvert la Grande Perle de l'Océan Indien.

Les Malgaches croient en un Etre suprême autour duquel gravitent les âmes de leurs ancêtres. Dans toutes les grandes actions de la vie, ils adorent et invoquent le premier; c'est à l'influence protectrice des razanes qu'ils recourent dans tous les autres actes de l'existence ordinaire. Ainsi c'est uniquement à Dieu et aux ancêtres qu'ils s'adressent lorsqu'ils immolent un bœuf; il n'est jamais question dans leurs prières ni dans leurs sacrifices du principe du Mal incarné dans quelque Divinité toute-puissante. Satan et les autres Dieux infernaux ne disputent point la possession de l'homme à Drianakar : tel est le nom de l'unique Divinité qu'adorent les Sakalaves ; si ces peuples n'élèvent ni temples ni statues à leur Dieu, ils l'invoquent constamment sans oublier dans toutes leurs prières la patrie et les ancêtres ou *loulous*.

Chaque action de grâce est toujours accompagnée du sacrifice d'un bœuf dont le sang précieusement recueilli sert à teindre l'*hazoumanitri* (arbre de la Loi); on perpétue de cette façon le souvenir de la cérémonie, et l'on trouve dans toutes les pratiques religieuses de ces peuples, dit M. Grandidier, des usages qui rappellent ceux des Juifs.

Malheureusement cette religion si simple est dénaturée par les *sikidis;* ces prêtres ambitieux exploitent avec une rare habileté l'esprit superstitieux et avide de merveilles des Malgaches.

Le pouvoir de divination qu'on leur accorde leur donne une autorité souveraine sur tous les esprits. Chaque année le grand devin arrange quelque nouveau *fadi* pour le bonheur et la tranquillité du pays. Ainsi s'expliquent toutes ces coutumes superstitieuses des peuplades de Madagascar et leur confiance extraordinaire dans toutes sortes de talismans. Le voyageur qui a résidé sur un point quelconque de l'île n'a pas manqué de rencontrer tous les jours sur son passage quelque Malgache accroupi par terre devant une série de trous et suivant avec une curieuse anxiété le voyage dans l'air et la chute d'un certain nombre de graines ou de petits cailloux. Ce joueur interroge l'avenir à l'aide du fameux *siquily* qui remplace à Tanni-Bé les cartes de nos nécromanciens ; les pierres en tombant dans les trous forment des combinaisons numériques qui dévoilent les secrets du Destin.

Dans certaines maladies convulsives, on a également recours à des pratiques du même genre; l'infortuné malade est soumis à la cérémonie du *Sandatsi* ou *bily*. On l'installe dans une petite cabane en roseaux élevée au milieu des champs et quelques parents veillent auprès de lui en se condamnant à la chasteté. Pendant plusieurs jours des hommes armés viennent chaque soir courir autour de la hutte en chantant un refrain monotone accompagné de coups de fusil. Le jour de la cérémonie arrivé, on sacrifie un bœuf à Dieu et l'on transporte le malheureux sur un échafaudage élevé où ses parents et ses amis après avoir procédé publiquement à sa toilette, le forcent à manger un morceau de bœuf puis à danser aux acclamations de la foule. Après cette danse furieuse, le malade doit se trouver guéri ; il choisit alors dans ses troupeaux un *dahara* ou favori ; c'est un jeune veau dont l'existence désormais sacrée, sera respectée jusqu'à la mort du maître.

Pour revenir à nos voyageurs, ils passèrent leur

dernière soirée et leur treizième nuit de voyage à ce village de Keramadinika situé sur la frontière de l'Ankove. Rozan y régla le salaire de sa troupe en donnant à chaque homme une piastre de récompense ; de son côté, Trottet dans l'expansion de sa joie, distribua aux porteurs quelques litres de rhum avec les dernières boîtes de conserves. Les bourgeanes enthousiasmés réunirent devant la porte de la case des vazas toute la population du bourg; les jeunes filles se détachant des divers groupes qui formèrent un cercle autour d'elles se mirent à danser la séga. La *séga* ou la danse nationale des Hovas est légère et très voluptueuse ; les danseuses tout en réglant leurs mouvements sur la musique, suivent les caprices de leur imagination surexcitée ; leurs corps ondulent gracieusement comme des épis agités par la brise ou bien immobiles sur place, ils vibrent des pieds à la tête sous le jeu lascif des muscles superficiels. Tous les Malgaches en général raffolent de la danse; ils adorent également la musique; pour laquelle ils sont d'ailleurs admirablement doués ; leur facilité à jouer de tous nos instruments est vraiment merveilleuse. L'infortuné Radama II avait un régiment d'excellents musiciens dont les instruments en argent massif avaient été fabriqués à Tananarive même sur le modèle des nôtres.

Cette fête improvisée en l'honneur des deux étrangers se prolongea bien avant dans la nuit; aussi les porteurs étaient alourdis par la fatigue et par les libations lorsque la caravane quitta le village dans la matinée du lendemain. Mais le froid vif de ces hauts plateaux où la vigne croît naturellement se chargea de réveiller l'ardeur des bourgeanes qui arrivèrent à Mantassoua en quelques heures. Cette ville située à huit lieues environ de la capitale est aujourd'hui complètement déserte; il y a trente ans à peine Mantassoua était une véritable ruche industrielle remplie du bruit des fonderies, des forges, des ateliers de menuiserie, de charronnage, de serrurerie, etc., etc. Un Français, M. Laborde, avait créé cette cité où il dirigeait tout un peuple d'ouvriers (1); il les avait

---

(1) Les Hovas dit M. Leguével de La Combe, connaissaient les métaux et savaient les employer avant d'avoir eu aucune relation avec les Européens. Ils exploitent de temps immémorial des mines de fer très abondantes: ils s'en servent dans les environs de Tananarive pour forger des outils propres au défrichement et à la culture et des ustensiles de ménage à peu près semblables aux nôtres. On trouve même à Tananarive des ouvriers capables de faire toutes les pièces d'un fusil; ils s'occupaient aussi d'orfévrerie et font des plats, des assiettes et des couverts d'argent dans lesquels on remarque le travail et le poli de ceux qui sortent des mains de nos orfèvres. Leurs petites chaînes

formés et instruits sans autres moyens lui-même qu'une volonté indomptable servie par une grande intelligence. Cet esprit ingénieux réussit à force de patience et de travail à vaincre tous les obstacles; il sut inventer ce qu'il ne savait pas, et, ses heureuses créations tout autant que sa conduite réservée, lui assurèrent l'amitié et les faveurs de la farouche Ranavalo-Manjaka; la vieille reine se plaisait à séjourner dans sa ville industrielle de Mantassoua dont les maisons en terre rouge et les vastes ateliers armés de paratonnerres s'étageaint sur les flancs d'une colline en se mirant dans un grand lac aux rives couvertes de cactus et d'euphorbes arborescentes aux feuilles de pourpre. Toute cette grande œuvre devait s'effondrer en même temps que la fortune de son créateur qui sombra dans la conspiration Lambert dont nous parlerons plus loin.

M. Laborde jeté en 1831 sur les côtes de Madagascar par un caprice de la tempête, y fut recueilli et protégé par M. Napoléon de Lastelle. Cet ex-capitaine de la marine marchande de Saint-Malo, avait su plaire à Ranavalo par sa hardiesse, au lendemain même de l'expédition Gourbeyre (1829).

---

de sûreté en or et en argent sont faites avec beaucoup de soin et une grande solidité.

Non contente de lui confirmer la propriété de l'établissement de Mahéla fondé par M. Arnoux associé de la maison Rontaunay de Bourbon, la reine lui avait accordé avec le fermage des droits de douane de Feneriffe, de Manouri et de Manzanari, la main d'une de ses proches parentes. M. de Lastelle était donc en grande faveur à la cour d'Emyrne lorsqu'il adressa à Ranavalo M. Laborde comme un *vaza* capable de lui monter des fabriques de canons et de fusils.

« Là (1), dit M. Riaux, avec une énergie et une puissance de volonté incroyables, sans autres ressources ni d'autres ouvriers que ceux du pays, cet homme intelligent sut tirer parti de sa situation. »

M. Laborde ne tarda pas à acquérir une grande influence sur la reine par ses éminents services; pendant les vingt-huit ans que dura son crédit, il n'a cessé de l'employer pour arracher à la misère, à l'esclavage et même à la mort un grand nombre d'Européens; sa maison princière de Sonsimanapiovana leur fut toujours ouverte. Que de fois l'Angleterre n'a-t-elle pas essayé, par les offres les plus brillantes, de le gagner à sa cause. Vaines et pitoyables tentatives de corruption sans prise

(1) A Mantassoua.

sur ce noble cœur, mais bien dignes d'un peuple qui donne l'absolution du crime en échange de la dénonciation.

Après avoir déjeuné à Mantassoua, la caravane poursuivit sa route à travers de magnifiques rizières disposées sur les gradins de mamelons doucement ondulés et arriva au village d'Ambatoumanga (pierre bleue) au centre duquel se dresse un gigantesque rocher aux flancs taillés à pic. Avec son rocher inexpugnable et sa double enceinte de murs et de fossés, ce célèbre village rappelle les anciens châteaux-forts de l'époque féodale; la tradition y a placé le berceau du chef hova Ampouinimerine, père de Radama Ier. De ce véritable nid d'aigle on découvre la capitale; on aperçoit dans le lointain une montagne qui surgit de la plaine en portant sur son dos toute une grande ville.

Les bourgeanes en quittant Ambatoumanga recommencèrent comme à leur départ de Tamatave à faire *ran-rang*, c'est-à-dire qu'ils prirent le pas de course pour le garder. A mesure qu'on avançait, la ville se dégageait de sa légère et transparente enveloppe de brume et le faîte de ses édifices se profilait dans le ciel; la montagne couverte de grappes de maisons suspendues au-dessus de l'abîme, disparaissait et reparaissait tour à tour avec les inflexions sinueuses de la route; enfin vers les cinq heures du soir, les porteurs entraient dans le village d'Andrésoure situé à un mille de Tananarive en poussant de formidables hourras.

Deux heures plus tard, Rozan et Trottet dînaient à l'européenne chez le frère de ce dernier dans la capitale des Hovas.

Le lendemain, les deux voyageurs furent présentés à Son Excellence le Secrétaire d'État. Cette visite est obligatoire, car aucun étranger ne peut établir sa résidence dans la capitale sans avoir obtenu un permis de séjour.

Malgré l'accoutrement bizarre de ce personnage, vêtu moitié à l'européenne, moitié à la sauvage, les deux amis furent frappés de son intelligence et de la noblesse de son maintien. Renimavaro est le véritable chef du royaume ; la reine Ranavalo Manjaka II règne, mais ne gouverne pas : elle est considérée comme une idole. Son premier ministre, qui est en même temps son époux, s'occupe du trafic des douanes et se livre aux boissons alcooliques ; il s'est déchargé du poids des affaires sur ce secrétaire d'État qui gouverne effectivement le pays. Sous son autorité, la population malgache n'a pas à redouter le retour des mauvais jours d'autrefois ; si les Hovas ont vu disparaître les coutumes barbares qui ensanglantèrent si longtemps le royaume, les Européens de leur côté, ont obtenu des gages assez sérieux de sécurité. Mais Renimavaro tout en ne semblant pas hostile à la civilisation européenne ni aux progrès qu'elle introduit à sa suite, est un fervent partisan de la vieille politique hova. Cet homme d'État malgache est dans tous les cas un habile et rusé diplomate; il fit un acceuil charmant aux deux étrangers et leur promit son appui dans les entreprises commerciales ou agricoles qu'ils pourraient entreprendre pour le bien du royaume.

Quelques jours après cette réception officielle, les deux amis qui n'avaient pas voulu se séparer, s'installèrent dans une maison assez spacieuse, située à quelques pas de l'hôpital des Jésuites. Cette case et les trois domestiques qu'ils engagèrent ne devaient leur occasionner qu'une dépense de trente francs par mois ; pour la moitié de cette somme, ils s'étaient acquis un mobilier rustique mais en palissandre massif. Ce bois aussi recherché en Europe qu'il est commun dans les forêts de la « Grande-Terre » sert dans toute la province d'Emyrne concurremment avec les bois d'ébène et de teck à la construction des maisons.

Un soir que les deux nouveaux membres de la petite colonie européenne d'Antananarivo qui comptait une cinquantaine de personnes au plus dont quarante missionnaires), rentraient d'une promenade à travers la ville, Rozan dit à Trottet :

— Il y a aujourd'hui trois mois que nous habitons la capitale de Madagascar. Penses-tu pouvoir t'établir ici ?... Pour moi je doute que tu puisses y arriver à tes fins, c'est-à-dire à la fortune.

— Pourquoi pas?

— Parce que Tananarive n'est en réalité qu'une ville de monopoles d'État et un centre de missions évangéliques... D'un côté, la Reine, les ministres et les grands détiennent le monopole de tout le commerce; de l'autre, les missionnaires chrétiens (jésuites, méthodistes, norwégiens et anglicans) aiguillonnés par une rivalité jalouse se livrent avec fureur à une sorte de tournoi religieux dont le peuple malgache est le prix. A moins de s'enrégimenter dans l'armée de ces Révérends — un Évangile romain ou une Bible à la main, — je me demande ce que tu pourras bien faire dans la « *Ville aux mille villages.* »

— En résumé, dit Trottet, tu me demandes quelle est la voie qui m'ouvrira l'avenir. Nous la cherchons précisément, mon frère et moi... En tous cas, j'ai dans la tête un superbe projet d'une exécution facile et d'une grande source de bénéfices.

— Ah!..... Quel est donc ce projet?

— C'est mon secret et je ne te le dirai pas encore.

— Libre à toi de le garder, répondit Rozan. En attendant le jour de tes indiscrétions, je vais me mettre en relation avec les missionnaires anglais. Comme dans leur zèle aussi intéressé qu'infatigable, ils parcourent continuellement les provinces voisines, je vais tâcher de les accompagner dans une de leurs tournées pastorales. Tu vois qu'à mon tour, j'ai trouvé un excellent moyen pour remplir le but de mon voyage.

Quinze jours après cette conversation, Rozan qui parlait la langue anglaise comme sa langue maternelle, partait pour les provinces du Nord-Ouest, en compagnie d'un Révérend Clergyman.

TANANARIVO

CHAPITRE IX

TANANARIVE OU LA CAPITALE DE MADAGASCAR

Origine étrangère des Hovas. — Arrivée et établissement des Malais à la Grande-Terre. — Relations commerciales des Chinois et des Arabes avec Madagascar. — Le géographe Edrisi et Marco-Polo. — Traditions hovas. — La colonie malaise dans l'Ankove, son développement et sa division en tribus. — Le chef Andrian-Ampouine et ses conquêtes. — Fondation de la capitale de Madagascar : Antananarivou. — Les palais royaux : *Souanierane*, le *Palais d'Argent* et le *Grand Palais de Ranavalo*. — La roche Tarpéienne de Tananarive. — Le champ de Mars et l'armée hova. — Constitution militaire du royaume. — Les honneurs ou grades. — Le tombeau de Rainihaire. — Les foires du Vendredi. — Le lac sacré et le Serment du lac.

Le peuple montagnard de l'Ankove dont les ambassadeurs sont venus revendiquer en Europe la possession pleine et entière de Madagascar au nom du *droit des peuples*, est lui-même une race étrangère à la grande île africaine. Si les Hovas étendent aujourd'hui leur empire sur la moitié de la « Grande-Terre » et sont plus nombreux que toutes les autres peuplades madécasses réunies, ils doivent ce double résultat à leurs récentes conquêtes et surtout à leur politique d'extermination. La puissance et l'extension territoriale de ces Malayous ne datent que du commencement de ce siècle.

« Nous sommes une race étrangère, disent-ils eux-mêmes : nos pères sont venus du Sud-Est sous la conduite d'un chef vaillant et sage, l'ancêtre de notre roi-dieu Radama. Le peuple qui possédait ces terres fut en partie subjugué, en partie mis en fuite; on ne sait ce que sont devenus ceux-ci. »

Les Hovas forment, en effet, avec leur teint jaune ou cuivré, leurs yeux allongés et bridés, leurs pommettes saillantes, leurs cheveux lisses et quelques autres caractères propres au tronc mongolique une race bien distincte, assez pure de tout mélange et dénonçant son origine étrangère. On ignore comment les Malais qui entretenaient déjà avant l'ère chrétienne des relations commerciales avec l'île de Ceylan, sont arrivés à Madagascar. Les plus anciennes notions que l'on possède sur la Grande-Terre ne remontent pas au delà du viie siècle; c'est à cette époque, ainsi que nous l'apprennent leurs ouvrages géographiques, que les Arabes s'établirent aux îles Commores et sur la côte nord-ouest de Tanni-Bé. Le géographe Edrisi qui vivait dans le xiii° siècle, rapporte que lorsque la Chine et l'Inde furent troublées par les excès de la tyrannie et plus tard de l'anarchie, les Chinois transportèrent leur commerce à *Zaledji* (1) et dans les autres îles qui en dépendent. Marco-Polo qui recueillit en Chine de curieux détails à ce sujet rapporte dans son *livre de Voyage* ces relations des Arabes et des Chinois avec la grande île africaine que le célèbre voyageur désigna à l'Europe sous le nom de Madagascar.

Maintenant quelle fut l'époque précise de l'établissement des Malais sur cette terre et quelle fut la durée et la marche de la conquête? leurs descendants ne savent rien de certain à cet égard. On sait du moins qu'à leur arrivée dans l'île, ils ont habité la côte ouest avant de s'établir dans la province centrale.

Ces étrangers avaient-ils été jetés sur ce rivage par le naufrage, ainsi que le veut une ancienne tradition? Ils étaient dans tous les cas peu nombreux; poursuivis et traqués par les indigènes,

(1) C'est sous ce nom de *Zaledj* que le géographe Edrisi a donné une description de la grande île et de son archipel.

ils s'enfoncèrent dans les forêts de l'intérieur en chassant devant eux les habitants des hautes régions. Pendant combien de siècles ont-ils vécu au sein des montagnes avant de devenir un peuple nombreux et conquérant? Tout donne à penser que la conquête de l'Ankove par les Malais n'a pas dû être une guerre d'extermination; les aborigènes ont disparu en se trouvant absorbés par les vainqueurs; et dans cette fusion, les deux races autocthone et étrangère ont mis en commun superstitions, religion, langage et coutumes. Comment s'expliquer autrement cette singulière identité de langage et de mœurs que l'on observe dans presque toutes les provinces de l'île; ce fait est d'autant plus remarquable que les dissemblances physiques sont très tranchées.

Au commencement de ce siècle, les Hovas ne possédaient encore aucune influence en dehors des hauts plateaux du centre. De même que les peuplades de tout le littoral dont chaque village formait un petit État, ils se divisaient alors en douze tribus gouvernées par des chefs indépendants et constamment en guerre, pour faire des razzias de bœufs ou d'esclaves.

L'un de ces roitelets, Andrian-Ampouine, sut profiter habilement des divisions de ses rivaux pour les dépouiller et leur imposer la loi du vainqueur. Une fois maître de tout le pays, il le pacifia, réunit sous son autorité absolue toutes les tribus de sa race et prépara en créant son unité, la puissance et la suprématie du peuple hova. Lorsqu'il mourut en 1810, Andrian-Ampouine laissa à son fils Radama un petit royaume avec une capitale militaire qu'il avait également fondée, *Antananarivo*.

Antananarive, c'est-à-dire *la Ville aux mille villages*, avec sa population de 75 mille habitants, ses palais royaux et ses édifices, ses places publiques, ses faubourgs et ses grands marchés, est une véritable capitale. Couchée sur les gradins d'une colline rocheuse de forme semi-ovoïde d'où l'on découvre une immense plaine arrosée par un fleuve et toute couverte de rizières, d'habitations et de canaux endigués, la grande et populeuse cité des souverains hovas est d'un aspect singulier et des plus pittoresques.

« Tananarive, dit le commandant Dupré (1) est bâti sur une colline allongée et isolée, élevée de cent cinquante à deux cents mètres au-dessus de la plaine isolée qui l'entoure, et qui se trouve elle-même à douze cent cinquante mètres au-dessus du niveau de la mer. Cette colline se dirige à peu

---

(1) *Trois mois de séjour à Madagascar*, par le capitaine de vaisseau Dupré.

près du nord-ouest au sud-est; elle se ramifie à son extrémité nord-ouest, qui est la moins abrupte; elle est très escarpée à l'extrémité opposée et sur ses faces longitudinales. Ce devait être une position à peu près inexpugnable lorsque la ville ne couvrait que les crêtes de la montagne et que de profonds fossés dont on voit encore les vestiges, défendaient tous les points par lesquels elle était accessible.

« Depuis que la paix a succédé aux guerres perpétuelles que se faisaient autrefois les peuplades de l'intérieur, la ville a franchi la vieille enceinte; elle couvre maintenant la partie habitable de la colline, et la population, qui augmente progressivement, n'est pas évaluée à moins de soixante-dix mille âmes. L'ancienne ville se distingue encore des faubourgs qu'elle s'est annexés par le mode de construction des maisons, qui sont toutes en bois dans l'intérieur de la ville, tandis que celles de l'extérieur sont généralement en terre. Cette différence tient à une ancienne loi locale, qui prescrivait de ne construire à Tananarive que des maisons d'habitation en bois. Quoique cette loi soit aujourd'hui tombée en désuétude, l'usage subsiste, et on continue de bâtir en bois dans la ville haute, tandis que dans les faubourgs on ne voit guère que des maisons en terre.

« Les vrais monuments de l'architecture civile à Tananarive sont, par ordre d'ancienneté : le Palais d'argent, celui de Souaniérane et le grand palais de Ranavalo. Sur le point culminant de la colline, on a disposé deux vastes plates-formes à peu près contiguës, dont les bords sont soutenus par un mur en pierre de taille qui en fait le tour. La plate-forme septentrionale est entourée, en outre, d'une haute et forte palissade sur trois de ses faces, et fermée sur l'autre par un mur à hauteur d'appui. On désigne sous le nom de palais du roi l'ensemble des édifices qu'elle supporte ; le palais de la reine comprend tous les bâtiments construits sur la plate-forme méridionale. »

Souanierane où M. Lambert se proposait d'installer le siège de sa grande compagnie française d'exploitation de Madagascar, est situé à quelque distance de la ville au sommet d'un coteau. Sa vaste plate-forme circulaire est entourée — chose rare en ce pays déboisé — d'une triple rangée d'arbres. Cet immense édifice flanqué de quatre grands pavillons à ses angles et d'un aspect si pittoresque avec sa ceinture de balcons de trois cents mètres de développement est l'œuvre du français Legros. Radama qui était très fier de Souaniérane, voulait en faire la résidence royale ; sa veuve laissa ce palais inachevé, mais bien qu'il soit resté complètement abandonné depuis 1828, il s'est parfaitement conservé en dépit des variations climatériques de cette région où des chaleurs humides succèdent à une sécheresse excessive. On réparerait à peu de frais cet édifice et quelques couches de peinture à l'huile suffiraient pour le mettre à l'abri des ravages atmosphériques.

Le *palais d'Argent* (Tranouvola) où demeurait sous la première reine son fils Rakoto doit son nom aux clous argentés de sa toiture en bardeaux et aux ornements en argent qui garnissent les encadrements des portes et des fenêtres.

Mandra-Kamiadana ou le grand palais de Ranavalo est le monument capital de Tananarive; tout construit en bois, il est d'un aspect grandiose malgré la simplicité de son architecture; sa façade est formée de trois rangs superposés de galeries ouvertes et les colonnes qui soutiennent ces varangues donnent au colossal édifice une légèreté aérienne. La colonne centrale sur laquelle s'appuie la toiture aiguë et tronquée, est un arbre de quarante-cinq mètres de hauteur; sur le dôme qui le couronne un gigantesque vouroun-mahère en cuivre doré déploie fièrement ses ailes sous les plis flottants du drapeau malgache. Le peuple corvéable a dû tirer et transporter des forêts situées à plus de trente lieues de la capitale tous les arbres géants qui sont entrés dans ce palais; aussi, sa construction a coûté, dit-on, la vie à plus de quinze mille hommes.

La haute et vaste terrasse au milieu de laquelle s'élèvent le Grand Palais et la Maison d'Argent est entourée par une palissade de larges pieux, excepté du côté du Nord où se trouve l'entrée principale; celle-ci est défendue par une double rangée de canons flanquant un portail carré et massif. Un large perron en pente très douce conduit à ce petit arc de triomphe en granit surmonté de l'oiseau malgache.

Non loin du Palais Royal qu'entourent du nord au sud les somptueuses demeures des princes et des grands dignitaires du royaume, se trouve le lieu des exécutions. Tananarive, comme la Rome antique, a sa *roche Tarpéienne*. C'est un rocher à pic de 150 mètres d'élévation qui présente vers son tiers supérieur un renflement énorme par delà lequel se continue le précipice. Les condamnés à mort sont précipités dans l'abîme du haut de cette roche; des sagayeurs placés au bas attendent les victimes qu'un hasard providentiel pourrait épargner; si invraisemblable qu'il puisse paraître, ce fait s'est présenté. Le Dr A. Vinson rapporte qu'un jour un supplicié étant tombé sur le talus inférieur, se releva sain et sauf; le malheureux qui n'avait rien à espérer de la clémence de sa souveraine salua fièrement la foule des spectateurs rangés dans la plaine et se précipita dans le reste de l'abîme.

A la base de cette roche Tarpéienne se développe le champ de Mars où se font les manœuvres de l'armée hova. Celle-ci se compose de vingt à vingt-cinq mille hommes dont quelques bataillons possèdent des fusils Remington; le reste est encore armé de notre légendaire fusil à pierre avec baïonnette.

Rien de plus étrange que cette grande réunion d'hommes indisciplinés, ignorants des moindres principes qui font la force d'une troupe régulière quelconque. La plupart des soldats sont revêtus d'un simple pagne, avec le chef couvert d'un shako; d'autres sont habillés soit en soldats de marine français, soit en officiers anglais; il n'est pas rare de voir le même personnage, portant la culotte d'un de nos pioupious avec l'habit rouge éclatant des soldats anglais. Ils adorent par dessus tout notre épaulette de laine et le chapeau anglais empanaché de plumes multicolores.

L'armée hova ne méritera jamais le reproche qu'on fait si souvent à la nôtre depuis la dernière guerre; elle ne pèche point par la pauvreté de ses cadres; les officiers sont presque aussi nombreux que les soldats; dans ce pays où la hiérarchie de toutes les positions sociales est essentiellement militaire, c'est là un fait qui s'explique. Le nombre des grades indique et établit la situation des plus petits comme des plus grands personnages du royaume.

Le grade ou *vounanihitra* (littéralement *fleur d'herbe*), mot que les étrangers ont traduit on ne sait pourquoi par *honneur*, est toujours précédé d'un chiffre dont la valeur numérique correspond à la dignité ou à la fonction. Radama le Grand avait institué douze grades en partant du soldat; celui-ci est premier honneur et se trouve au bas de l'échelle nobiliaire. Ranavalo en a ajouté deux, le treizième et le quatorzième; et son fils, deux autres; si bien que les quatorzièmes honneurs sont devenus seizièmes et le commandant en chef a été nommé dix-septième, c'est-à-dire le premier après le roi. Les princes de la famille royale sont généralement dix-septièmes honneurs; mais il n'est pas rare de voir des enfants en bas âge et étrangers à la famille du souverain, revêtus de grades élevés. Quant au premier vounanihitra, sa condition est misérable; le soldat pendant la paix rend ses armes et ses effets d'habillement pour rentrer dans la vie privée où il ne reçoit aucune allocation soit en argent soit en nature; en campagne, il vit sur le malheureux pays où il se trouve.

Aucun signe apparent et distinctif ne règle toutes ces catégories d'honneurs; chacun s'habille selon son caprice et sa fantaisie; le général qui est quatorzième honneur peut être plus chamarré d'or et de plumes que les premiers ministres.

C'est à la mémoire de l'un de ces derniers qu'a été élevé le plus beau et le plus original de tous les monuments de Madagascar : le magnifique tombeau du plébéien Rainihaire, ministre et favori de la reine Ranavalo, est situé dans la partie nord-ouest de la ville, non loin de celui du grand roi qui occupe un des angles de la plate-forme du palais. Cet édifice, malgré son architecture bizarre, n'est pas moins une véritable œuvre d'art; le monument funéraire de forme carrée et d'une masse imposante, est entouré de galeries dont les arceaux surbaissés sont d'une hardiesse et d'une richesse de détails ornementaux des plus remarquables. Ce monument doit-il être considéré comme l'expression du génie artistique de la race hova?.... On retrouve ce même genre architectural dans quelques demeures somptueuses.

Tananarive dont les édifices se dressent superbement au sommet de la montagne tandis que ses maisons sont suspendues en grappes *pressées* aux flancs de la colline ne revêt ni ne dépouille au lever et au coucher du soleil, comme on pourrait se l'imaginer, aucun manteau de lumière irisée. L'aspect général de cette ville est pittoresque mais sévère : à part les palais qui *seuls* sont peints en blanc, toutes les autres maisons aux toits aigus couverts d'une épaisse couche de papyrus sont de la couleur sombre du bois. Ces hâbitations bâties sur des terrasses artificielles sont très petites et ne renferment qu'une ou deux pièces; celle qui sert de chambre à coucher est simplement tapissée de nattes; si la famille s'accroît, on construit à côté de la demeure principale deux ou trois autres pavillons. Un mur de clôture en terre ou en pierre sèche sépare entre elles toutes les maisons; leur nombre est si considérable qu'elles couvrent la colline sur une étendue de trois kilomètres, descendent de tous côtés sur ses flancs et débordent sa base pour se répandre et former dans la plaine une foule de villages.

Antananarive c'est-à-dire la ville aux mille villages mérite bien son nom; elle ne possède qu'une seule rue extrêmement accidentée et qui la traverse du nord au sud en passant devant le Palais Royal; toutes les autres voies de communication sont des sentiers tortueux et bordés de précipices, des défilés à pente rapide et presque impraticables, en un mot de véritables casse-cou. Aussi de même que les assemblées du peuple, les foires se tiennent au bas de la montagne, dans la plaine qui la borde au sud. Ces foires ont lieu tous les vendredis ; elles amènent à la capitale une si grande foule que la circulation devient impossible; sur le champ de foire où se pressent dix ou douze mille personnes, c'est une cohue impénétrable et durant toute la journée la ville présente une animation et un mouvement extraordinaires.

Le marché journalier ou *bazar* se tient sur une place formée par un élargissement de la crête de la montagne; non loin de là, se trouve le fameux *lac du Serment* par lequel suivant un antique usage, les Hovas jurent dans les circonstances les plus solennelles. Ce serment se fait de la façon suivante : On immole un bœuf sur les bords du lac en le transperçant de plusieurs sagaies qu'on laisse en place dans le corps de l'animal qui est foulé aux pieds avant qu'il ne meure. Alors l'homme qui prononce le serment appelle sur lui, s'il se parjure jamais, toutes les malédictions de Dieu et une mort violente pire encore que celle du bœuf. Puis il avale, pour sceller cet acte solennel et public, quelques gorgées de l'eau du lac. Ce serment rappelle celui que les anciens faisaient par le Styx et l'Achéron ; il n'est ni moins redoutable ni moins sacré. Lors de la mort de sa mère, Radama II se trouva en présence de son cousin Rambousalam qui lui disputa le trône; au lieu de le faire périr, il n'exigea de ce prince, son compétiteur, que le serment du lac. Rambousalam reprit, après l'avoir prononcé, son rang à la cour.

Ce fameux lac n'est point le seul qui existe dans la ville. On rencontre au sommet de cette montagne — chose vraiment remarquable — plusieurs autres petits lacs qui sont alimentés par des fontaines sourdant à travers les parois granitiques de leurs bassins.

Le village militaire que le chef de tribu Andrian-Ampouine avait bâti sur le sommet du rocher planté comme une forteresse inexpugnable au milieu du plateau de l'Ankove, doit à son fils Radama d'être devenu la capitale de Madagascar. Ce prince surmonta tous les obstacles naturels qui s'opposaient au développement de la cité en faisant exécuter des travaux gigantesques tels que le rasement, d'une partie de la montagne pour établir un faubourg. Grâce à Radama le Grand, Tananarive ou la « *Ville aux mille villages* » est aujourd'hui une véritable fourmilière humaine.

CHAPITRE X

LE FONDATEUR DU ROYAUME HOVA

Radama le Grand. — Ses guerres et ses conquêtes. — Sa politique avec les Européens. — Guerre avec la France et alliance avec l'Angleterre. — Constitution du royaume, son organisation politique, militaire et judiciaire. — Le Roi, la Noblesse et le Peuple. — Les premiers ministres et les juges royaux. — La sagaie de justice. — La mort de Radama. — Ses funérailles. — Son tombeau. — Avènement au trone de Ranavalo-Manjaka.

Radama fut un grand roi, un homme d'un véritable génie politique et guerrier; on peut le regarder à juste titre comme le créateur de la puissance des Hovas; il sut conquérir et fonder un royaume. Lorsqu'il succéda à son père en 1810, ce prince n'avait encore que dix-huit ans; il réussit néanmoins par l'habileté de sa conduite tout autant que par le succès de ses armes à s'affermir dans le pouvoir souverain. Bientôt, il sortit de ses États à la tête

TYPES HOVAS.

d'une nombreuse armée, et en moins de quinze années la plupart des petits États qui depuis l'origine des temps se partageaient l'île furent soumis à ses armes. Les Hovas en descendant de leurs montagnes, se montrèrent d'abord sur la côte ouest. Les razzias de bœufs exécutées par les rois du Menabé furent le prétexte de l'intervention de Radama qui après avoir éprouvé une résistance acharnée finit par subjuguer les Sakalaves du Nord.

En poursuivant le cours de ses heureuses expéditions, le jeune conquérant arriva sur les bords de l'Océan Indien où il rencontra les établissements français et les agents de l'Angleterre. Radama accepta l'alliance anglaise et devint l'ennemi de la France. Il sut deviner et exploiter avec une rare habileté politique les sentiments de rivalité jalouse de l'Angleterre contre la France : c'est ainsi qu'il réussit à s'emparer de nos établissements (1), en même temps qu'en échange de l'abolition de la traite des esclaves, il obtenait du gouverneur de l'île Maurice, de l'argent, des armes et des munitions de guerre, des officiers instructeurs pour son armée et des missionnaires pour l'instruction de son peuple.

(1) Voir page 143.

Les soldats de Radama furent organisés et instruits à l'européenne par des Anglais, et la marine britannique reçut à bord de ses bâtiments un certain nombre de jeunes Hovas en qualité de *midshipmen*; d'autres indigènes furent envoyés en Angleterre pour étudier les sciences industrielles et se façonner à la vie civilisée. Les Révérends Jones et Griffith s'établirent à Tananarive avec l'autorisation du roi; ils avaient avec eux comme auxiliaires des ouvriers, chargés d'enseigner la plupart des arts indispensables à la vie sociale. Les deux missionnaires s'empressèrent d'adapter un alphabet et une grammaire à la langue madécasse et d'ouvrir des écoles dans la capitale.

En l'espace de dix ans, quinze mille Tananariviens surent lire et écrire; mille ou quinze cents jeunes gens avaient appris les métiers de forgeron, de tailleur, etc. Aujourd'hui sans parler des livres qui sont distribués à profusion dans tout le royaume, il existe des imprimeries et des journaux à Tananarive; dans ces dernières années, l'instruction est même devenue obligatoire à Madagascar; il est vrai que celle-ci est entièrement entre les mains des Méthodistes anglais et que tous les enfants sont traînés de gré ou de force aux écoles *anglo-hovas*.

Malgré tous les grands avantages qu'il retirait

de son alliance avec l'Angleterre, Radama ne cessait, tout en favorisant l'impulsion civilisatrice des agents anglais, de surveiller leur envahissante activité. Il se défiait de ses alliés (1) tout en s'en servant pour la réalisation de ses vastes projets.

L'amour de la gloire était la passion dominante de ce prince; son amour-propre excessif le rendait très sensible aux éloges mais il plaçait toujours son ambition dans l'accomplissement de grandes œuvres. Aussi les Français à son service le comparaient souvent à Napoléon dont il aimait à se faire raconter l'histoire. Il tenait à orgueil de n'être jamais trompé et il le fut rarement; il y avait en lui un mélange de finesse et de grandeur, toute la ruse du génie malais avec l'élan généreux et enthousiaste des grands cœurs. Gai, vif, aimable, il mêlait à tous les actes de la vie des traits de bienveillance; mais

(1) Les Anglais me comblent, disait-il un jour; dernièrement ils m'engageaient à aller faire un voyage en Angleterre; à présent, ils m'offrent de construire à leurs frais une belle route de calèche de Tamatave à Emerine. Ils prétendent que ce serait un beau spectacle de voir Radama faire caracoler son cheval sur une route unie comme une allée de jardin. C'est possible, mais je sais bien moi, que cette belle route mènerait les habits rouges à Tananarive. Ma puissance est à Emerine; je ne veux pas détruire les forêts et les marécages qui barrent le passage. Si les Européens trouvent un chemin pour aller à Tananarive, tot ou tard la puissance des hovas sera détruite.

accoutumé à dominer dès son jeune âge, il souffrait difficilement les contradictions; alors il devenait violent et même cruel. Doué d'une activité incroyable, il était toujours par voie et par chemin, partant inopinément et surprenant ses officiers par la soudaineté de ses résolutions et la promptitude de ses opérations militaires. Ses sujets l'aimaient avec idolâtrie, et partout sur son passage l'enthousiasme éclatait. Élevé dans les camps au milieu du carnage, il ne lui coûtait pas de verser le sang; il lui arriva plusieurs fois d'ordonner froidement le massacre des prisonniers trop vieux pour être vendus avec profit.

Son règne se passa dans des expéditions guerrières, entreprises contre les Sakalaves révoltés et dans le but de faire des razzias ou de nouvelles conquêtes. Elles ne furent pas toujours heureuses; plus d'une fois, il arriva à ce prince de rentrer pour ainsi dire seul dans sa capitale; son armée, décimée par la maladie ou par la famine, avait péri tout entière dans les grands bois ou dans les déserts de l'intérieur. Une nouvelle levée d'hommes lui rendait une nouvelle armée condamnée parfois au même sort. Parmi tous les rois africains de ce siècle, un seul peut être comparé au conquérant hova : le fameux négus Théodoros qui brava l'Angleterre et ne voulut point survivre à sa défaite, lui ressemble sous plus d'un rapport.

Lorsque Radama mourut à l'âge de trente-huit ans, son empire s'étendait à la moitié de l'île; du fort Dauphin au Cap d'Ambre, et de ce promontoire à la baie de Bombétok; toutes les tribus malgaches reconnaissaient son autorité. Le royaume qu'il avait conquis et fondé n'était pas une de ces créations éphémères qui s'évanouissent à la disparition du conquérant; — il avait donné à son peuple, afin d'assurer son unité et sa puissance nationale une organisation politique, judiciaire et militaire.

Radama le Grand fonda une monarchie absosolue; le souverain hova a droit de vie et de mort sur tous ses sujets qui lui doivent, comme à un Dieu, un respect et une soumission aveugles. Cependant, le roi exerce le pouvoir avec le concours d'un premier ministre et du commandant en chef de l'armée. Celui-ci est le représentant de la Noblesse; le premier est un plébéien et représente les droits du Peuple. C'est ainsi que dans le gouvernement du royaume l'influence de la noblesse hova qui jouit de prérogatives quasi-souveraines, se trouve contrebalancée par le premier ministre, chargé du pouvoir exécutif.

Cette organisation monarchique rappelle celle des diverses républiques aristocratiques de l'Europe; elle devait trouver sa force ou sa faiblesse dans ses moyens d'équilibre. Un premier ministre, audacieux, pouvait devenir le maître du royaume et tenir le souverain en tutelle. C'est ce qui est précisément arrivé au lendemain même de la mort de Radama. A part les quelques années de règne du fils de Ranavalo, le trône a toujours été occupé depuis par des femmes, et le royaume hova, tombé en quenouille, n'a cessé d'être gouverné par les représentants du peuple qui sont de véritables *maires du palais*. Ces chefs véritables du pouvoir ont sous leurs ordres une foule de titulaires sans charge, de ministres sans portefeuille et de généraux sans troupes appartenant les uns et les autres à la classe de la noblesse.

L'aristocratie hova, excessivement fière et jalouse de ses droits, est assez fortement constituée. Après avoir été très remuante et dans un état de guerre et d'anarchie permanent, elle a dû se soumettre entièrement sous les règnes de Radama et de Ranavalo. Les princes (*andrians*) qui ont seuls le droit de s'habiller de rouge, et les seigneurs (*Ra* équivalant à notre *de*) ne peuvent périr par le fer. La petite noblesse jouit du privilège de ne pouvoir être condamnée aux fers ou à la chaîne; elle est exempte de la corvée, mais elle y conduit ses vassaux. Les nobles de ce rang qui appartiennent à l'armée comme simples soldats, ont l'honneur de garder le drapeau et sont exempts de monter la garde; ils ont droit au salut des roturiers même du grade le plus élevé. La formule du salut adressé aux nobles diffère de celle employée pour ceux-là aux premiers, l'on dit : *Portez-vous bien!* aux autres : *Comment vous portez-vous ?*

L'homme noble peut prendre sa femme en dehors de sa caste et même parmi les esclaves; mais les enfants suivent toujours la condition de leur mère. Quant aux femmes nobles qui épousent des roturiers, elles perdent leur rang; déshéritées et répudiées par leurs parents, on leur refuse même une place dans le tombeau de famille.

Les roturiers ne peuvent pas être anoblis par le souverain; ils sont parvenus néanmoins depuis le règne de Ranavalo, à occuper la plupart des plus hautes charges de l'État; quoi qu'il en soit la bourgeoisie n'a ni pouvoir, ni influence.

S'il n'existe pas de classes dans le corps de la bourgeoisie, il y a cependant des familles privilégiées, qui jouissent de fonctions ou de privilèges héréditaires; c'est ainsi que la charge de premier ministre est devenue l'apanage de quelques familles plébéiennes; il en est d'autres dont les membres ne peuvent être condamnés à mort, mais on les exile dans les endroits les plus malsains de l'île. Les roturières ne peuvent aller en filanzanes que dans les enterrements ou en cas de maladie; c'est encore là un des privilèges de la noblesse dont les femmes ne sortent jamais à pied et portent, comme marque de distinction, des bracelets de corail aux jambes; tout le monde, sans même excepter les esclaves, peut avoir des ornements de corail aux bras et au cou; mais le roi, la reine et leurs enfants ont seuls le droit d'en avoir sur la tête ou dans les cheveux.

Les femmes hovas dont quelques-unes sont extrêmement jolies, ont abandonné leur costume national qui faisait ressortir les formes élégantes de leurs corps sveltes et gracieux pour s'habiller à l'européenne; sous ce déguisement de mauvais goût, elles conservent, il est vrai, leur physionomie pleine de finesse et de douceur; mais c'est un spectacle grotesque que de voir les élégantes de Tananarive et les dames de la cour affublées avec une coquetterie ridicule de crinolines et de robes à queue. Et peu leur importe que la peau passe entre la jupe et le corsage.

La coiffure seule n'a pas encore changé; toutes les femmes de Madagascar nattent leurs cheveux en une multitude de petites tresses déliées qu'elles roulent en petits globes symétriquement disposés sur toute la tête; dans certaines provinces, ces petites boules de cheveux sont blanchies à l'aide de graisse figée, si bien que de loin les femmes paraissent couronnées de roses blanches.

A la mort du souverain, le peuple hova tout entier prend le deuil; pendant sa durée qui est de douze mois, non seulement les amusements sont interdits, mais il est défendu de se coucher dans des lits, de se regarder dans les glaces, etc., etc. A l'exception du roi et de sept personnes qu'il désigne, tout le monde est obligé de se faire raser la tête. A la mort de Ranavalo, plusieurs femmes ne pouvant se résoudre à la perte de leurs belles chevelures, offrirent des sommes considérables à l'État pour se racheter de cette coutume; la loi fut inexorable et les juges surent résister à toutes les corruptions.

Les hommes partagent l'engouement du beau sexe pour le costume européen; sous nos vêtements, les Hovas ressemblent à des mannequins, tandis que drapés gracieusement dans leurs lambas, ces petits hommes au corps grêle, souple et nerveux, aux traits fins et réguliers, à la mine éveillée et pleine de ruse, ne laissent pas que d'avoir un grand cachet d'originalité. Les uns ont un pantalon et pas d'habit, d'autres une veste sans pantalon. Ceux qui ont l'un et l'autre ne savent pas les porter, et les officiers eux-mêmes dans leurs brillants costumes chamarrés de broderies d'or et d'argent, ressemblent à des saltimbanques.

Le costume national se compose du *sadik* (pagne enroulé autour des reins) et du *lamba* auxquels les femmes ajoutent parfois un *canezou* ou corsage de corps boutonné exactement en avant; il n'est plus porté que par les gens du peuple et les esclaves. Aussi bien ceux-ci se coiffent quands ils le peuvent faire de chapeaux de paille, de casquettes ou de képis.

De toutes les institutions établies par Radama le Grand, la justice est la seule qui présente une organisation sérieuse et un fonctionnement régulier. Elle se rend dans toute l'étendue du royaume au nom du souverain et par ses seuls agents : — les *andrian-ambavanti*. Ces délégués royaux sont des sortes de juges de paix qui rendent leurs jugements de vive voix et sur la place publique; dans les cas graves, leurs décisions doivent être sanctionnées par le prince.

Les nobles n'ont plus le droit de rendre la justice sur leurs fiefs ou *Mena-Kéli* (terre petite) par opposition aux terres du domaine royal (*Tananarive, Ambouhimanga, Soualsimanampiouvane*) qu'on désigne sous le nom de *Ména-Bé* (Grande-Terre). Les seigneurs des Mena-Kéli qui partagent avec le roi la dîme que payent leurs vassaux, n'interviennent dans les affaires de leurs tenanciers que comme conciliateurs.

Tous les marchés se font de même en présence des andrian-ambaventi ; pour que ces transactions deviennent obligatoires il faut offrir au roi ou au magistrat le *hasina* (pièce d'argent) ; la partie la plus intéressée se hâte de payer ce droit pour ne pas laisser à l'autre le temps de revenir sur le marché ou d'attaquer la sentence.

Mais comme la législation ne repose que sur un mélange confus de coutumes et d'usages souvent contradictoires, elle laisse malheureusement une part énorme à l'arbitraire et à la cupidité des juges.

Lorsqu'un Hova a quelque contestation grave avec un autre indigène, ou bien quelque crime à dénoncer, il demande au juge la zagaie *tsitia lenga* (qui n'aime pas le mensonge). Cette zagaie en argent ne se déplace qu'avec l'autorisation du souverain ou du premier ministre ; trois personnes vont la chercher et la plantent devant la porte de l'accusé ; alors le principal des trois porteurs fait connaître à celui-ci le jour où il aura à se présenter devant les juges si le délit est médiocre ; si l'accusation est grave, on le garrotte et on l'emmène sur-le-champ.

L'épreuve judiciaire du tanghing dont nous avons parlé précédemment avait été aboli par Radama ; sa veuve s'empressa de la rétablir aussitôt après la mort de ce prince que tous les auteurs ont fait mourir des suites de ses débauches et de son ivrognerie. Cette fin du conquérant hova ressemble en vérité par trop à celle du conquérant macédonien pour ne pas exciter l'incrédulité... Radama, dans toute l'activité de son génie, fut arrêté au milieu de ses succès et de ses triomphes par Ranavalo : la vieille épouse délaissée se vengea de l'abandon et des dédains du roi en le faisant périr par le poison, comme l'établit M. Voïart (1) dans cette étude historique :

« Rhadama, fils d'Andrianampoïna et de Rabolamassoandro, avait à peine dix-huit ans, à l'époque où il fut appelé au pouvoir. Intelligent et brave, il fut aussi général habile et fit de très importantes conquêtes. Sous ses ordres, les Hovas furent presque toujours victorieux, et remportèrent notamment de grands avantages sur les Sakalaves, leurs ennemis les plus redoutables.

Mais Rhadama fut, au moment où sa puissance paraissait le mieux affermie, subitement atteint d'une maladie à laquelle il succomba après

---

(1) Documents historiques sur Madagascar, dans le *Bulletin de la Société des sciences et des arts* de l'Ile de la Réunion, 1861.

six ou sept mois d'affreuses souffrances. Il n'avait que trente-sept ans.

« Cette mort prématurée, que tout porte à faire considérer comme le résultat d'un crime, avait lieu à Tananarive, le 24 juillet 1828, et ce ne fut que le 11 août suivant que la fatale nouvelle fut rendue publique; elle jeta la population dans la plus profonde douleur, car Rhadama était adoré. La ville de Tananarive prit un aspect lugubre; c'était partout des larmes et des gémissements. Suivant un ancien usage, hommes, femmes et enfants de tous les rangs se rasèrent la tête en signe de désespoir et de deuil.

« Le 11 août, dès la pointe du jour, on commença à tirer des coups de canon, de demi-minute en demi-minute; ils ne cessèrent qu'à onze heures du soir. Le lendemain, 12, les forts et les batteries, imités par l'infanterie, firent des salves de demi-heure en demi-heure, depuis le lever du soleil jusqu'à minuit.

« L'enceinte du palais fut tapissée, extérieurement et intérieurement, de draperies bleues et blanches. Depuis la porte Ouest de Bessakane (le second palais), jusqu'au bas de l'escalier de Tranouvola (la maison d'argent), le chemin était couvert de drap noir, et bordé d'une double haie de soldats dans une très belle tenue de deuil, avec les fusils renversés. Les cris des troupes se succédaient sans relâche, et couvraient la musique militaire qui, revêtue de crêpes funèbres, se tenait près de l'escalier de Tranouvola. Dans l'intérieur et aux alentours du palais, se pressait une foule immense, donnant des signes du plus violent chagrin. A chaque instant, des cris étouffés et des plaintes touchantes se faisaient entendre.

« Vers onze heures du matin, les restes mortels de Rhadama, renfermés dans un cercueil de bois précieux, couvert d'un velours cramoisi à franges et à glands d'or, furent portés, par soixante officiers supérieurs, dans une des salles de Bessakane où ils devaient rester jusqu'au lendemain. Le major général Brady, le prince et général Corroller, M. Louis Gros, commandant en chef des ateliers royaux et le Révérend David Jones, missionnaire, portaient les coins du drap. Le peuple suivait en silence le cortège funèbre. La musique militaire exécutait les airs les plus tristes, souvent interrompus par des gémissements et des cris de désolation, car ce roi détrôné par la mort était, comme je l'ai dit, adoré de ses sujets. Et, comme si la nature avait voulu s'associer à cette immense douleur, le ciel était couvert d'obscurs nuages.

« Le palais de Bessakane était revêtu d'étoffes de soie du pays, de diverses couleurs et à rayures tranchantes. On laissa une division militaire pour la garde du corps pendant la nuit, et l'on congédia la foule. Les maisons et les boutiques de Tananarive avaient été fermées, les marchés étaient déserts et les travaux suspendus.

« Le lendemain, 13 août, les missionnaires, aidés de quelques autres Européens, transportèrent le cercueil de Bessakane à Tranouvola, au grand regret des juges du pays qui avaient vainement réclamé cet honneur. Pendant le trajet, les cris et les larmes du peuple éclatèrent de nouveau.

« On avait préparé, dans la cour de Tranouvola, un magnifique catafalque auquel on arrivait par deux escaliers. Il était entouré d'une balustrade formée de colonnes et de lances dorées; au-dessus s'étendait une tente de drap écarlate, ornée à l'intérieur et à l'extérieur de franges et de larges galons d'or. Des lampes sépulcrales en argent reposaient sur les colonnes, de nombreux flambeaux dorés et de très beaux lustres étaient chargés de bougies.

« Sous la voûte, se tenait la famille royale, livrée à la plus amère douleur. Ranavalo seule manquait à cette réunion.

« Des jeunes filles, vêtues de robes blanches et portant des ceintures noires, entouraient le cercueil et agitaient sans relâche de larges éventails. Non loin de là, de nombreux ouvriers travaillaient à l'achèvement du tombeau.

« Vers quatre heures, tout était terminé. On commença, suivant l'usage madécasse, par renfermer dans la tombe divers objets précieux : des vases d'or, de la vaisselle plate, en or, en vermeil et en argent, des vases de cristal et de porcelaine; des armes de toute espèce, les plus magnifiques possible; des pendules et des montres; des tabatières et des chaînes d'or; des bagues et des épingles en diamant et des bijoux variés; des malles pleines des habits les plus riches et du linge le plus fin; des chapeaux militaires avec leur plumet; enfin, des portraits peints à l'huile, notamment ceux de Louis XIV, de Frédéric le Grand, de Georges IV et de Napoléon Ier, ainsi qu'une foule d'autres tableaux et gravures. A ces divers objets, on ajouta une somme d'environ 750,000 francs en lingots et en monnaies d'or et d'argent. 14,000 piastres d'Espagne avaient été employées à fabriquer un cercueil d'argent, de huit pieds de longueur sur quatre et demi de largeur et de hauteur. On sacrifia aussi aux mânes du roi six des plus beaux chevaux de ses écuries et 20,020 bœufs. Le tout représentait une valeur de plus de 1,600,000 francs.

« A six heures du soir, le corps du roi, enveloppé de plusieurs tours d'une étoffe de soie appelée *kachena,* fut tiré du cercueil de bois et transporté dans le cercueil d'argent, placé d'avance dans le tombeau. Ce cercueil fut scellé et le tombeau fermé au moyen de pierres de taille préparées d'avance. On avait préalablement brûlé le cercueil de bois et jeté ses cendres dans l'intérieur.

« Le tombeau de Rhadama est situé au nord de la cour de Tranouvola; il couvre une superficie de 25 à 30 pieds carrés, avec une élévation de 8 pieds, qui forme terrasse. Sur cette terrasse a été construite une charmante petite maison à l'européenne, avec galerie ouverte tout autour. Une belle glace a été placée à demeure sur chaque façade; la porte d'entrée est à l'est. L'intérieur a été tapissé avec la tente de drap écarlate qui surmontait le catafalque, et qui forme le dôme.

« Un lit de parade occupait le milieu; il était garni d'un matelas et d'un oreiller couverts de soie rouge et ornés de franges et de galons d'or. Quelques chaises, une jolie table supportant deux pots à eau avec leurs cuvettes, l'un en porcelaine de Sèvres, l'autre en cristal, et des portraits de grands hommes complétaient l'ameublement.

« Aucun monument semblable n'avait encore été élevé à Madagascar. Il était dû à M. Gros, ancien militaire français, commandant en chef des ateliers du roi Rhadama. Il avait précédemment construit pour le roi un palais qui n'aurait pas été déplacé dans la capitale d'un État européen.

« Une inscription en langue ambaniandrou ou hova, avait été poinçonnée sur le cercueil d'argent.

« Les tentures funèbres dont le palais avait été couvert, ne furent enlevées que le 25 septembre, c'est-à-dire, deux mois après la mort de Rhadama.

« Cette mort inattendue fut-elle naturelle? Il est permis d'en douter d'après la nature de la maladie. Mais Rhadama avait irrité des passions haineuses. D'une part, la farouche Ranavalo qui vieillissait, voyait avec une sombre jalousie le roi la négliger. D'un autre côté, les Sikidis (prêtres ou devins) sentaient avec une rage mal contenue leur influence leur échapper, par suite de la haute protection accordée aux missionnaires chrétiens.

« Ces mauvaises passions ont-elles agi isolément? Se sont-elles unies pour la vengeance? Cette dernière hypothèse est la plus vraisemblable, puisqu'on vit Ranavalo s'empresser de s'entourer des Sikidis, aussitôt après son avènement au trône.

« Cependant, plusieurs compétiteurs s'étaient présentés ; mais, grâce aux démarches et aux intrigues du premier ministre Raïnimahay, Ranavalo fut proclamée reine. Elle avait alors quarante-six ans.

« Rhadama, homme d'une intelligence supérieure et d'une grande énergie, aspirait à faire entrer Madagascar dans la voie de la civilisation. Il tenait surtout à détruire la superstition, et c'est par ce motif qu'il avait accueilli avec empressement et faveur les missionnaires chrétiens. Il aimait les Français et se défiait de l'Angleterre. Il aurait sans doute fait de grandes choses, si sa carrière n'avait été brisée au moment où il se préparait à modifier profondément l'organisation sociale de la grande île.

« Deux jours avant sa mort, il avait fait fusiller deux colonels; le premier avait été convaincu d'avoir volé l'État; le second avait assassiné une esclave du roi avec laquelle il vivait secrètement.

« Le roi avait aussi disgracié un grand nombre d'officiers coupables d'exactions et de concussions.

« Rhadama avait près de lui deux Français qu'il a comblés d'honneurs, et l'un d'eux cependant était peu digne de ces faveurs. Cet homme, nommé Robin, était un ancien sergent d'infanterie. Il connaissait parfaitement la langue malgache et ce fut la première cause de sa fortune. Le roi, désireux d'apprendre le français, accueillit Robin avec empressement et l'employa d'abord comme interprète. Il le nomma bientôt général, douzième honneur, et enfin maréchal-gouverneur du palais (ampana-paka). J'ai vu Robin ici, en 1830; c'était un homme très commun, très borné, et qui avait plus d'astuce que d'intelligence.

« Le second, M. Louis Gros, officier en retraite, était aussi honorable qu'intelligent. Chargé de la direction de tous les travaux, il fit preuve d'habileté et de talent, notamment en édifiant un très beau palais à la place Youma, près de Tananarive.

« La mort du roi fut un événement fatal à ces deux Français. Robin, alors gouverneur de Tamatave, fut appelé par un ordre exprès de la cour; accusé d'avoir dilapidé les revenus de la douane de Tamatave, il fut interrogé par des juges du pays. L'enquête terminée, il fut déclaré coupable et banni à perpétuité de Madagascar, sous peine de mort s'il y revenait jamais. Mais les déprédations reprochées à Robin ne sont pas les seules causes de sa disgrâce. La population était irritée contre lui, parce que, à diverses reprises, lui, ancien soldat du premier empire, il avait proféré des injures grossières contre la famille royale de France. C'était un crime chez les Malgaches qui respectent leur souverain à l'égal de la divinité, et qui, dans leurs serments, invoquent indifféremment le nom de l'un ou de l'autre. Si un Malgache osait injurier un membre de la famille du roi, il était aussitôt sagayé, et son corps était jeté aux animaux.

« Sans la protection toute spéciale de Rhadama, les Hovas auraient souvent maltraité Robin. Et cependant, le roi lui-même avait peu d'estime pour lui, car il dit un jour, en présence de plusieurs personnes, qu'avec de l'argent, on ferait tout ce qu'on voudrait de cet homme. Mais Rhadama avait besoin de lui, et il voulait se l'attacher par des bienfaits.

« M. Louis Gros n'avait encouru aucun reproche; mais il avait commis le crime de réclamer à la reine Ranavalo ce qui lui était dû pour la construction du palais du roi! Quelques jours après la mort de Rhadama (les 31 août et 1er septembre), plus de soixante personnes, parmi lesquelles se trouvaient des ministres et des officiers de la reine, se rendirent chez M. Gros et lui firent d'horribles menaces. On lui remit une somme à peine suffisante pour payer ses ouvriers et on lui arracha l'acte revêtu de la signature de Rhadama, dans lequel ses droits étaient établis. M. Gros n'a jamais pu obtenir justice; cependant on ne prit contre lui aucune mesure de rigueur, parce qu'il était généralement aimé et estimé.

« Ranavalo eut de puissantes oppositions à vaincre pour monter au trône; et, à peine y fut-elle assise, qu'elle signala son avènement par des actes de barbarie.

« Ramanétraka, cousin de Rhadama, envoya une protestation à la reine; il lui reprochait d'être une usurpatrice, et s'engageait à prouver, par des pièces authentiques, que Rhadama l'avait désigné pour son successeur, à la condition que le prince Rakotobé, fils de Ratefsi, épouserait la princesse Rakéta, fille légitime du roi et de sa femme favorite Ratsalimou, et monterait au trône après Ramanétraka.

« Rakotobé et Ramanétraka avaient chacun leurs partisans; Ranavalo, en arrivant au pouvoir, poursuivit ces derniers sans relâche, et, dès le début, quatre officiers supérieurs qui avaient été attachés à la personne de Rhadama et qui voulaient seconder ses intentions, furent sabrés avec la plus grande cruauté. Tous ceux qui avaient eu avec le roi des liens de parenté ou d'affection, furent l'objet des vengeances de Ranavalo et des Sikidis, ses premiers conseillers.

« Rakotobé, fils de Ratefsi et neveu de Rhadama, Ravalatsalama, frère de Ramananalona, gouverneur du Fort-Dauphin, Andrianilané, oncle du roi, furent assassinés clandestinement.

« Rabolamassoandro, mère de Rhadama, fut, avec une de ses filles, nommée Ratsiadola, exilée à perpétuité dans un lieu malsain et affreux. La vieille reine-mère, en proie à la plus vive douleur, buvait de l'eau corrompue pour chercher à se donner la mort, et demandait à grands cris qu'on la tuât pour qu'elle pût aller rejoindre son fils bien-aimé. On la laissa dans son exil où elle languit peu de temps.

« Les biens des personnes condamnées à mort ou à l'exil, étaient confisqués au profit de la reine. On trouva chez la reine-mère 60,000 piastres d'Espagne et plusieurs jarres remplies de petites monnaies.

« Le prince Ratsimandresy, frère de Rhadama, fut sagayé avec six de ses officiers. Après s'être entendu avec son beau-père Ramanétraka, il se trouvait à la tête d'un parti considérable et se préparait à donner le Vakoko à ses partisans. Le Vakoko était un breuvage composé d'eau et d'un peu de terre du tombeau d'Andrianampoïna, père de Rhadama. On le prenait en prêtant serment de fidélité.

« Si Ratsimandresy n'eût pas été trahi et dénoncé, il y a lieu de croire qu'il aurait détrôné Ranavalo.

« Ramanétraka, allié du roi des îles Comores, était gouverneur de Bombétok ou Pombétok, au moment de la mort de Rhadama. C'est de là qu'il envoya sa protestation à la reine. Mais en apprenant les cruautés commises par Ranavalo, il prit la fuite et gagna les Comores. Il fit embarquer ses partisans et ses esclaves sur plusieurs daos (bâtiments arabes), et s'embarqua lui-même sur un brig américain, alors mouillé à Bombétok ; il emmenait ses femmes et emportait ses richesses, ainsi que des armes et de la poudre. Il laissait près de 30,000 bœufs dont la reine s'empara.

« Corroller, prince des Bétanimènes, et l'un des généraux favoris de Rhadama, sut se mettre à l'abri de la fureur de la reine, en se tenant en dehors de tous les partis, et en se renfermant chez lui. Corroller était d'origine européenne par son grand-père maternel. Il vint à Bourbon en même temps que Robin. C'était alors un homme d'environ trente-cinq ans, de taille moyenne et bien prise, le teint clair, les cheveux soyeux. Son regard vif et profond indiquait la sagacité et la prudence. Il portait un uniforme de général, bleu de ciel, avec de grosses épaulettes anglaises et une profusion de galons et de broderies d'or. Corroller avait reçu quelque éducation ; on en peut juger par cet extrait d'une lettre qu'il écrivait, en français, à M. Dayot, notre résident à Madagacar.

« Douce modestie, divine vertu, vous avez con-
« duit et vous conduirez toujours les pas du prince
« des Bétanimènes, qu'il soit oublié et ignoré, ou

« qu'il arrive au faîte des grandeurs. Comme un
« Lacédémonien, il veut toujours avoir l'esprit
« libre et content. Il se moque des jaloux, ces
« atomes qui, par trop d'éclat, s'éteignent dans la
« poussière.

« Sa Majesté m'accable de ses caresses; c'est
« sans doute de peur que les Bétanimènes, et les
« Betsimsaras dont Bérora, mon cousin, est le
« chef, ne prennent les armes sur la frontière de la
« province d'Emyrne, à l'exemple de Ramitra, roi
« des Sakalaves. La reine n'a rien à craindre de
« mon influence personnelle; je suis maître des
« Bétanimènes et je saurai contenir Bérora et ses
« Betsimsaras. Je ne veux pas que Madagascar
« soit livré aux factions, et je mourrai sous ses
« débris, si je ne puis conserver son unité sous le
« drapeau de Tananarive. Ce ne sont point les rois
« ou les reines que je sers, mais ma patrie, la
« patrie de mes aïeux. »

« Le vieux Ramitra, roi des Sakalaves, tant de
fois vaincu par Rhadama, était sorti alors de sa
retraite avec ses frères; ils soulevèrent toutes les
populations de la partie ouest en leur rappelant
que les Sakalaves avaient été les maîtres des
Hovas. Il défit complètement le général hova Ramambra qu'on avait expédié contre lui. Ramambra
s'enfuit à Tananarive avec les débris de ses trou-

pes. A peine put-on alors réunir 500 hommes qu'on envoya sous les ordres d'un colonel, mais qui n'eurent aucun engagement avec l'ennemi. Ramitra ne poussa pas plus loin ses succès.

« Une maladie épidémique décimait l'armée et diminuait ainsi les forces de Ranavalo, et cette reine improvisée, qui ne se voyait pas accueillie favorablement par le peuple, disait à quelques familiers : « Le trône de Madagascar a toujours « été très glissant. On court de grands risques en « y montant, car autour de la couronne se dresse « une autre couronne de sagaies menaçantes. »

« Sa demeure, entourée d'une triple enceinte, était gardée jour et nuit par une foule nombreuse, composée de ses partisans et de ses esclaves, car elle sentait combien sa position était précaire, et le ministre Raïnimahay lui-même regrettait de l'avoir fait arriver au pouvoir.

« Le prince Ramananalona, gouverneur de Fort-Dauphin, et l'un des prétendants à la couronne, envoya un défi à la reine et se mit à la tête des populations du Sud, avec les princes Rabéfancia et Rabfarantza, mais ils se bornèrent à cette démonstration.

« Cependant le prince Ratefsi, général en chef, ambitionnait aussi le trône. Il était au village de Nocéarivo, à quelques milles de Tananarive ; la reine le fit arrêter et conduire au village d'Ambatomanga, plus rapproché de la capitale. Il était accompagné de sa femme, Rabodossoandro, sœur de Rhadama. Elle avait été, six mois avant, condamnée par son frère à un exil à perpétuité, à Vouhiboïso, pour avoir eu des relations adultères avec un esclave du roi, et l'esclave avait été brûlé vif.

« Rabodossoandro fut renvoyée au lieu de son exil, avec menace de mort pour le cas où elle le quitterait; la même peine devait atteindre toute personne qui aurait des communications avec elle. La malheureuse princesse put à peine obtenir d'emmener trois femmes pour la servir.

« Après son départ, on fit un crime à Ratefsi d'avoir arraché sa femme à l'exil, et surtout d'avoir quitté le poste militaire qui lui avait été confié, sans un ordre spécial de la reine. On lui demanda quelles étaient ses intentions en se dirigeant sur Tananarive. Il répondit qu'il n'avait eu d'autre but que de prêter foi et hommage à la reine, et que c'est par ce motif qu'il avait voulu être accompagné de sa femme.

« Les juges devant lesquels il eut à comparaître et qui avaient arrêté d'avance sa condamnation, pour obéir aux ordres de Ranavalo, se firent un plaisir de lui rappeler que c'était lui, Ratefsi, qui, avec les princes Ramanétraka, Ramananalona et Ragatovy, avait fait adopter le supplice du feu par Rhadama. Il était condamné à être brûlé vif.

« Cependant la reine lui accorda la faveur d'en appeler au jugement du peuple. Mais des agents nombreux se répandirent aussitôt de tous côtés pour accuser Ratefsi de s'être entendu avec Ramanétraka, Ramananalona et plusieurs autres chefs, pour bouleverser le pays et s'emparer du trône. Le peuple confirma la sentence des premiers juges; cependant la reine commua la peine : Ratefsi dut être sagayé. En voyant s'approcher le bourreau, il leva le bras gauche et lui dit : Frappe! Le coup était mortel, et pourtant le bourreau le frappa plusieurs fois encore de sa sagaie.

« Ratefsi, aimé des indigènes et des Européens, fut généralement regretté.

« Il ne restait plus de prétendants redoutables. La fille de Rhadama, la princesse Rakéta, fut confinée dans un coin du palais avec sa mère Ratsalimou et la princesse Ramarouvélou, sœur du roi. Le moindre prétexte pouvait amener une condamnation contre elles.

« Ranavalo l'emportait; mais, elle dut le reconnaître, elle n'avait ni l'affection, ni les sympathies du peuple.

« Vers la fin du deuil du roi, au mois de novembre, toutes les personnes attachées à la cour et les habitants de la ville se rasèrent encore la tête.

« Un dimanche, Ranavalo sortit pour la première fois du palais et se rendit en grande pompe au bassin Mandrasay pour prendre un bain. C'était à l'occasion de la fête annuelle et nationale de la purification. La reine devait ensuite paraître devant le peuple et s'asseoir sur la *roche sacrée*. Cette cérémonie eut lieu; mais le peuple fit à peine entendre quelques acclamations.

« Tananarive, depuis les nombreuses et sanglantes exécutions qui avaient marqué l'avènement de Ranavalo, était plongé dans une sombre consternation. On songeait aux prétendants du Sud qui n'avaient pas été atteints; une révolution pouvait éclater. La reine comprit le danger de sa position; aussitôt elle éloigna d'elle les Sikidis dont les conseils l'avaient jetée dans cette voie de violences et de cruautés. Raïnimahay lui-même, à qui elle devait le trône, fut remplacé ainsi que tous les agents et officiers dont elle s'était entourée au premier moment. Plusieurs chefs qui avaient été faits prisonniers de guerre par Rhadama, furent retenus; mais les autres princes, non Hovas, furent comblés de bienfaits et renvoyés dans leurs provinces respectives après avoir prêté serment d'allégeance.

« Ranavalo se hâta aussi de réorganiser l'armée dont elle porta l'effectif à 30,000 hommes. Tous ne furent pas immédiatement enrégimentés; les deux tiers, habitants et cultivateurs de la province d'Emyrne, furent choisis et désignés avec injonction de se tenir prêts à prendre les armes au premier appel. L'autre tiers, composé des plus beaux hommes et des plus robustes, fut discipliné militairement, par des instructeurs placés dans chaque compagnie et pris parmi les vieux soldats de Rhadama.

« Mais des troupes dans ces conditions, sans solde et sans vivres assurés, offraient peu de garanties, et elles se livraient partout au vol et au pillage. La crainte d'être sagayé ou brûlé vif était le seul frein qui arrêtât.

« Enfin, suffisait-il d'avoir des soldats? Il fallait aussi des chefs. Ranavalo avait sacrifié à ses haines et à ses craintes tous les hommes éminents qui lui portaient ombrage ; il ne lui restait d'autres généraux que le prince des Bétanimènes, Corroller, et un certain Brady, soldat anglais envoyé naguère à Rhadama par lord Farquhar, gouverneur de Maurice, et devenu major-général. La reine choisit de nouveaux chefs parmi les jeunes officiers et les chargea d'organiser l'état-major.

« Ranavalo put ainsi se prémunir contre les dangers qui la menaçaient. La tranquillité se rétablit peu à peu. Elle avait dès le mois de décembre, envoyé des troupes dans les provinces du Sud pour les opposer aux princes Ramananalona, Rabéfancia et Rabéfarantza ; ils furent défaits et soumis assez promptement.

« Tels ont été les débuts d'un règne qui a déjà duré trente-trois ans, et a été souvent marqué par des actes de spoliation et de barbarie. Mais quels que soient les fautes et les crimes qu'on ait à reprocher à cette noire Catherine II, on ne peut lui refuser quelques qualités : une volonté inflexible et une grande énergie.

« Qu'on me pardonne de terminer en reproduisant une lettre écrite de la main de cette royale négresse.

« M. Dayot, curateur aux biens vacants et résident français à Madagascar, homme honorable et généralement estimé, avait été accusé par le maréchal Robin d'avoir provoqué sa disgrâce et d'avoir cherché à favoriser les agents de l'Angleterre au détriment du pavillon français. M. Dayot ne voulant pas rester sous le coup de ces odieuses calomnies, en appela au témoignage des personnages le plus haut placés, et même à celui de Ranavalo.

« Voici la réponse que lui fit la Reine.

« A Monsieur Dayot (1).

« Tananarive, novembre 21, 1828.

« Moi, Ranavalo-Manjaka, souhaite la santé à
« Dayot.

« J'ai reçu ton papier; aie confiance; une chose
« que tu n'as pas faite ne peut te nuire. Voici des
« papiers pour être montrés aux Français, papiers
« qui leur diront pourquoi j'ai chassé Robin.

« Bonjour à toi, Monsieur Dayot, ne sois pas
« chagrin pour si peu de chose.

« Moi, Mère à toi,

« RANAVALO-MANJAKA. »

(1) Cette lettre est traduite mot à mot de l'original hova.

CHAPITRE XI

LES SUCCESSEURS DE RADAMA-LE-GRAND.

Règne de Ranavalo-Manjaka. — Adrian-Mihaza, favori et premier ministre. — Révolte des peuples sakalaves et guerre avec la France. — Expulsion des missionnaires anglais. — Réaction contre les idées européennes et persécutions religieuses. — Rainihairo et Rainizaire, premiers ministres de la reine.— Une opération chirurgicale à Tananarive. — M. Lambert et le Prince Royal. — Mission de M. Lambert à Paris et son retour à Emyrne (1857). —Avortement de la conspiration Lambert-Rakoto. — Mort de Ranavalo. — Avènement de Radama II. — Réformes radicales. — Reconnaissance du roi hova par la France et l'Angleterre. — Son couronnement. — Le traité d'alliance avec la France et la charte Lambert. — Départ des missions étrangères. — Illusions et déceptions. —La révolution de Tananarive. — Meurtre de Radama II. — Avènement de la reine Rasoherina. — Rupture avec la France. — Négociations et reprise des relations amicales.—L'indemnité hova.— Avènement de Ranavalo-Manjaka II. — La cérémonie du couronnement. — La Révolution religieuse de Madagascar. —Les RR .Méthodistes et la bastonnade. — Prépotence de l'Angleterre et ruine de l'influence française. — Conduite du gouvernement hova envers les Français. — Projets d'occupation de l'Angleterre. — La France plante son drapeau à Majunka sur la côte ouest et à Tamatave sur la côte est.

Ranavalo-Manjaka s'était ouvert le chemin du trône par l'assassinat du roi son époux ; elle inaugura son long règne par le meurtre et la terreur ; elle l'acheva, comme elle l'avait commencé, dans le sang.

Cette reine était une incarnation du génie sanguinaire de la race malaise. Après avoir anéanti la famille de Radama par le fer et le poison, elle fit périr plus de cent cinquante mille personnes au cours d'un long règne souillé par toutes sortes de débauches et marqué par des actes d'une barbarie révoltante ; à l'évocation de son nom, resté dans la mémoire de tous, le peuple malgache frémit encore et tremble au souvenir des caprices et des jeux sanguinaires de leur vieille souveraine. Un jour cette femme abominable ordonna à tous ses sujets de faire une confession publique de leurs fautes. Elle promit la vie et le pardon à ceux qui avoueraient leurs méfaits ; quant aux autres, ils devaient s'attendre à mourir dans les plus affreux supplices si on parvenait dans la suite à découvrir leur culpabilité.

Quinze cents malheureux, effrayés de ces terribles menaces, avouèrent, qui d'avoir dérobé ceci ou cela, qui d'être descendus au rivage sans permission, etc., etc. Ranavalo en gracia quatre-vingts au hasard, et les quatorze cent vingt autres furent chargés de chaînes et accouplés dix par dix. Condamnés aux travaux les plus pénibles, au défrichement des forêts et au transport des bois, ils ne tardèrent pas à périr. Quand l'un de ces infortunés succombait, sa chaîne continuait à être traînée par ses compagnons, et ainsi de suite jusqu'au dernier survivant. La mort, moins cruelle que ce monstre couronné abrégea le supplice de ces malheureux.

Actuellement on met encore à la chaîne, mais on n'accouple plus. Les chaînes passent autour du cou et viennent se croiser sur la poitrine pour s'attacher à une ceinture de fer appliquée autour des reins ; elles en repartent et descendent le long des jambes jusqu'aux pieds où elles sont rivées à un anneau.

D'autres fois, les fantaisies cruelles de Ranavalo s'exerçaient dans son entourage ; sous un prétexte futile, elle faisait mettre à mort quelques-uns des hauts dignitaires du royaume ; ou bien elle condamnait les princes même de sa famille et leurs esclaves à l'épreuve du tanghing, en les accusant de quelque complot imaginaire contre sa vie.

L'épreuve du tanghing (1) permit à cette femme cruelle d'assouvir facilement toutes ses haines personnelles et politiques; elle fut pour ainsi dire

« (1) Le plus grand crime, celui dont les indigènes s'accusent le plus souvent entre eux, écrit M. Barbié du Bocage, est la sorcellerie. Qu'un Malgache en veuille à un autre, il le flétrit aussitôt du nom de sorcier, et le malheureux est traduit devant le juge ou bourreau. Pour prouver qu'il n'est pas sorcier, il est forcé de boire la terrible liqueur : si son estomac rejette le poison, il est déclaré innocent, et en est quitte pour de très violentes douleurs, dont une grave maladie ou l'imbécillité sont la suite presque inévitable ; dans le cas contraire, il est déclaré coupable, et on le laisse périr misérablement.

« On peut surtout se faire une idée de cette épouvantable justice, et des désastres qui en sont la suite, quand on sait que la dose de poison que doit avaler le patient est entièrement à la discrétion du juge, et que ce dernier partage avec le délateur et le chef du gouvernement hova les biens de la victime, si elle est reconnue coupable, c'est-à-dire si elle meurt. Radama, sollicité un jour par des Européens pour faire cesser dans ses États ce terrible fléau, répondit à ceux qui le sollicitaient : « Trouvez-moi un impôt qui, comme celui-ci, remplisse mes coffres et fournisse aux besoins de mon armée. » Malgré cette parole cruelle, ce prince fit quelques efforts pour faire cesser l'emploi du tanghing, ou du moins pour qu'il fût moins fréquemment mis en usage ; mais sous son successeur, la reine actuelle (Ranavalo), ce poison n'est plus seulement employé pour éprouver les accusés ou punir les coupables, il sert à tous propos. Ainsi pour citer un fait entre mille, ce *Caligula femelle,* voulant, un jour, avoir auprès d'elle, comme chanteuses ou danseuses un certain nombre de jeunes filles de

journellement appliquées pendant toute la durée de ce règne. Chargée d'ans et de crimes, la vieille reine avait une peur effroyable de mourir.

neuf à dix ans du pays d'Anossi, fit prendre les trente-quatre plus belles qu'on pût trouver dans cette contrée.

Toutefois, comme elles pouvaient avoir de mauvaises intentions à son égard, avant de les laisser pénétrer en sa présence, elle ordonna qu'on leur fît subir l'épreuve du tanghing. Le nombre qu'elle avait primitivement demandé put à peine être complété, et dans quel état! Sur trente-quatre, dix-huit étaient mortes sur-le-champ dans d'affreuses tortures; une dix-neuvième eut assez de force pour en relever, mais elle fut aussitôt tuée à coups de pierres, n'étant pas considérée comme assez pure pour approcher de sa souveraine. M. de Lastelle estime que le tanghing a tué à Madagascar, de 1823 à 1844, plus de 150,000 personnes. »

Au dire de Mme Pfeiffer, les empoisonnements, les corvées et les guerres faisaient périr tous les ans de vingt à trente mille personnes. — C'est ici le cas de rappeler que Radama II, en abolissant le tanghing, a supprimé aussi le lourd et barbare impôt des corvées.

Il y a aussi le tanghing civil, ou épreuve qui, dans un procès, donne raison à l'une ou à l'autre partie; seulement dans ce cas le poison est administré à un certain nombre de poulets; si la majorité de ces pauvres innocents survit, le requérant a tort, et il supporte tous les frais et dépens.

L'administration du tanghing était assujettie à des formes particulières que Mme Ida Pfeiffer a décrites minutieusement. Le condamné était averti par *l'ampi-tanghine* (individu chargé d'administrer le poison) du jour fixé pour l'épreuve. Durant les vingt-quatre heures qui précédaient le moment fatal, le malheureux ne devait prendre aucun ali-

Ainsi que Louis XI qui demandait aux amulettes et aux pratiques les plus superstitieuses la prolongation de ses jours, elle cherchait à éloigner d'elle la mort en lui offrant de nombreuses victimes. Dans une de ses dernières maladies, elle réunit dans sa chambre dix à douze princes et princesses de sa cour; elle leur fit apporter et prendre le fatal breuvage. Quelques heures après, ces malheureux se débattaient dans des convulsions tétaniques, et expiraient en se tordant dans d'horribles souffrances au pied de son lit.

Pendant tout le règne de Ranavalo-Manjaka,

ment, ses parents l'accompagnaient chez l'exécuteur. Là il se déshabillait et jurait qu'il n'avait eu recours à aucun sortilège. *L'ampi-tanghine* alors ratissait avec un couteau autant de poison qu'il jugeait nécessaire, l'étendait sur trois petits morceaux de peau d'environ deux centimètres de long, découpés sur le dos d'une poule grasse, et faisait du tout une boulette que l'accusé avalait. Dans les dix dernières années du règne de Ranavalo, une innovation a été apportée à l'épreuve du tanghing. Les parents de l'accusé eurent l'autorisation de lui faire avaler, aussitôt le poison pris, une énorme quantité d'eau de riz. De la sorte il survenait des vomissements qui parfois sauvaient le patient. Toutefois fallait-il qu'avec le poison il rendît les trois petites peaux intactes; sans cela il n'avait pas la vie sauve et l'effet manqué du tanghing était remplacé par le supplice de la sagaie, qui consiste à larder méthodiquement son homme de coups de lance ou de sagaie jusqu'à ce que mort s'ensuive.

Tananarive fut considérée comme une ville sacrée dont on ne pouvait approcher ni sortir sous peine de mort. Aucun étranger ne devait chercher à séjourner dans la capitale sans une autorisation expresse de la reine qui n'accorda cette faveur qu'à cinq ou six Européens. Le silence de la mort régnait partout dans la *ville aux mille villages;* il n'était troublé que par les cris des victimes qu'on précipitait de la roche Tarpéienne.

Ranavalo a été jugée très diversement par les écrivains; les uns la comparent aux pires Césars romains, à Néron, à Caligula ou au fils de Marc-Aurèle; les autres en ont fait une Catherine II malgache; à défaut des grandes qualités de cette impératrice, elle en a possédé du moins tous les vices. Quoi qu'il en soit, lorsque la veuve de Radama mourut octogénaire et après trente-trois ans de règne, l'œuvre du conquérant hova loin d'être compromise se trouvait consolidée : — le royaume était unifié et agrandi; le pouvoir souverain despotiquement établi sur les ruines de la grande noblesse; la domination du peuple malayou docilement acceptée par les provinces soumises; et la puissance de ses armes redoutée par toutes les peuplades encore indépendantes. Dans ses guerres avec l'Angleterre et la France, les défaites même infligées aux Hovas tournèrent à l'avantage du gouvernement de Ranavalo (1). On ne saurait contester l'importance de ces résultats; ils sont dus à la politique de violence et d'extermination à l'intérieur, de ruse et d'habileté à l'extérieur qu'ont suivie, les premiers ministres de la reine.

Le premier de ces trois ministres qui se succédèrent à tour de rôle dans l'exercice du pouvoir absolu comme dans les faveurs de leur souveraine, Adrian-Mihaza, était le chef du parti des vieux Hovas, ennemis des innovations de Radama. Cet homme aussi énergique qu'audacieux réussit avec l'aide des *Sikidis* (prêtres) à faire la révolution de palais qui porta au trône la *Vadi-Bé* (première épouse) du roi.

Ranavalo fut proclamée reine au bruit de l'artillerie; mais la couronne que son amant plaça sur sa tête lui fut chèrement disputée (2). En prenant les rênes du gouvernement, Adrian-Mihaza se trouva aux prises avec des difficultés sans nombre : les princes de la famille royale s'étaient soulevés contre l'usurpatrice, les gouverneurs de provinces cherchaient à s'affranchir par la révolte et le vieux roi Ramitra reparaissait à la tête de ses peuples sakalaves pour secouer le joug odieux de

---

(1) Voir chapitre V, page 127.
(2) Voir chapitre X, page 145.

leurs vainqueurs ; en même temps une escadre française, sous la conduite du capitaine Gourbeyre, bombardait ou occupait les divers ports maritimes de la côte est. Grâce à la conduite vigoureuse et sans scrupule de son ministre favori, la reine parvint à se débarrasser de ses plus dangereux rivaux, à dompter les révoltes des provinces du royaume, à replacer sous sa domination les Sakalaves d'abord victorieux et enfin à éloigner les Français par de vaines promesses de convention. Quelques années plus tard, la puissance de Ranavalo égalait celle de Radama le Grand. C'est alors que Ranavalo-Manjaka sous l'incitation du vieux parti hova, déclara ouvertement la guerre à l'influence européenne.

Cette période de réaction que les missionnaires chrétiens appellent *l'ère des persécutions de Madagascar*, ne devait finir qu'avec son règne.

L'influence européenne était alors représentée à Tananarive par les missionnaires anglais et par la jeunesse indigène de leurs écoles.

Lors de son avènement, au trône, Ranavalo avait promis aux missionnaires de leur continuer la protection royale ; mais un des premiers actes du nouveau pouvoir fut de rompre le traité conclu par le conquérant hova avec les Anglais. La nouvelle cour, profondément dissimulée, crut devoir temporiser quelque temps avant d'agir. Dans le cours de 1832, il fut défendu aux esclaves de suivre les écoles, et en 1834 la position des missionnaires était déjà devenue très difficile; l'un d'eux, M. Camban, au lieu d'obtenir le renouvellement du séjour de dix ans qu'il tenait de Radama, reçut un congé en forme.

Cependant, la reine affectait de suivre très assidûment le culte de ses Dieux, que les missionnaires s'efforçaient de déconsidérer.

Le 15 février 1835, elle allait, en procession solennelle, remercier *Kelimalaza* du rétablissement de sa santé (elle relevait de maladie), lorsqu'en passant près du temple protestant, des chants religieux vinrent frapper son oreille : « Les entendez-vous, s'écria-t-elle en se tournant vers ses courtisans ; ils ne se tairont que quand j'aurai fait couper la tête à quelques-uns d'entre eux. » Ces paroles n'étaient pas seulement arrachées par la colère; elles étaient grosses de menaces. Quelques jours plus tard, Ranavalo signifiait aux missionnaires sa volonté souveraine qu'ils eussent à s'abstenir de tout enseignement chrétien; et le 1ᵉʳ mars, dans un *kabar* solennel, où l'on se rendit de tous les points du royaume, et en présence de quinze mille soldats sous les armes, la religion chrétienne fut supprimée dans toute l'étendue de Madagascar par un édit royal. Peu de temps après, les missionnaires anglais et leurs auxiliaires étaient chassés de l'île (1), et les persécutions commençaient contre les indigènes convertis. Dans les exécutions pour cause de suspicion religieuse, on apporta un raffinement de cruauté, bien digne de la race malaise.

C'est ainsi que ces condamnés, pour la plupart officiers, étaient précipités dans des chaudières d'eau bouillante par leurs plus proches parents forcés de remplir les terribles fonctions d'exécuteurs sous peine d'être compris eux-mêmes dans la proscription.

Cependant Ranavalo avait vu tomber sous le couteau de Rainiharo, son amant Andrian-Mihaza à qui elle devait le trône ; loin de punir l'assassin, elle lui accorda la place de la victime. Pendant une période de dix-huit ans, Rainiharo fut à la tête du pouvoir et le maître absolu du royaume.

(1) « Les missionnaires anglais, dit M. Lacaille, laissèrent encore moins derrière eux le germe de la parole divine que la connaissance imparfaite de mieux asservir ceux que la conduite de leurs compatriotes avait déjà puissamment contribué à placer sous le joug. Telle fut la triste fin de cet apostolat hardi qui avait duré plus de quinze ans.

« Son œuvre fut trop étroitement liée aux vues ambitieuses et envahissantes de la politique anglaise pour mériter les éloges que toute société civilisée sera toujours disposée à accorder aux tentatives heureuses ou infructueuses à la poursuite d'un but élevé et désintéressé. » Louis Lacaille, *Connaissance de Madagascar*, Paris, 1862.

Ce ministre, plébéien comme son prédécesseur, n'était point sans capacité ; à sa mort, la reine lui fit élever un magnifique tombeau et accorda à sa famille qu'elle avait comblée de faveurs, la charge héréditaire de commandant en chef de l'armée.

A Rainiharo succéda le fameux Rainizaire (1); ce monstre de cruauté et de rapacité couvrit de sang le pays tout entier; il fit plus de cent mille victimes, et la vieille reine fanatisée par son exemple, donna un plus libre cours à ses instincts sanguinaires. Ce fut sous ce dernier ministre et grâce à sa toute-puissante protection que les Jésuites réussirent enfin à s'installer à Tananarive.

Voici dans quelles circonstances.

Rainimanouza, frère de Rainizaire, portait depuis plusieurs années un chancre qui lui avait rongé le nez. Forcé de ne plus paraître à la cour, il se voyait sur le point d'être obligé d'abandonner son ministère. Depuis très longtemps on cherchait un opérateur européen qui consentît à venir à Tananarive, tenter cette cure délicate : mais malgré les offres les plus brillantes, aucun médecin des Iles Sœurs n'avait osé s'engager dans une pareille aventure.

Le R. P. Jouen avait saisi toute la portée d'un

---

(1) *Rainijohary* ou *Rainizouare* selon quelques écrivains.

service rendu dans ces conjonctures; il s'adressa à un jeune docteur en médecine qui venait d'arriver et de se fixer à Saint-Paul (Réunion).

M. Milhet-Fontarabie (1) qui s'était formé à la grande École de Paris ne se montra nullement effrayé de cette excursion aventureuse. Instruit, adroit et prudent, il joignait à toutes ces qualités, une autre plus précieuse encore : — un dévouement réel à la cause de la France.

Tout fut bientôt disposé. Deux missionnaires devaient l'accompagner, l'un comme médecin consultant, l'autre en qualité d'aide-chirurgien.

Leur départ de la Réunion fut fixé au 17 septembre 1856.

A la nouvelle de l'arrivée des docteurs dans ses États la reine expédia aussitôt des ordres au gouverneur de Tamatave pour qu'il eût à assurer le voyage des Européens et à les traiter avec tous les honneur dus aux grands *sikidis*.

En même temps, deux généraux furent envoyés au-devant des voyageurs avec mission de veiller à ce que rien ne manquât le long du chemin. Tout leur fut procuré : palanquins, porteurs, vivres, etc., etc.

---

(1) M. le Dr Milhet-Fontarabie est aujourd'hui sénateur de l'Ile de la Réunion.

Le trajet de Tamatave à Emyrne dura onze jours, et fut une vraie marche triomphale. Les chefs de village venaient complimenter les vazas honorés de la confiance de la reine.

A l'arrivée des médecins à Tananarive, plus de cent mille indigènes se pressaient de chaque côté du cortège; et les bals, les concerts, les banquets se succédèrent sans interruption en leur honneur; tout le monde avait reçu l'ordre de se réjouir.

Huit jours après son arrivée, le Dr Milhet pratiquait la rhinoplastie sur son malade; il refit au ministre hova un nez qu'il prit et tailla dans la peau du front; l'opération réussit à merveille et au delà de toutes les espérances. M. Milhet mit le comble à sa réputation par plusieurs opérations de cataracte, et le reflet de sa gloire rejaillit en partie sur ses compagnons.

Les princes, les ministres, les principaux chefs les avaient pris en grande affection; Rainijoary lui-même, malgré sa grande antipathie pour les Européens, ne manquait aucune occasion de leur témoigner sa reconnaissance.

La reine régla royalement les honoraires du chirurgien français; elle poussa même la générosité jusqu'à faire aux aides de l'opérateur quelques cadeaux à titre de gratification.

Mais ce n'était point là le compte des PP. Jésuites; les RR. Jouen et Weber n'étaient venus chercher ni piastres, ni présents; ce qu'ils voulaient, c'était la faculté, au moins pour l'un d'eux, de rester au milieu des chrétiens de la province.

On fit alors entendre au premier ministre que malgré tout le succès de l'opération, il pouvait survenir après le départ des médecins, quelque accident imprévu : que la plaie à peine cicatrisée, pouvait se rouvrir. Et si un pareil malheur arrivait, qui donc y remédierait ?

Cette observation frappa l'esprit de Rainijoary qui en fut vivement affecté. Il aimait tendrement son frère et tenait à le voir guéri sans retour.

Il alla trouver la reine, et lui fit part de ses craintes. Ranavalo qui n'avait rien à refuser à son favori déclara qu'il fallait absolument garder un des médecins. A l'expression d'un désir, la cour joignit bientôt un ordre, et M. Milhet partit en consentant à laisser un de ses aides jusqu'à ce qu'il revînt lui-même voir ses malades et saluer de nouveau la reine de Madagascar.

La ruse avait réussi : le P. Weber resta à Tananarive où il eut droit d'exercer sa religion.

Quant au Docteur Mihlet-Fontarabie, il ne savait pas dire si vrai en parlant de son prochain retour; l'année suivante, il était rappelé à la cour d'Emyrne pour une maladie assez grave de la vieille reine.

C'est dans le cours de ce second voyage qui eu lieu au mois d'août 1857, que M. Mihlet-Fontarabie rencontra au fatal village lacustre de Béfourne, M. Lambert et ses compagnons d'exil parmi lesquels se trouvait Mme Ida Pfeiffer.

C'est ici le lieu de parler de M. Lambert (1) et du rôle considérable qu'il a joué à Madagascar; il a pris une part des plus actives dans les événements qui ont marqué les dernières années de Ranavalo-Manjaka et tout le règne de Radama II; son amitié a été fatale à ce roi dont il a causé et précipité la chute; sur ses conseils, le gouvernement de Napoléon III a compromis les droits imprescriptibles de souveraineté de la France sur la grande île africaine. On peut dire que la guerre franco-malgache actuelle est une des conséquences lointaines mais directes, de son immixtion dans les affaires du royaume Hova; elle a causé la ruine de notre commerce et de la vieille influence politique de la France à Madagascar; elle a amené et assuré la prépondérance de l'Angleterre.

Après la chute de la banque Lambert, Menon

(1) M. Joseph Lambert, né à Redon (Ille-et-Vilaine) en 1824, était venu de Nantes s'établir à Port-Louis (Ile Maurice), où il se maria et fonda une puissante maison de commerce.

et C¹⁰ (de Port-Louis, île Maurice) M. Lambert se transporta à Madagascar où il entretenait depuis longtemps des relations commerciales avec les divers ports de la côte orientale. Doué d'une vaste intelligence, il possédait une grande expérience des hommes et des affaires ; d'un caractère ambitieux et entreprenant, il avait le courage et l'audace nécessaires au succès des grandes et aventureuses entreprises. Comme il était venu à la Grande-Terre pour se relever de la façon la plus rapide de ses désastres financiers il ne tarda pas à sentir, en étudiant les ressources et la situation poilitique du pays, que son véritable champ d'action était à Tananarive. L'état d'énervement des peuples sous un régime de terreur durant depuis plus de vingt-cinq ans, les divisions haineuses et sourdes qui régnaient à la cour, le grand âge de la Reine et la naissance posthume du prince royal, tout faisait prévoir une prochaine révolution dans le royaume hova. Un homme énergique, assuré de l'appui de la France ou de l'Angleterre, pouvait, en s'emparant de l'esprit de l'héritier du trône, précipiter ou diriger ce mouvement révolutionnaire au gré de ses intérêts.

M. Lambert conçut ce projet si gros de périls et le réalisa en grande partie du moins. Il força d'abord l'entrée de la capitale en rendant un service signalé à la vieille Ranavalo (1). Bien reçu par la reine, il devint bientôt le confident intime et le *frère de sang* de son fils Rakoto. Lorsqu'il quitta Tananarive en août 1855, après un séjour de six semaines, le nouvel ami du prince royal avait mission de solliciter de la part de celui-ci l'appui de l'Empereur et le protectorat de la France. Les ouvertures de l'envoyé du prince hova furent très bien accueillies à Paris : le gouvernement impérial, jaloux de maintenir l'alliance intime qui existait alors entre la France et l'Angleterre, chargea M. Lambert de pressentir les intentions du ministère anglais au point de vue d'une action commune. Lord Clarendon approuva le projet d'une compagnie industrielle anglo-française, mais il s'opposa d'une façon formelle à toute idée de protectorat, comme devant entraîner tôt ou tard une prise de possession (2).

(1) Une garnison hova était assiégée à Fort-Dauphin par des tribus révoltées. Le gouvernement de Tananarive ne pouvait ni ravitailler ni porter secours aux assiégés. M. Lambert mit un de ses navires à la disposition de Ranavalo et assura ainsi le succès des Hovas.

(2) « Pendant qu'à Paris on s'enfermait dans une grande réserve au sujet du protectorat, dit M. Riaux, à Londres on agissait mystérieusement et promptement. Peu de temps après que l'envoyé du prince Rakoto avait eu une audience de lord Clarendon, le R. Ellis... quittait Londres

M. Lambert dont la mission n'avait pas eu tout le succès qu'il en attendait, rentra à Tananarive le 30 mai 1857. Il était accompagné de la célèbre Mme Pfeiffer et porteur de riches cadeaux pour la Reine et le prince Royal de la part de l'empereur des Français ; on lui fit une réception des plus brillantes ; l'affluence était si considérable sur son passage qu'on eût dit un véritable triomphe. Rakoto se jeta dans les bras de son frère de sang en l'embrassant ; Ranavalo elle-même le combla d'attentions.

A partir de ce jour, le prince et ses *mena-mosa* (ses compagnons d'enfance formant sa garde d'honneur) ne quittèrent pour ainsi dire plus M. Lambert ; celui-ci ne tarda pas à exercer le plus grand ascendant sur tous ces jeunes hommes pour la plu-

et se rendait à Maurice et de là à Tamatave où il se présentait avec fracas, comme envoyé de l'Angleterre vers le mois de juillet 1856..... Malheureusement pour l'agent anglais, il rencontrait sur son chemin M. Laborde, qui accoutumé aux menées de MM. Les Révérends et sachant qu'ils enseignaient pour première vérité morale et religieuse aux Madécasses cette proposition : La France est l'esclave de l'Angleterre — demasqua le but de M. Ellis. »

Le missionnaire anglais, malgré ses riches cadeaux et sa remuante activité, fut reçu avec politesse à Tananarive et ce fut tout. Il dut repartir comme il était venu, en remportant le traité d'alliance et de commerce qu'il était venu proposer au nom de l'Angleterre.

part ambitieux et impatients d'arriver au pouvoir; le fils de Ranavalo le regardait comme son *Bon Génie*; M. Laborde lui-même qui devait à son excessive circonspection la constante amitié de la vieille reine et du premier ministre, se laissa entraîner par l'esprit fascinateur de son compatriote; il se prêta à tous ses projets.

M. Lambert avait appris à Rakoto, en lui rendant compte de sa mission, qu'on n'avait pour le moment aucune aide à espérer de la France. Le prince devait-il attendre la mort de sa mère pour délivrer le royaume du joug tyrannique de Rainizair, l'âme du gouvernement et l'instigateur des cruautés de Ranavalo?

M. Lambert penchait pour la parti de l'action; le projet fut alors arrêté de s'emparer ou de se défaire à un moment donné de Rainizair, puis de forcer la vieille reine, qui avait voulu plusieurs fois déjà présenter son fils au peuple comme son successeur, d'abdiquer en faveur du prince.

Les jeunes révolutionnaires de Tananarive formaient deux partis distincts : l'un, celui des *priants* se composait de chrétiens méthodistes; le second, celui des *religionnaires* ou hommes de la prière, était un parti exclusivement politique dont les membres aspiraient à un meilleur état de choses.

Les religionnaires se chargèrent de l'exécution

du complot; MM. Lambert et Laborde devaient veiller à la sûreté du prince Royal qui ne pouvait prendre aucune part effective dans les évènements.

Au moment d'agir, le courage manqua aux chefs indigènes; leur indécision fit perdre un temps précieux, si bien que la conspiration avorta misérablement.

Rainizair, prévenu dans la soirée du 29 juin de l'existence du complot, fit aussitôt entourer le palais par un renfort considérable de troupes; et dès le lendemain, on livra au supplice, la plupart des conjurés.

Le vieux ministre songeait à faire périr également les étrangers, refugiés tous dans la maison de M. Laborde; sur les supplications de son fils, la reine consentit à soumettre les vazas à l'épreuve du tanghing qui fut faite sur des poulets. Un seul volatile, celui du P. Weber fut épargné par l'*ampitanguino* sur la recommandation de Rainimonja, l'opéré du docteur Milhet-Fontarabie. Tous les autres poulets ayant succombé, les conjurés Européens y compris Mme Pfeiffer, furent déclarés coupables et condamnés à mort.

Le 17 juillet, la Reine déclarant user de clémence, faisait grâce de la vie aux blancs, et les expulsait à tout jamais de Madagascar. En même temps, Ranavalo fit rendre à M. Lambert les présents qu'il avait apportés, mais un grand nombre d'objets avaient disparu. Dans la soirée, le prince Rakoto que sa mère avait constamment gardé auprès d'elle, réussit à s'échapper du palais sous un déguisement d'esclave et vint dire un dernier adieu à ses amis.

Le lendemain matin, les Européens quittèrent Tananarive; une foule énorme se pressait sur leur passage, mais personne ne leur adressa ni insultes ni menaces.

Il suffit d'une dizaine de jours de marche pour descendre de la capitale à Tamatave. Suivant les instructions de Rainizair, l'escorte des bannis mit cinquante-deux jours à faire ce voyage. La fièvre et les souffrances de la route conduisirent les exilés aux portes du tombeau.

A Béfourne, ils se rencontrèrent avec le docteur Milhet-Fontarabie, mais ils ne purent obtenir l'autorisation de communiquer avec le savant médecin que la Reine avait rappelé à Emyrne.

Le 11 septembre, M. Lambert et ses compagnons arrivèrent enfin à Tamatave où ils s'embarquèrent trois jours après. Seul, M. Laborde obtint l'autorisation de rester quinze jours dans ce port. Aussitôt après son départ, le gouvernement hova s'empressa de confisquer ses biens, toutes ses propriétés ainsi que ses noirs provenant de la succession de M. de Lastelle.

Ainsi finit cette misérable aventure dont la principale victime fut certainement M. Laborde. Sans parler de la perte de sa fortune, il eut la douleur de voir son œuvre, fruit de vingt années de patience et de travail, disparaître en un jour. Les forges de Mantassoua éteignirent leurs feux, les ateliers se fermèrent et la cité industrielle créée par son génie devint une véritable ville morte.

Rien ne vint plus troubler les dernières années du long règne de Ranavalo; elle mourut dans la nuit du 14 au 15 août 1861, et cet événement amena la révolution de palais qu'avait prévue M. Lambert. Le neveu de Radama le Grand que ce roi, n'ayant pas d'enfant mâle, avait présenté au peuple quelque temps avant sa mort comme son successeur au trône, Ramboussalam, réclama la couronne par droit d'héritage; il était soutenu dans ses revendications par le vieux parti hova, ennemi de tout rapport avec les étrangers.

Dans cette longue nuit d'attente, on vit plusieurs fois Ramboussalam pénétrer en armes dans le palais et épier le moment de se défaire de son cousin. Les partisans de Rakoto se saisirent enfin de sa personne, entraînèrent le fils de la reine sur le balcon et le présentèrent au peuple qui l'acclama et le proclama roi sous le nom de Radama II.

Ramboussalam eut la vie sauve ainsi que Rainizair; et pour la première fois à Tananarive on vit l'avènement d'un souverain sans aucune effusion de sang.

Radama II dont la naissance avait eu lieu dans la seconde année de veuvage de sa mère, était le fils d'Adrian-Mihaza, le premier des trois ministres favoris de la reine. La plupart des auteurs ont fait le portrait le plus flatteur de ce souverain. Cependant, l'indulgence mêlée de sympathie que l'on doit éprouver pour celui qui a payé de sa vie son amour de la civilisation européenne ne peut faire oublier les droits de la vérité historique. Le fils unique et du vieil âge de Ranavalo-Manjaka pouvait posséder toutes les belles et aimables qualités de l'homme privé; comme prince, il était incapable de recevoir le glorieux mais lourd héritage de Radama le Grand, et de porter le poids de la couronne toute dégouttante de sang de la Reine, sa mère. D'une nature enthousiaste et généreuse, il avait une intelligence très bornée et un caractère faible et des plus indécis; élevé dans l'ignorance et dans l'éloignement des affaires du royaume, il s'était attaché à M. Laborde qui l'avait initié aux idées européennes.

En somme, le nouveau souverain des Hovas

était fait pour être gouverné plutôt que pour gouverner les autres hommes; c'est ainsi qu'il s'était courbé sous la main énergique d'un ami de la veille, M. Lambert, et qu'au jour du péril, alors qu'il s'agit de sauver sa couronne, on le trouve réfugié chez une femme, sa favorite Marie. Le nouveau roi de Madagascar devait être fatalement emporté par le courant tourbillonnant des divisions et des luttes intérieures, des influences étrangères rivales et des ardentes convoitises religieuses. Les événements réservaient une cruelle déception à tous les esprits même les plus réservés, qui, dans leur confiance et leur espoir, acclamèrent l'avènement au trône de Radama comme l'inauguration d'une ère nouvelle de civilisation et de prospérité pour la grande Ile Africaine. Leur illusion fut de courte durée.

Un des premiers soins de Radama II fut de rappeler auprès de lui MM. Laborde et Lambert, et de faire remettre en liberté toutes les personnes emprisonnées sous le règne précédent. Il procéda immédiatement à la réforme des institutions du royaume : la peine de mort fut abolie, l'épreuve du tanghing supprimée, le régime de la corvée profondément modifié et les lois autorisant la mise en vente des personnes libres, abrogées; le roi décréta de même la liberté des religions et des cultes, la suppression provisoire des droits de douane comme une entrave au commerce et l'accès et le séjour libres pour les étrangers dans toutes les parties de son royaume.

La France et l'Angleterre envoyèrent des députations à Radama pour le féliciter de son avènement; l'une et l'autre accréditèrent des consuls (1) auprès du souverain hova que le gouvernement impérial, dans son empressement reconnut comme roi de l'île de Madagascar, sous la *réserve des droits de la France*. Il est presque inutile d'ajouter que les missionnaires, R. Méthodistes et Jésuites, ne furent pas les derniers à s'installer à Tananarive.

Le 23 septembre 1862, la fête du couronnement de Radama II avait lieu avec une pompe inconnue jusqu'alors et en présence des envoyés extraordinaires chargés de représenter les gouvernements français et anglais à cette cérémonie.

Le 4 octobre, la mission française (2) quittait la

---

(1) M. Laborde, l'homme le plus au courant des choses de Madagascar et en même temps la plus dévoué aux intérêts français fut chargé du consulat de France. On ne pouvait faire un meilleur choix. — Le consul anglais M. Packenham avait rempli cette même fontion à la Réunion.

(2) La mission chargée par le ministère français de représenter le gouvernement impérial à cette cérémonie du couronnement se composait de MM. Dupré, commandant de la division navale des côtes d'Afrique; de Ferrières et

capitale des Hovas après un séjour de deux mois passé dans des fêtes et des honneurs de toutes sortes. Son chef, le commandant Dupré emportait un traité d'amitié et de commerce avec la France; le roi l'avait solennellement revêtu de sa signature en présence d'une nombreuse assemblée de Malgaches, de Français et d'Anglais (1).

Le jour de la signature de ce traité (12 *septembre* 1862) Radama ratifia la charte qu'il avait accordée à M. Lambert pour l'exploitation privilégiée des richesses agricoles, végétales, minérales et autres de Madagascar; cet acte transcrit sur parchemin, après avoir reçu la signature du roi, fut contresigné et scellé en sa présence par tous les ministres.

Le *frère de sang* (2) de Radama II était arrivé au comble de la fortune; il avait vu la réalisation

---

Dawatre, lieutenants de vaisseau; Capitaine, chirurgien de la marine, le lieutenant-colonel Lesseline, les capitaines d'infanterie Mazières et Prud'homme, le Dʳ Vinson et M. Charles Richard, délégué de la chambre du commerce de Saint-Denis. Ce dernier avait près de lui comme secrétaire M. J. B. Richard son fils. Nous avons emprunté tout les dessins de cet ouvrage au magnifique album de M. Richard fils.

(1) Voir page 362, ce traité qu'a publié le *Moniteur* après sa ratification par Napoléon III, (11 *avril* 1863).

(2) M. Lambert.

de ses rêves même les plus ambitieux ; il était *duc d'Émyrne* et ambassadeur du roi de Madagascar; celui-ci, venait, par une charte, de lui donner pour ainsi dire son royaume. M. Lambert commit alors la lourde et irréparable faute de venir en France pour y constituer sa compagnie d'exploitation. Son départ livrait sans appui ni conseils, le faible monarque à toutes les compétitions de partis, à toutes les intrigues de cour et aux éventualités d'une révolution populaire.

Les réformes trop précipitées de Radama, sa conduite envers les étrangers et les privilèges qu'il leur avait accordés, avaient froissé la nation et grossi le nombre des mécontents. La noblesse, l'armée et le peuple avaient assisté avec une sourde colère à la cérémonie du couronnement et aux fêtes données en l'honneur des Européens. Les méfiances et les haines contre les vazas s'étaient réveillées avec une vivacité qui devait faire redouter leur explosion. Les Hovas craignirent pour leur liberté et leur indépendance en voyant leur souverain entre les mains et sous la direction des étrangers. Tous ces sentiments furent habilement exploités par les Sikidis et par les anciens hauts fonctionnaires de Ranavalo, restés en possession de leurs charges. Les missionnaires anglais qui s'étaient promis d'arriver à n'importe quel prix, à la ruine de la prépondérance française, favorisaient secrètement tout ce mouvement révolutionnaire.

Vers le milieu de mars 1863, des troubles commencèrent à éclater dans les rues de Tananarive; des bandes de contorsionnaires se mirent à parcourir la ville qui devint le théâtre de toutes leurs extravagances et de graves désordres. Le nombre de ces *Ramenanzanas,* ainsi qu'on les désignait, ne fit qu'augmenter tous les jours en raison de la tolérance qu'on leur montrait (1). Bientôt les esprits frappeurs déclarèrent hautement que Ranavalo et Radama le Grand étaient sortis de leurs tombes pour déclarer leur fils indigne de la couronne; le roi avait vendu le pays aux blancs; son père et sa mère gémissaient derrière la montagne de cet acte de félonie; leurs esprits pleuraient et ordonnaient au peuple hova d'avoir recours aux *Sikidis* pour détourner les maléfices jetés par les étrangers sur leur malheureux successeur.

Un pareil langage ne pouvait se rencontrer que dans la bouche des fous ou des Ramenanzanas; on aurait vainement cherché dans tout le pays d'Ankove et ailleurs un homme qui osât commettre un pareil sacrilège, c'est-à-dire critiquer le roi dont le caractère est sacré.

(1) Les fous sont l'objet d'une sorte de vénération à Madagascar.

Les ministres avaient inventé cette odieuse comédie dont Radama ne fit que rire dans sa folle insouciance ; ils réussirent par ce moyen à exciter la haine du peuple contre un prince coupable à leurs yeux de méconnaître les volontés de ses aïeux et de violer les traditions nationales.

Le 8 mai, la révolution préparée de longue main par les chefs du vieux parti hova, éclata dans Tananarive et le roi fut étranglé par douze Ramenanzanas dans la maison de sa favorite. Ce crime dans lequel on avait respecté la loi défendant de verser le sang royal, eut lieu le 12 mai, à dix heures du matin.

Voici la lettre par laquelle notre consul, M. Laborde, annonça au Ministre des affaires étrangères, la révolution de Madagascar :

« Tananarive, 15 mai 1863.

« J'ai l'honneur d'informer Votre Excellence du grand événement qui vient de s'accomplir à Tananarive. Radama II n'est plus, et Rabodo a été proclamée reine de Madagascar sous le nom de Rasohérina.

« Il y avait autour du roi deux partis : d'une part, les anciens officiers et les grands du peuple ayant à leur tête le premier ministre et le commandant en chef; de l'autre, les Menamaso (ou gardes de Radama, élevés avec lui et qui s'étaient emparés du pouvoir). Depuis trois mois ils accaparaient toutes les faveurs et suggéraient au roi des mesures que n'approuvait pas la population. On les accusait d'injustices et de concussions dans l'administration de leurs charges, et principalement dans celle de la justice. On signalait enfin une grande immoralité à la Maison de pierre, à Ambohimitsimbina, résidence habituelle du roi, exclusivement fréquentée par les Menamaso. De plus, il y avait entre les deux partis un motif de division bien puissant, c'était une antipathie de race.

« Andrianampoinimérina, père de Radama Ier, était du nord d'Émérina. Il fut aidé par les gens du Nord à former un royaume de la réunion de douze petits États. Les faveurs avaient été naturellement pour les gens du Nord, et les Menamaso sont du Sud; de plus, le ministère avait toujours été l'apanage de la famille très puissante de l'ancien commandant en chef Rainikaro, or son influence était absorbée par celle des Menamaso. Il ne fallait donc qu'un prétexte pour faire éclater les hostilités. Le roi l'a fourni en publiant une loi qui autorisait le duel, et même le combat de tribu à tribu, de village à village, sans autre formalité que le consentement des deux partis. C'était proclamer la guerre civile.

« Le lendemain de la promulgation de cette loi, le 8 mai, les officiers et les grands allèrent trouver le roi et le prièrent de révoquer cette loi. Il refusa formellement et déclara que cette loi serait maintenue malgré tout. A cette protestation les officiers répondirent :

« Eh bien ! il ne nous reste plus qu'à nous armer dans la crainte d'une attaque.

« Et ils se retirèrent.

Ce soir-là, en effet, vers quatre heures du soir, la ville était pleine d'hommes armés se rendant en masse chez le premier ministre. Je rassemblai aussitôt, de crainte d'une émeute, tous nos nationaux, en commençant par les Pères et les Sœurs. Le consul anglais prit les mêmes mesures et nous passâmes ensemble cette nuit.

« Le lendemain, les officiers et les notables envoyèrent au roi une nouvelle députation pour le sommer de révoquer la loi promulguée. Sur son refus, peuple, esclaves et soldats en armes se rendirent sur la place publique ; vers neuf heures, onze officiers de Radama étaient tombés sous leurs coups.

« Cependant, le roi inquiet du sort de ses favoris, se rendit avec la reine à la Maison de pierre, où plusieurs d'entre eux s'étaient réfugiés. Vers midi commencèrent les pourparlers. Les envoyés du peuple, après les salutations les plus respectueuses et les protestations les plus vives de dévouement au roi, lui réclamèrent les hommes qu'il cachait. Sept fois on lui fit la même demande, sept fois il refusa de les livrer. Un officier de la reine se présente devant la multitude portant le pavillon de Radama; on le salue et on met bas les armes, mais on réclame les coupables. Le roi se fait alors escorter par ses plus fidèles et se rend avec eux au palais.

« Les pourparlers s'étant encore prolongés sans résultat jusqu'à la nuit, le roi déclare qu'il ira lui-même implorer leur grâce auprès de Rainivoninahitriniony, premier ministre.

« La reine se présente à une nouvelle députation et promet, au nom du roi, de livrer les coupables à condition qu'on leur laissera la vie. La reine est invitée à revenir le lendemain, et en ce moment même on se dispose à donner l'assaut au palais; la ville est en état de siège. Le lendemain, vers deux heures, une porte du palais s'est ouverte et les quatorze individus ont été livrés successivement. Néanmoins le palais resta cerné, le comité ayant déclaré qu'il ne traiterait avec le roi que lorsqu'on aurait livré tous les coupables.

« Le lendemain, vers les dix heures, j'apprenais que le roi avait été assassiné. A une heure le conseil nous envoya un de ses membres avec ces paroles :

« Les coupables sont morts, Rabodo est reine
« de Madagascar. »

« A deux heures, vingt et un coup de canon saluaient son avènement, et l'on adressait à la foule une proclamation ainsi conçue :

« Le roi, désolé de la perte de ses amis, s'est
« donné la mort : Rasohérina est reine de Mada-
« gascar. »

« La multitude est restée silencieuse. Quant à la reine, elle a accepté la couronne par force ; on a été jusqu'à la menacer, si elle refusait.

« Le lendemain 13, on me communiquait, ainsi qu'au consul anglais, la nouvelle constitution à laquelle la reine a juré d'être fidèle et dont voici le résumé :

« La reine ne boira pas de liqueurs fortes.

« Le droit de vie ou de mort appartient au conseil dont elle aura la présidence.

« L'abolition du tanghing est maintenue, ainsi que la liberté des cultes, avec une restriction pour le petit village d'Ambohimanga où se trouve le tombeau de la vieille reine.

« Le 14 à midi, je suis allé avec le consul anglais rendre visite à la reine ; elle était entourée de tous ses grands officiers. Après les salutations d'usage, elle nous a dit en peu de mots qu'elle désirait continuer à entretenir de bonnes relations avec les étrangers, et elle s'est retirée. Nous avons causé quelques instants avec les officiers, et dans la soirée j'ai reçu une lettre du premier ministre, qui m'informait qu'il avait envoyé sur la côte l'ordre aux gouverneurs de protéger les blancs. J'ai appris encore de source certaine que le roi, pendant qu'il était assiégé, m'avait écrit deux fois pour m'appeler à son secours ; les deux lettres ont été interceptées. Je ne pouvais d'ailleurs lui prêter aucune aide, l'intérêt de mes nationaux m'imposant la plus grande réserve et étant moi-même surveillé de près.

« Agréez, etc.

« LABORDE, *consul.* »

La nouvelle des événements de Madagascar fut accueillie en Angleterre avec une joie indécente ; qu'on ne se donna même pas la peine de dissimuler. Le R. Ellis dont le rôle ambigu et les basses intrigues avaient été stigmatisés par le commandant Dupré, déclara hautement que « l'Angleterre devait s'applaudir de voir le pays passer d'un gouvernement despotique à un gouvernement constitutionnel. »

Le despotisme de Radama consistait uniquement aux yeux des Anglais dans l'amitié de ce prince pour la France. La mort du souverain hova devait tout remettre en question : le traité d'alliance avec Napoléon et la charte Lambert. Bientôt en effet, un décret de la Reine déclarant le règne de Radama II comme non avenu et les traités passés avec les étrangers annulés, amena une rupture entre les gouvernements français et hova. Après avoir préparé une expédition militaire contre Madagascar, l'Empire cédant aux observations de sa *fidèle* et *précieuse* alliée d'outre-manche, se résigna à des démonstrations toutes platoniques. Des négociations furent entamées avec la cour de Tananarive ; tour à tour rompues et renouées, elles finirent par aboutir après trois années. En 1867, la reine *Rasoherina* (1) consentit à ratifier le traité d'alliance de Radama et à payer une indemnité de 900,000 francs pour l'abolition de la charte Lambert. Le traité devait rester lettre morte ; l'indemnité, comme nous l'avons dit dans notre introduction, fut intégralement payée.

La veuve de Radama II mourut au commencement de l'année 1868 ; elle fut remplacée sur le trône par sa cousine, Ranavalo-Manjaka II.

Nous empruntons au R. P. Cazet qui a assisté

---

(1) Rasoherina ou Razsoahery-Manja Ka (de *rasoa* belle ; *trery* forte et *Manja Ka*, chef, souveraine).

au couronnement de la souveraine actuelle des Hovas, la description de cette cérémonie :

« Dès la pointe du jour, les canons qui couronnent les crêtes de Tananarive annoncèrent la fête nationale par des détonations successives. La place d'Andohalo est au milieu de la ville et assez encaissée, elle peut contenir près de deux cent mille Malgaches. L'endroit était encore trop petit. Les lambas blancs des Malgaches, avec leurs chapeaux de paille; les gilets noirs mais râpés, d'une certaine compagnie de soldats; les costumes ou pour mieux dire l'accoutrement des officiers; les habits rouges des princes et des princesses tranchant sur les habits noirs des Européens; tout cela offrait un coup d'œil varié et assez beau. On ne peut se faire une idée de la bigarrure bizarre de l'armée hova!.... car chacun se procure son uniforme à ses frais, et il y en a de toutes espèces et de toutes nuances.

« Il y avait treize pères jésuites, huit frères coadjuteurs, trois frères des écoles chrétiennes, et onze sœurs de Saint-Joseph de Cluny. Ajoutez-y M. Garnier, commissaire plénipotentiaire, M. Laborde consul, son secrétaire, et vous aurez tous les Français de Tananarive.

« A la vue de M. Garnier, les musiciens jouèrent notre air national : *Partant pour la Syrie*.

Vers neuf heures et demie, la reine sortit du Palais. Cette sortie fut annoncée par des coups de canon, et alors commença le *hoby*, ou chant en l'honneur de la reine, exécuté par tout le monde. Les femmes et les enfants battaient des mains en chantant sans cesse : *Tsara andriana noy*, « Que notre reine est belle ! » Et les hommes les accompagnaient sur une modulation différente, ce qui donnait à ce chant un air de respect et de grandeur.

« La reine était habillée à l'européenne; son manteau blanc était parsemé de fleurs et de couronnes d'or; gants à mailles peu serrées; canne d'or à la main.

« Arrivée au milieu de la place où se trouve la pierre sacrée, elle est descendue de son *filanzana* pour monter sur la pierre sacrée. C'était le moment solennel, car le couronnement consiste en cela seul.

« La couronne n'est qu'un ornement, aussi devrait-on dire plutôt : la manifestation de la reine à son peuple.

« A peine la reine fut-elle debout sur la pierre sacrée, que le premier ministre commanda la troupe pour présenter les armes ; les musiciens de la reine jouèrent l'air royal, après lequel le peuple entonna le *Tsara va Tompoko vary*. (Notre maîtresse va-t-elle loin?)

« On fait le salut en portant les mains à la tête et en l'inclinant profondément.

« Sa Majesté se rendit à pied à l'estrade qui du reste était fort proche. Les princes et les princesses et nous seuls, occupâmes l'estrade royale. J'étais presque à la droite de la reine. Elle commença alors un discours, où elle déclara au peuple assemblé qu'elle voulait qu'on respectât le traité conclu quelques jours auparavant avec les Français (les parents d'outre-mer). Elle parla huit à dix minutes d'une voix claire et brève, mais je ne pus tout comprendre. Après chaque période, Sa Majesté faisait tourner sa canne ; alors soldats, et peuple approuvaient par un cri ferme et simultané, les officiers brandissaient leurs épées, les tambours roulaient, les musiques retentissaient.

« Après le discours de la reine est venue la lecture des lois faites par le secrétaire d'État ; l'un de nos Pères disait :

« — S'ils font exécuter toutes ces lois, ils tueront les trois quarts du peuple. »

« Est venue ensuite la cérémonie du *hasina* ou offrande d'une piastre que chaque chef de tribu offre à la reine pour témoigner sa soumission, et cet argent est censé sanctifier la reine ; d'où le nom de *hasina*. Puis ont suivi les discours des orateurs malgaches, discours assez brillants et d'un style énergique et figuré, où revenait sans cesse le serment de fidélité à la reine et de dévouement éternel.

« A deux heures et demie, tout était fini; la souveraine malgache a levé la séance en disant à son peuple :

« — Vous m'avez promis fidélité, j'y compte; il me faut plus que des paroles.

« Les canons ont retenti de nouveau, et chacun se retira chez soi, enchanté de la cérémonie.

« Le lendemain il y eut encore de grands jeux, des danses et des chants dans la grande plaine de Mahasima. On y vit même un combat à la zagaie et au bouclier. Ce fut encore une belle journée; puis tout rentra dans l'ordre habituel.

« Le 24 septembre, la reine alla à Ambahimanga, la ville sacrée, où se trouvaient les tombeaux de ses ancêtres. L'entrée de la ville était prohibée aux Européens; la reine leva cette interdiction et nous pûmes y entrer avec elle et voir que Ranavalo ne faisait point le sacrifice aux idoles comme faisaient ses prédécesseurs.

« Douce consolation, ajoute le R. P. Cazet, pour des cœurs chrétiens et des missionnaires. »

Sous cette nouvelle souveraine, la France devait perdre le peu de prestige et le reste d'influence qu'elle possédait encore à la « Grande-

Terre; » l'Angleterre au contraire allait acquérir en quelques années une situation presque équivalente à un protectorat.

L'événement capital de ce règne — événement qui a détruit la vieille politique des Hovas, assuré la prépotence de l'Angleterre et provoqué la guerre franco-malgache — est la conversion de Ranavalo à la religion presbytérienne. Cette révolution religieuse s'est accomplie le 8 septembre 1869; à la suite d'une démarche des Sikidis (prêtres) du Dieu Kelimaza, la Reine qui avait reçu récemment le baptême (1) fit renverser par les officiers du palais les trois idoles de Tananarive et ordonna à tous ses peuples de se convertir à sa nouvelle religion, décrétée religion d'État. Sur cet ordre, trois millions de Malgaches, païens la veille, se sont faits chétiens le lendemain. Les missionnaires anglais se répandirent aussitôt dans toutes les parties du royaume, et les chefs des bailliages ont ouvert, sous leur pression, au nom du Dieu des chrétiens, une ère de persécutions qui dure encore.

« Les enfants, a dit l'un de ces clergymen, sont

---

(1) La Reine s'était fait baptiser avec son premier ministre et les officiers de son armée dans le mois de février, en présence du peuple. La reine, le premier ministre son époux et toute la haute noblesse du royaume appartiennent à l'Église indépendante.

traînés à l'école et les parents au temple et si nous n'avons pas un christianisme à la baïonnette, nous avons quelque chose d'approchant. » C'est en effet le christianisme à coups de bâton que pratiquent ces R. Méthodistes. C'est la menace à la bouche et le fouet à la main que ces apôtres poussent les populations des villages dans les temples. A la corvée de la reine qui accable pendant des mois des milliers d'hommes ils ont ajouté la corvée de Dieu : l'esclavage de l'âme a complété l'esclavage du corps. Voilà comme les Anglais, ces porte-drapeaux de la philanthropie en Europe, traitent les peuples dont l'Angleterre rêve la conquête. On s'abuserait étrangement en croyant que ces Révérends *fouetteurs* ne sont animés et poussés que par leur fanatisme religieux. La bastonnade, n'était qu'un moyen d'abêtissement destiné à mieux assurer dans l'avenir la domination anglaise. On marchait à grands pas par la conquête des âmes à la conquête du peuple malgache.

Depuis les événements de 1870, l'argent de Londres était versé à pleines mains à Madagascar en même temps que la propagande effrénée de ses missionnaires portait le dernier coup à l'influence plus que séculaire de la France. Le gouvernement hova se reposant sur l'appui de l'Angleterre, ne se contentait plus de ne point respecter nos traités ; à côté des violences à nos nationaux et des insultes à notre pavillon, il en était arrivé à autoriser ouvertement le pillage de nos navires sur la côte et le meurtre des Français dans l'intérieur des terres. C'est ainsi que le gouverneur de Tamatave eut l'audace de demander à un de nos officiers si notre pays, après nos défaites, avait le droit de s'appeler encore la France !...

La longanimité du gouvernement français devait cependant avoir un terme. Le jour où le cabinet de Londres, sur l'invitation de ses missionnaires qui trouvaient *le fruit mûr à point*, négocia avec la reine Ranavalo la cession du port de Majunka, la France a dû affirmer ses droits de souveraineté sur Madagascar en plantant son drapeau à Majunka et Tamatave.

Aujourd'hui, à toutes les représentations de l'Angleterre, le gouvernement de la République a le droit de répondre par ce mot célèbre : *J'y suis, j'y reste.*

XII

RETOUR A TAMATAVE.

Rentrée de Rozan à Tananarive. — Son voyage dans l'intérieur et à la côte Nord-Ouest. — Les richesses minières des hauts plateaux : l'argent, le plomb, le fer et l'or. — Le désert intérieur. — Le pays des Sakalaves du Nord-Ouest. — Le port maritime de Majunka et son importance commerciale. — Retour des voyageurs à Tamatave. — La maison de commerce Trottet et Cie. — Les capitaines de l'*Amélie* et de la *Léonie*. — Tuléar-Bay et les Sakalaves du Sud-Ouest. — L'Æpyornis. — Ossuaire des Æpiornis à Tuléar. — Les pirogues à balancier. — Le drame du *Fortuné : Révolte et massacre d'un convoi de 400 immigrants à bord du Fortuné.* — Retour en France de Rozan. — Sa mort.

Trottet n'avait reçu aucune nouvelle de Rozan depuis plus de deux mois ; sa dernière lettre datée de la ville de Mévatanana située sur la lisière du pays des Sakalaves du Nord-Ouest, annonçait à son ami qu'il poursuivait son voyage jusqu'à la mer. Il se proposait de visiter le versant occidental de l'île et le port de Majunka (1), qui est chef-lieu maritime des Hovas sur le canal Mozambique.

Un soir du mois de Décembre, Trottet était accroupi devant sa valise ouverte qu'il emplissait et rangeait à la pâle lueur d'une lampe indigène à l'huile de coco ; il avait l'air plus que soucieux ; ses préoccupations devaient être bien graves, car il ne semblait même pas entendre la terrible tourmente qui s'abattait en ce moment sur Antananarive. Il était tombé pendant toute la journée une pluie diluvienne et la nuit avait enveloppé toute la montagne dans un véritable manteau de feu ; les éclairs ruisselaient du Ciel et la foudre éclatait en grondant dans la nue d'un façon effroyable (2).

(1) Majunka ou Mojanga.
(2) Il n'y a pas un lieu au monde qui soit plus tourmenté par la fréquence des orages et plus éprouvé par les effets de la foudre que la région centrale et montagneuse de Madagascar. A Tananarive, il tonne toutes les après-midi et l'on ne compte pas moins de cinquante individus tués par la foudre par an. Pendant son séjour à la capitale hova, Trottet a eu l'occasion d'observer un phénomène de foudre des plus curieux. Onze femmes qui recueillaient de l'eau à une gouttière en profitant d'une averse, furent foudroyées en même temps. Aucune n'en mourut ; elles portaient toutes les mêmes traces de brûlure. — Les onze mamelons des

Lorsqu'il eut achevé sa malle, Trpttet vint s'asseoir machinalement à la table où son dîner était servi depuis plusieurs heures; il s'y accouda et se prit la tête dans les mains en disant : « Ah! si du moins Rozan pouvait encore arriver..... Mais il a certainement quitté le pays. »

Il n'avait pas achevé qu'il entendit à travers les éclats du tonnerre un grand bruit de voix à la porte où l'on frappa presqu'aussitôt à coups redoublés. Trottet courut ouvrir et se jeta au cou de son ami en s'écriant :

— Béni soit Dieu... Mes pressentiments ne m'ont pas trompé... Je devais te revoir, mon cher Rozan.

— Qu'y a-t-il donc, demanda celui-ci en remarquant tout le désordre de la chambre.

— Je pars demain... je suis expulsé de Tananarive.

— Expulsé... et pourquoi donc?

— Je te le dirai; mais pour l'instant, tu es mouillé jusqu'aux os... tu dois avoir froid et faim. Pendant que j'allumerai du feu, vas prendre d'autres vêtements. Un quart d'heure plus tard, Rozan qui se réchauffait à la flamme claire et brillante du bois d'ébène qui flambait en pétillant dans

seins gauches étaient zébrés et servaient de centre à des rayons divergents de brûlures; on aurait dit de petites roues de voitures.

l'âtre, demandait à son ami les causes de son départ.

— Mon expulsion, répondit celui-ci, est la conséquence de l'exécution de mon projet.

— Ton fameux projet... En quoi consistait-il donc ? Je suppose bien que tu n'as pas voulu prendre la place du premier ministre auprès de la Reine.

— Quelque temps après ton départ, reprit Trottet, je me suis trouvé fixé sur ma situation. A moins d'entrer dans la peau d'un frère lai et de catéchiser les jeunes hovas, je ne devais rien espérer ici. Alors je me suis mis à fabriquer du rhum.

— Mais l'alambic ?

— Regarde toutes les gargoulettes (1) entassées dans ce coin ; elles m'ont servi avec des tuyaux de bambou à construire mon appareil de distillation. J'ai réussi ainsi à fabriquer par jour une vingtaine de litres de rhum dont la vente me rapportait cinquante francs en moyenne ; je n'arrivais même pas à satisfaire les demandeurs....

— Et ton commerce clandestin a duré ?

— Un mois environ ; les missionnaires anglais qui introduisent le rhum dans ce pays m'ont dénoncé aux ministres...

— Qui en monopolisent la vente... Je m'explique

(1) Alcarazas.

ton renvoi d'ici ; mais ton frère n'a-t-il pas essayé de faire revenir le secrétaire d'Etat sur cette décision ?

— Tu n'ignores pas que les Français sont à peine tolérés à Tananarive où tes Rév. clergymen exercent une tutelle jalouse et absolue sur la reine et sur le gouvernement hova. D'ailleurs nous n'avons cherché qu'à obtenir un délai dans l'exécution de l'arrêt qui me frappait. Ce délai expire précisément demain. J'étais désolé et désorienté ; ton retour me rend le courage et l'espoir.

— Eh bien, nous reprendrons demain le chemin de Tamatave, dit Rozan après quelques instants de silence... Puisque tu es venu en ce pays chercher la fortune, tu dois la tenter jusqu'au bout avant d'abandonner la partie. Pour cela, il ne faut pas songer à s'établir ailleurs que sur la côte; toute cette région des hauts plateaux ne sera jamais un Eldorado pour les Européens; elle ne leur offre qu'un climat tempéré et salubre. S'il existe des belles mines de cuivre, de plomb et de manganèse dans les massifs métamorphiques de cet Océan de montagnes où l'on marche constamment sur du minerai de fer, si l'un des petits torrents qui se jette près de Mavatanane roule de la poudre d'or avec son sable, toutes ces richesses ne sont pas là d'être exploitées. L'intérieur de l'île est nu, aride ; le sol est formé de terre argileuse rouge impropre à toute culture ; il n'y a de fertiles que les fonds marécageux des vallées toujours très étroites.

L'aspect ravissant de verdure et de fraîcheur que présentent l'Ankaye et l'Ankove est un trompe-l'œil ou plutôt le résultat d'un labeur incessant. Ces montagnards malayoux sont un peuple de cultivateurs vraiment laborieux et intelligents. En sortant par le Nord-Ouest de leur riche province d'Imérina couverte de villages et d'admirables cultures, je suis arrivé dans un pays des plus pauvres et des plus désolés, dont les rares hameaux sont situés à plusieurs lieues de distance les uns des autres ; par delà, se trouve un désert sans aucune végétation et sans aucun habitant qui s'étend jusqu'au versant occidental de l'île. Il m'a fallu un jour entier pour le traverser ; le pays des Sakalaves où règne une sécheresse excessive, est plus plat et moins fertile que les provinces de la côte Est qui sont arrosées par des pluies continuelles à l'époque des moissons ; la ceinture de bois est aussi moins large ; on y remarque des forêts de tamariniers géants et dans le voisinage des ruisseaux dont les bords sont couverts de cultures diverses, j'ai vu le baobab solitaire ; la richesse de cette partie de la « Grande-Terre » réside surtout dans ses nombreux et excellents pâturages qui nourrissent d'immenses troupeaux de bœufs. Que te dirai-je des tortues; tous les bois chétifs et maigres des terrains bas et marécageux de cette côte dont le sable quartzeux de la plage est en grande partie composé de petits grenats, sont remplis de tortues. Aussi ces chéloniens forment-ils une des branches principales du commerce extérieur de Majunka qui consiste en riz, en légumes secs (*pois du cap, embrevades et wembes*) en cire, en bois d'ébène et de palissandre et enfin en des quantités considérables de peaux de bœuf. Tout cela s'échange contre des indiennes, de la faïence, de la poudre, des mousquets à pierre, etc. J'ai étudié le mouvement commercial de cet autre chef-lieu maritine hova avec Zanzibar, les Comores et les navires Européens; il me paraît très actif; le port naturel de Majunka où vient se jeter une rivière navigable est vaste, profond, et bien abrité par les deux promontoires qui ferment son entrée; la ville dont la partie haute est occupée par le camp retranché de la garnison hova, renferme une population très mélangée de Sakalaves et d'Africains; le négoce est entre les mains des Arabes et de quelques riches Indiens. Quoi qu'il en soit, Tamatave offre à mon avis plus d'avantages sous tous les rapports; c'est là, si tu m'en crois, que nous devons essayer de fonder une maison de commerce. Ma proposition te convient-elle ?... Réponds.

— Mon cher Rozan, dit simplement Trottet, fais comme tu l'entendras et advienne que pourra.

A la fin de l'année 1880, la maison Trottet et Cie jouissait déjà, malgré sa création récente, d'un grand crédit à Tamatave ; elle devait sa prospérité à la direction de Rozan ainsi qu'aux efforts de Trottet. Celui-ci avait fait rapidement son apprentissage commercial ; il s'entendait maintenant à la manipulation de ces affaires d'échanges qui exigent souvent plus d'habileté que d'intelligence.

Dans les derniers jours du mois de juin 1881, vers les dix heures du matin, Rozan se trouvait sur la plage avec le capitaine de l'*Amélie* dont il était devenu le consignataire. Ils surveillaient tout en se promenant l'embarquement d'une cargaison de bœufs à bord du brick. Le vieux loup de mer qui observait depuis quelque temps les manœuvres d'un navire en vue, s'arrêta court en s'écriant :

— Quelle témérité... Mais c'est vouloir se jeter de gaieté de cœur sur les récifs que de s'engager dans le chenal avec toutes voiles dessus... Voyez plutôt, Rozan.

— Vous le faites toujours, mon cher capitaine, répondit celui-ci.

— Moi... moi.., c'est vrai ; mais je connais ces passes depuis vingt ans.

Cependant le navire franchissait la passe, et faisait son entrée dans la baie.

— Que le diable m'emporte, dit le commandant de l'*Amélie* en considérant attentivement le trois-mât barque, si ce n'est pas la *Léonie;* son capitaine, votre compatriote, est un des jeunes et brillants officiers de notre marine marchande.

— Vous le nommez?

— Julius Cadet.

— Trottet m'a souvent parlé de lui comme d'un de ses meilleurs amis.

Le dimanche suivant, les deux négociants créoles, leur compatriote Julius Cadet et le capitaine de l'*Amélie* prenaient le café sous l'immense parasol d'un badamier qui ombrageait toute la cour de la maison de commerce.

— Pensez-vous nous quitter bientôt? demanda le vieux loup de mer au capitaine de la *Léonie*.

— Aussitôt que nos armateurs auront ravitaillé mon navire.

— Ce sera fait dans huit jours, dit Rozan.

— Est-ce que tu vas directement à *Tuléar-Bay*, Julius? interrogea Trottet.

— Tout droit.

— Ce point de la côte sud-ouest est-il aussi

fréquenté que le port de Majunka? demanda à son tour Rozan.

— Je n'oserais l'affirmer, bien que Tuléar se trouve situé dans une des régions les plus riches de Madagascar; son immense baie, d'un accès facile, servait depuis plus de cinquante ans, de port d'hivernage aux baleiniers américains, lorsque des négociants de l'île de la Réunion et des États-Unis y sont venus établir presque en même temps des comptoirs de commerce. Ces comptoirs ont été abandonnés en 1872, à la suite de l'attaque et de la destruction par les indigènes de la factorerie française; mais, comme vous le voyez, nous avons renoué nos relations commerciales avec les Sakalaves.

— Sont-elles au moins faciles?

— Très avantageuses surtout; il faut toutefois être constamment sur ses gardes avec les populations de toute cette côte; indépendantes les unes des autres, elles sont en guerre continuelle pour des razzias de bœufs et de jeunes esclaves. Leurs rois, qui jouissent d'une autorité absolue, sont parfois d'une barbarie atroce; c'est ainsi qu'ils mettent à mort sans merci tous les guerriers de la peuplade vaincue.

— Ces Sakalaves sont-ils braves?

— Oui, très braves, et belliqueux, mais les

Vèzes (1) sont surtout insolents. Ainsi, dans la baie même de Tuléar où existent sur le rivage trois bourgades indépendantes, la population d'un de ces villages ne vit que de brigandage perpétuel ; redoutée de tous ses voisins, cette peuplade de mœurs farouches n'a jamais voulu entrer en rapport avec les Européens. Nous devons le regretter, car c'est sur un point inconnu de son territoire que se trouve un véritable ossuaire d'*Æpyornis*.

— En a-t-on des preuves positives ?

— Plus que positives, d'une certitude absolue.

Les deux œufs monstres d'Æpyornis que possède le Muséum d'histoire naturelle de Paris viennent de Tuléar ; ils ont été donnés par ces pillards au capitaine Rozier qui leur imposa son amitié à coups de canon. Ce qui laisse supposer qu'il doit y avoir non loin de cette plage un véritable gisement fossile de ce grand oiseau marcheur de Madagascar, c'est la rapidité avec laquelle les habitants de ce village hostile se procurent, lorsqu'ils veulent bien les vendre aux vazas, des fragments d'os d'Æpyornis. Malheureusement, avec tous ces débris que je suppose brisés à dessein par les naturels, il serait bien difficile de reconstituer le squelette du brévipenne particulier à la grande île africaine.

(1) *Vèzes* ou Sakalaves du Sud.

FAUNE ET FLORE DU PAYS SAKALAVE.

— Dites plutôt, mon cher Cadet, du continent de Madagascar, interrompit le capitaine de l'*Amélie*.

— Notre brave capitaine tient toujours à son continent, dit Trottet.

— Toujours, mes chers insulaires. Il me semble inutile de vous reparler de la formation géologique de la Grande-Terre, de sa faune et de sa flore particulières ; vous les connaissez maintenant. Je vous dirai que cet oiseau géant vient encore à l'appui de mon opinion.

— Vous pourrez sans doute nous le prouver ?

— Parfaitement. Est-ce qu'on n'a pas découvert les autres membres de la famille de ce grand oiseau marcheur dans le continent australien ? les uns, tels que l'ému et le casoar vivent encore dans les déserts de sable de la Nouvelle-Hollande où ils ont pu échapper à leur destruction par l'homme ; les autres sont enfouis dans les terrains meubles de la plupart des archipels du Grand Océan. A la Nouvelle-Zélande, se trouve l'oiseau le plus gigantesque de la création, le *Dinornis giganteus* dont la taille mesurait plus de trois mètres ; ici, nous avons dans l'Æpyornis le plus gros, le plus massif, le plus éléphant des brévipennes dont les nombreuses espèces ne sont plus représentées dans la nature actuelle que par quelques rares individus.

Toute cette riche faune ornithologique que nous trouvons cantonnée sous la même latitude devait certainement habiter une seule et même région que les révolutions du globe ont disloquée, divisée et engloutie en partie. C'est ainsi que de nos jours, Madagascar dont la pointe orientale devait presque toucher à l'Australie est devenue une île qui se trouve à mille lieues de distance de ce continent.

Maintenant, je prierai mon collègue de compléter les renseignements qu'il a recueillis à Tuléar sur ce brévipenne.

— L'Æpyornis, reprit le capitaine de la *Léonie*, aurait disparu à une époque relativement récente ; car il en est fait mention dans toutes les vieilles traditions des Sakalaves du Sud. Cet oiseau, disent ces traditions, avait la taille du bœuf qu'il assommait d'un coup d'aile ; s'il était prodigieusement fort, il était tellement lourd dans sa marche qu'on pouvait le poursuivre et le tuer à coups de bâton ; il habitait les bords de la mer et se nourrissait de poissons ; il se reproduisait difficilement et l'incubation de ses œufs qu'il abandonnait souvent était très longue. C'est de cette façon que les Malgaches expliquent l'extinction de cet oiseau dont M. Grandidier (1) a rencontré de nombreux débris fossiles

(1) M. Grandidier a découvert également dans les environs de Tuléar un gisement d'ossements fossiles parmi

dans les dunes de cette seule portion de la côte comprise entre le cap Sainte-Marie et Machichora.

Pour moi, je suis convaincu qu'il serait des plus faciles de reconstituer en entier l'Æpyornis.

— Quand cela plaira du moins à vos sauvages de Tuléar, dit Rozan... A propos, ces Sakalaves du Sud sont-ils aussi bons marins que nos Malgaches de la côte Est?

— Aussi intrépides et plus habiles.

— C'est difficile.

— N'importe. Les Vèzes sont admirables d'habileté lorsqu'ils sortent de la baie par un grand vent dans leurs pirogues à balancier. On les voit déménager les uns après les autres de leur canots et gagner par les deux longues perches transversales de liaison le balancier pour le surcharger de leur poids. C'est ainsi qu'ils arrivent à contre-balancer l'effort du vent sur l'immense voile tendue à l'avant de ces embarcations si étroites et si allongées qu'elles chavireraient immédiatement sans le contrepoids d'un tronc d'arbre. Leur voile de

---

lesquels une nouvelle espèce d'hippopotame et deux tortues gigantesques *(Testudo abrupta, nob. et Emys gigantea, nob.)*. Il existe sur la côte ouest et dans toutes les petites îles du canal des tortues géantes (tortue éléphantine) qui deviennent si grosses que trois ou quatre hommes peuvent aisément se tenir sur le sommet de leur caparace.

16 mq. imprime une vitesse effrayante à ces barques creusées dans un bois tendre et léger.

— Si elles sont faites avec un pareil bois, ces pirogues ne peuvent pas servir au transport des marchandises.

— Détrompez-vous, Rozan; elles ne portent certainement pas le chargement d'un boutre arabe; mais elles peuvent prendre avec leurs huit bateliers dix ou quinze balles de riz de 75 kilogrammes chacune.

— A propos d'Arabes, dit Trottet, les marchands d'esclaves du Mozambique fréquentent-ils toujours aussi assidûment ces parages?

— Tout comme par le passé, en dépit de la surveillance des croiseurs du canal.

— Votre demande, Trottet, vient de me rappeler un bien triste souvenir maritime, dit le vieux loup de mer.

— Quel souvenir, mon cher capitaine?

— Le terrible drame qui s'est passé dans les parages mêmes de Tuléar : la révolte et le massacre d'un convoi d'immigrants à bord du *Fortuné*.

— J'étais encore bien jeune à cette époque, dit Trottet; mais je me souviens que l'instruction et le jugement de cette affaire ont vivement préoccupé pendant plusieurs mois toute notre population coloniale.

— Faisiez-vous partie de l'équipage du *Fortuné?* demanda Julius.

— Dieu merci, non. Mais je connais le drame du *Fortuné* dans ses moindres détails.

— Vous nous le raconterez, capitaine, s'écrièrent à la fois les trois créoles.

— Volontiers, dit le vieux loup de mer. Mon récit pourra peut-être vous ennuyer, il vous apprendra du moins, mes jeunes amis, la façon odieuse dont se pratiquait, après l'abolition de la traite des noirs, l'immigration africaine.

Au retour d'un de mes voyages d'Australie, j'étais entré comme malade à l'hôpital civil de Saint-Denis (île de la Réunion).

Une après-dînée du mois de septembre 1857, nous prenions le frais sous la vérandah du *Pavillon des officiers*, situé au centre des services généraux, au milieu de la cour d'honneur de l'établissement. Il était environ six heures du soir : le soleil baissait sur l'horizon, et la chaleur du jour commençait à tomber.

Des matelots de notre marine marchande, pour la plupart convalescents, allaient et venaient autour de nous, tout en se promenant sous les grands badamiers et les tamariniers géants dont l'épais et large feuillage ombrageait cette vaste cour.

La cloche de service tinta trois coups et sonna l'appel du médecin ; presque aussitôt les grandes portes de l'hôpital s'ouvrirent pour se refermer derrière une voiture qui vint s'arrêter devant le perron du pavillon.

Un grand vieillard très faible, d'une maigreur et d'une pâleur extrêmes, en descendit. Il était porté plutôt que soutenu par deux personnes qui l'accompagnaient ; il semblait écrasé sous le poids d'un immense chagrin. De ces deux personnes, l'une, M. Lacaussade, était un des plus riches armateurs de la colonie ; l'autre, un simple gendarme, qui se retira immédiatement.

Le malade fut déposé sur une chaise longue, à une des extrémités inoccupées de la vérandah ; l'armateur, qui ne l'avait point quitté, lui prodiguait les marques d'un intérêt et d'une déférence toutes particulières.

La plupart des marins, poussés par la curiosité, avaient interrompu leur promenade; ils observaient, groupés à quelque distance du pavillon.

Tout à coup l'on entendit ce cri :

« Mon Dieu ! mon capitaine ! » et nous vîmes un de ces hommes s'élancer de ce côté de la vérandah où il vint tomber, plutôt qu'il ne s'assit, sur la première marche du perron.

Le vieillard, qui avait relevé la tête, fixa son regard profondément mélancolique sur ce matelot qui se tenait à ses pieds en proie à une émotion des plus vives. Ses yeux se voilèrent de larmes.

Le marin éclata en sanglots; il s'écriait :

« Mon capitaine... mon brave capitaine... Vous ici, malade... conduit par un gendarme... Ah! malheur... Poursuivi comme nous autres... Et vous n'êtes pour rien dans ce massacre... Quelle horrible nuit! mon Dieu!!... »

Cette explosion de douleur si vraie avait profondément remué le vieillard; il faisait de violents efforts de volonté pour dissimuler son émotion; son visage, d'une pâleur effrayante, s'était un peu animé par le retour du sang.

Le capitaine du navire le *Fortuné* — car c'était lui — se redressa à moitié et nous pûmes l'entendre dire d'une voix faible, mais ferme et distincte :

— Voyons, Le François, pourquoi te désoler ainsi? N'es-tu point toujours mon brave et loyal timonier? Ni toi ni aucun des hommes de mon équipage vous n'êtes coupables de cette boucherie, de ce massacre d'innocents. M'entends-tu?... Que le crime...

— Vous le voyez bien, mon capitaine, s'écria le matelot. Ah! oui, c'est un crime. Non, de la vie, je ne...

— Oui, c'est un crime, et des plus abominables, interrompit le capitaine Caylet, mais il retombera sur ses véritables auteurs. Dieu les connait; il se chargera de punir ces scélérats, qu'ils échappent ou non à la justice des hommes.

J'arrive des assises, Le François; nous y étions tous, et tous, jusqu'à mon petit mousse, ce pauvre enfant de douze ans, enveloppés dans la même accusation. Tu manquais seul à l'appel; mais nous avons appris que tu étais encore en ce monde où nous ne pensions plus te revoir. Demain, l'affaire sera terminée, et tu pourras embrasser tes camarades rendus à la liberté. Il n'y a pas de condamnation possible — je l'espère, du moins, ô mon Dieu!

— Qu'il vous entende, mon capitaine! — Mais vous, vous étiez malade et au lit en ce moment-là. Pourquoi donc vous poursuivent-ils? Je ne comprends pas cela. Est-ce que les camarades n'auraient pas dit la vérité? interrogea le marin dont la physionomie s'était assombrie.

— Le capitaine doit-il jamais dans le danger abandonner son bord et son équipage, Le François? Tu n'as point pensé que j'étais capable de vous renier et de séparer mon sort du vôtre dans une si épouvantable circonstance ?

— Oh! jamais! monsieur Caylet, répondit le marin, en s'essuyant les yeux du revers de la main.

— Vous pouvez tous, sans exception, continuer à compter sur votre vieux capitaine. Je te charge de le dire à tes camarades. Le François, ne l'oublie pas. Quant à toi, mon bon ami, nous te croyions perdu. Je suis bien heureux de te voir sauvé et sur pied ; tu rentreras en France en même temps que les autres. Vous retournerez à Bordeaux sur mon propre navire, le *Fortuné :* M. Lacaussade me l'a promis.

— Vous pouvez compter sur ma parole aussi bien que sur mon dévouement, s'empressa de dire l'armateur, qui avait écouté jusque-là dans un silence religieux.

— Nous reprendrons alors la mer sous votre commandement, mon capitaine? — Quel bonheur! s'écria le timonier.

— Non, je ne le crois pas, mon brave ami, répondit le capitaine du *Fortuné* dont la physionomie s'était empreinte d'un sentiment de tristesse indicible ; mais je vous suivrai de près. La maladie qui vient de me ressaisir me forcera à rester en arrière... Lorsque tu seras arrivé à Bordeaux, j'espère que tu iras voir ma femme et mes enfants ; tu es une vieille connaissance pour eux. Tu leur diras que, lors de ton départ, je me portais... assez bien... et... que je compte... les rejoindre dans...

Il n'acheva pas sa phrase.

L'épouvantable catastrophe arrivée à bord de son navire — catastrophe qu'il n'avait pu ni prévoir ni empêcher, et qui couronnait lugubrement sa longue et belle carrière maritime, — avait frappé M. Caylet au cœur. Il se sentait mourir sous le poids de ce chagrin. En évoquant tout à l'heure le souvenir de sa famille qu'il savait ne plus revoir, il avait courbé la tête.

Lorsqu'il la releva après quelques instants, son visage était baigné de larmes.

Ce vieillard pleurait. — Nous étions tous attendris et profondément émus.

Le médecin de l'hôpital venait d'arriver ; il fit transporter aussitôt le malade dans la chambre qui lui avait été préparée.

Le timonier du *Fortuné* était resté comme anéanti sous le coup des dernières paroles de son capitaine ; il avait senti ce qu'elles renfermaient d'amère tristesse et de désespérance.

Il fut tiré de cet état de torpeur douloureuse

par l'armateur qui le prévint, en s'en allant, que M. Caylet désirait le voir le lendemain matin.

Nous avions entendu parler du drame terrible qui s'était passé à bord du *Fortuné*, en vue des côtes de Madagascar ; nous savions que ce navire, de la maison Lacaussade et C¹⁰, avait été saisi à son arrivée en rade de Saint-Denis, au mois de juin dernier ; son équipage arrêté, enchaîné à bord, puis débarqué et emprisonné à la geôle de l'île.

L'armateur, après avoir inutilement employé tous les moyens, avait offert une caution considérable pour obtenir, à défaut de l'élargissement qu'on lui refusait, l'internement à l'hôpital du capitaine, dont l'état de santé justifiait cette faveur. Il avait également échoué dans ces dernières démarches. Quoi qu'il en soit, il n'avait cessé un seul instant de se préoccuper de l'adoucissement du sort des prisonniers et de la préparation de leur défense. On lui avait remis en garde, après un mois, le plus jeune des deux mousses. Quant à Le François, son transfèrement à l'hôpital civil avait dû être immédiat ; débarqué du *Fortuné* dans un état presque désespéré, sa guérison était regardée comme miraculeuse par les médecins eux-mêmes.

Cette affaire, certainement la plus grave que les magistrats d'une cour d'assises coloniale, assistés de leurs quatre assesseurs, aient eu jamais à juger, se dénouait en ce moment même.

L'équipage tout entier d'un navire — depuis le capitaine, un vieillard, jusqu'au petit mousse, un enfant — avait à répondre de la mort et du massacre de trois cent cinquante personnes.

Le commandant, qui du banc des accusés avait été transporté d'urgence à l'hôpital par ordre du président des assises, nous venions de le voir et de l'entendre. Il avait proclamé devant nous l'innocence de ses matelots; il attendait avec confiance leur acquittement; il avait même déjà réglé leur retour en France.

Le timonier du *Fortuné* ne s'était pas encore éloigné de la vérandah; notre curiosité l'emportant sur tout autre sentiment, nous réussîmes, en joignant nos instances, à lui faire raconter dans tous ses détails la révolte des immigrants malgaches et l'horrible massacre qui suivit.

Voici, tel que nous l'avons recueilli de la bouche de ce brave marin, le récit de ce drame maritime, le dernier, mais le plus épouvantable entre tous sur lequel s'est fermée la triste et courte histoire de l'immigration.

De notre vie nous ne pourrons oublier l'émotion douloureuse et l'inquiétude morale qui agitaient cet homme rude et habitué au danger à mesure qu'il avançait dans son récit qu'il acheva d'une voix éteinte et brisée par les sanglots.

« Nous revenions de Pondichéry avec un beau chargement de riz, lorsque nous fûmes envoyés sur les côtes de Madagascar pour prendre des engagés. Il aurait mieux valu pour nous tous, ah ! oui certes, voir le *Fortuné* jeté à la côte par une tempête ou sombrer avec une voie d'eau.. Nous aurions peut-être péri dans le naufrage, mais au moins nous n'aurions pas sur la conscience la mort de tous ces malheureux noirs, de leurs femmes et de leurs enfants.

« Chacun ici-bas doit subir sa destinée... La nôtre est vraiment trop cruelle.

« Notre navire, très bon voilier, tenait la mer depuis plus de neuf mois ; nous avions visité successivement la Martinique, la Guadeloupe et Buenos-Ayres avant d'arriver pour la première fois à Saint-Denis, d'où nous nous sommes rendus dans l'Inde.

« Après ce voyage, nous comptions bien repartir pour la France et rentrer à Bordeaux, notre port d'embarquement. La campagne était finie ; le *Fortuné* avait beaucoup fatigué, il avait besoin de réparations.

« Mais le capitaine, qui a une part dans le navire (le brave homme sera ruiné de ce coup), n'était point le seul maître ; avant notre retour de

Pondichéry, notre armateur avait affrété le bâtiment à un gros négociant de la ville qui fait habituellement le trafic des engagés. Nous n'avions encore jamais fait ces sortes de transports. Nous ne devions nous occuper en rien de ces malheureux qui sont logés dans l'entrepont : le bateau se chargeait de les recevoir et de les transporter tout simplement à destination.

« Une fois notre cargaison de riz chargée (ce qui n'avait pas été long), le capitaine prit ses dispositions pour ce maudit voyage. Le *Fortuné* fut arrangé de façon à pouvoir loger et nourrir les quatre ou cinq cents Malgaches que l'on allait recruter sur ces côtes pour les vendre, comme travailleurs, dans la colonie.

« Quelques jours après tout était prêt; le mandataire du négociant, déjà installé à notre bord, emmenait avec lui sept hommes, autant pour la surveillance que pour le service des cuisines.

« Nous n'attendions plus pour mettre à la voile que le subrécargue qui nous arriva dans la matinée du 5 mai.

« Quelques heures après, le *Fortuné* quittait la rade de Saint-Denis en mettant le cap sur Madagascar.

« Je n'ai pas besoin de vous expliquer ce que c'est qu'un subrécargue, ce représentant officiel que le gouvernement colonial place à bord de tous les navires faisant l'immigration ; c'est grâce à sa présence que le bateau qui revient des côtes d'Afrique ou d'ailleurs avec un convoi de nègres pour les colonies, n'a pas à craindre que les croiseurs anglais ou français lui donnent la chasse comme négrier. On peut dire qu'il est là à bord comme une sorte de pavillon qui couvre la marchandise ; sur la côte, les engagements des Noirs doivent être passés devant lui ; il est chargé de surveiller et d'assurer la liberté de ces malheureux contre toute tentative de corruption ou d'enlèvement par surprise. Ainsi protégé, l'immigrant se trouve entièrement libre d'accepter ou de rejeter le contrat qui lui est proposé.

« Malheureusement, les subrécargues n'ont pas l'habitude de s'inquiéter de ces dispositions tutélaires d'une loi qu'ils sont chargés de faire observer ; ils ont plus de profit à se faire acheter d'avance par les négociants. Quelques-uns se font quelquefois tirer l'oreille ; c'est, m'a-t-on dit, pour se vendre un peu plus cher au dernier moment. Je le crois.

« Le nôtre ne devait pas faire exception à la règle ; il est bien la cause de tous nos malheurs. Avec ses airs empressés et ses manières de petite demoiselle, ce petit homme grisonnant, qui jouait au jeune homme, s'il nous amusait beaucoup, déplaisait fort au capitaine qui ne le lui cachait pas.

« Après cinq jours de traversée, au moment d'entrer dans la baie de Tamatave, M. Caylet tomba malade et dut prendre le lit pour ne plus le quitter.

« Décidément nous avions toutes les malchances pour nous ; à preuve : nous n'étions pas encore dans ce port que notre second qui avait pris le commandement, le mandataire du négociant et le subrécargue s'entendaient à merveille ; ils ne se quittaient plus d'une semelle : — trois têtes dans un même bonnet.

« Le second était un bon marin, brave mais brutal et insolent. Le capitaine qui l'appréciait pour ses qualités, ne lui avait jamais laissé prendre une autorité complète sur l'équipage, depuis cinq ans que nous naviguions ensemble.

« Après un séjour de vingt-quatre heures à Tamatave, nous levâmes l'ancre. On n'avait pas trouvé, soi-disant à prendre là des engagés ; je crois qu'on ne s'y était arrêté que pour la frime.

« Le *Fortuné* se mit à marcher dans le sud, sans trop s'éloigner de la terre ; le 15 mai, après avoir atteint la pointe sud-ouest de l'île et doublé le cap Sainte-Marie, le navire s'engagea dans le canal de Mozambique.

« Nous serrions de très près la côte occidentale de Madagascar, en la remontant ; chaque jour on stoppait une ou deux fois devant les villages qu'on relevait le long de la route.

« Le représentant de commerce et le subrécargue descendaient à terre; ils cherchaient où recruter leur cargaison parmi les peuplades Sacalayes du littoral.

« Enfin dans la matinée du 20, nous entrâmes, sur les indications recueillies par nos deux compères, dans une baie assez large, profonde et à moitié cachée derrière les montagnes qui l'abritaient. Nous pûmes nous approcher et mouiller à une centaine de brasses du rivage qui paraissait très peuplé à en juger par le grand nombre de cases qu'on apercevait.

« Nous ne nous trompions pas.

« Une grosse bourgade était bâtie sur la plage, au fond de cette baie; sa population obéissait à un roitelet sauvage qui devait vendre et livrer lui-même ses propres sujets pour une centaine de piastres et quelques barils de rhum.

« Deux ou trois heures après notre arrivée, le commerçant et le subrécargue qui étaient descendus pendant qu'on jetait l'ancre, revinrent à bord. Ils étaient tout joyeux. Ils repartirent bientôt dans le grand canot qui avait été mis à la mer et chargé d'une dizaine de ballots de marchandises diverses et de plusieurs tonnelets d'arack.

« Le lendemain matin, nous les vîmes conférer sur la dunette avec notre second; la conversation fut longue et très animée.

« Que se passa-t-il alors entre ces trois hommes ? Dieu seul le sait.

« C'est de cette conférence, où il y eut sans doute un échange de conventions réciproques dictées par l'intérêt, qu'est sortie cette horrible catastrophe qui a causé la mort de tant d'hommes, sacrifiés à notre propre salut.

« Le capitaine, alité par les fièvres qui le minaient, était incapable de surveiller son navire ; il ne pouvait savoir que ce qu'on voulait bien perdre.

« Comme nous, il fut surpris par les événements.

« Dans l'après-midi, le pilotin reçut l'ordre de conduire à terre une partie de l'équipage pour faire de l'eau et prendre des vivres frais. Le second et ses deux associés nous accompagnèrent; ils furent reçus sur le rivage par le roi malgache qui les accueillit par des cris de joie et les conduisit dans son palais, une grande cabane en torchis recouverte en paille de vétiver.

« A notre rentrée à bord, sur les neuf heures du soir, on nous apprit que le *Fortuné* appareillerait probablement dans la nuit du lendemain : le représentant du négociant avait trouvé le nombre d'engagés qu'il lui fallait; comme tous les contrats d'engagement avaient été passés sous les yeux et avec l'approbation de subrécargue, l'embarquement des immigrants ne rencontrait aucune difficulté ; il pouvait avoir lieu et se terminer dans le cours de la même journée.

« Ce jour-là, je veux dire le 22 mai 1857 était un samedi ; dès la première heure, tout était en branle à bord du bâtiment : le pont fut lavé et débarrassé, les canots enlevés de leurs porte-manteaux et placés le long des haut-bords ; l'entrepont nettoyé de fond en comble et disposé pour le logement du convoi malgache ; tous les sabords ouverts pour l'éclairage et l'aération ; le magasin des vivres inventorié et les fourneaux des engagés allumés pour la première fois.

« Cependant les gabiers dans les hunes et sur les vergues inspectaient la voilure et le gréement.

« Vers midi, le *Fortuné* changea de mouillage pour se placer à la sortie de la baie, à l'abri des montagnes. Notre ancre, laissée à la traîne sans pouvoir accrocher, permettait au navire de chasser dessus.

« Nous nous tenions tout prêts à partir aussitôt l'embarquement des Malgaches.

« Il pouvait être environ trois heures lorsque nous vîmes une centaine de pirogues se détacher de la côte ; elles étaient surchargées de monde et se dirigeaient vers nous à force de rames; dans la première, la plus longue, se trouvait le roitelet en compagnie du subrécargue et de son ami.

« Ce chef de tribu venait achever la conclusion de son marché : il devait livrer sur place la marchandise vendue.

« Sa population le suivait sans défiance ; elle ne pouvait s'attendre au sort qui lui était réservé. Tous ces malheureux, pleinement rassurés par sa présence au milieu d'eux, arrivaient à notre bord pour assister à la soi-disant fête donnée en l'honneur de leur prince.

« Vous allez voir les terribles conséquences de ce misérable mensonge.

« Le second, qui observait comme nous l'arrivée de cette petite flottille, était devenu pensif et soucieux. Il arpentait la dunette à grands pas lorsqu'il appela le lieutenant et lui transmit des ordres à voix basse. Celui-ci prit deux hommes avec lui et remonta bientôt sur le pont avec tout un chargement de fusils, de pistolets, de munitions, de haches, de sabres et de coutelas.

« Le tout fut déposé sous clef dans une des chambres du carré des officiers; seulement, sept hommes de l'équipage reçurent chacun deux pistolets et un coutelas, de façon à pouvoir faire face à toute éventualité.

« Songez donc; nous n'étions que trente-six hommes à bord, tout compris, depuis le capitaine jusqu'au petit mousse.

« On pouvait craindre quelques rébellions isolées au départ. C'est ce que nous expliqua le second.

« Peut-être obéissait-il à quelque secret pressentiment en prenant à la dernière heure cette mesure de précaution !

« Les pirogues venaient de nous accoster; elles s'amarrèrent tout le long des flancs du navire. Notre pont fut bientôt envahi et encombré par plus de quatre cents Malgaches Sacalaves, dont un assez grand nombre de femmes et d'enfants.

« Tous ces gens, aux trois quarts nus, n'avaient d'autre vêtement qu'un morceau d'étoffe enroulé autour des reins. Leur roi seul était quelque peu habillé; nous ne pouvions sans rire regarder l'accoutrement bizarre de ce souverain, reçu avec une certaine solennité respectueuse par nos officiers.

« Ce grand nègre d'un embonpoint énorme, aux jambes nues, coiffé d'un claque d'officier anglais et revêtu d'un vieil uniforme de commandant de milice coloniale, avait une face bestiale éclairée par deux gros yeux à fleur de tête; un front bas et fuyant, un nez largement épaté et des lèvres fort épaisses composaient le reste de ce royal visage à l'expression cupide et féroce.

« On fit asseoir cette Majesté au pied du mât d'artimon, en face d'une table chargée de liqueurs variées où notre second et les deux autres prirent également place. Ses femmes et ses officiers, rangés en cercle autour de lui, s'assirent par terre.

« Ce scélérat qui n'avait amené à sa suite que des hommes jeunes et dans la force de l'âge, cria quelques paroles à ses sujets : aussitôt le trouble et le désordre cessèrent; hommes et femmes prirent le chemin qu'on leur indiquait et descendirent dans l'entrepont. Il ne resta plus sur le pont du navire qu'une centaine d'individus éparpillés de côté et d'autre.

« On ne tarda pas à servir à ces Malgaches cinq ou six énormes marmites de riz cuit avec du lard; on leur apporta en même temps quelques barriques de rhum et d'arack dont ils accueillirent l'arrivée et le défoncement par des acclamations étourdissantes.

« Les bouteilles et les moques de rhum commencèrent à circuler de main en main et à se vider plus rapidement encore.

« Tous ces malheureux entassés dans le navire se trouvaient à une fête magnifique; ils s'y livraient tout entiers en donnant un libre cours à leur passion pour la danse et les boissons alcooliques.

« D'autres veillaient, attendant l'ivresse qui allait

venir; et après l'ivresse, l'abrutissement et le lourd sommeil qui devaient sonner l'heure de notre départ et de leur perte.

« Ces sauvages aiment la danse et la musique avec frénésie : ils dansaient sur place en s'accompagnant de chants aux notes douces et mélancoliques. Ils s'animaient en buvant à tour de rôle.

« On remplaça les barils de rhum vidés par de nouveaux.

« Le temps avait marché, la nuit approchait; les danses devinrent lourdes, les voix criardes et discordantes. L'ivresse les gagnait; beaucoup tombaient dans les coins pour ne plus se relever. D'autres ne se soutenant plus sur les jambes, se laissaient choir sur place, tout en continuant à boire et à bourdonner leurs chants.

« A ce moment, le roi accompagné de sa suite, descendit dans l'entrepont et le parcourut; sa présence, accueillie par des hourras, redoubla la soif et l'amour de ses sujets pour le rhum. Après son départ, le second donna l'ordre de fermer les sabords et les petits panneaux, de relever l'échelle du grand panneau où deux hommes restèrent en surveillance.

« Ces malheureux vaincus et paralysés par l'alcool, ne s'aperçurent même pas de l'exécution de ces ordres. Notre entrepont était devenu une prison noire ; mais pour eux, la nuit avait simplement succédé au jour ; ils continuèrent à s'enivrer dans l'obscurité.

« Notre navire, tout en chassant sur son ancre, était sorti insensiblement de la baie ; il était dix heures du soir, et l'on pouvait profiter d'une forte brise de terre soufflant du sud. L'ancre fut levée sans bruit, et le *Fortuné* se couvrit de ses basses voiles pour gagner le large. C'est alors que le roitelet sauvage qui avait reçu le prix de son infâme marché, quitta notre bord avec une soixantaine d'hommes et de femmes. Avant de s'éloigner, ce scélérat coupa lui-même toutes les amarres des pirogues qui s'en allèrent à la dérive.

« Une demi-heure après, le *Fortuné* était sous voiles, emportant un convoi de plus de quatre cents Malgaches qui ne se doutaient guère qu'ils venaient d'être vendus par leur prince et ravis à leur patrie.

« Les deux associés, le mandataire du négociant et le subrécargue, étaient dans la jubilation ; ils pouvaient se féliciter, l'un de l'heureuse issue de son opération commerciale, l'autre du concours *intéressé* qu'il avait fourni pour cette belle capture.

« Soixante Malgaches environ se trouvaient encore sur le pont ; plongés dans le sommeil de l'ivresse, ils ne bougeaient pas. On avait le temps de les déranger.

« Les bruits de l'entrepont s'éteignaient peu à peu; on ferma le grand panneau.

« L'équipage reçut une double ration d'eau-de-vie; et chacun eut bientôt repris son poste et le service ordinaire du bord.

« La nuit était claire et très étoilée; la brise n'avait point molli, et notre navire sans être trop chargé de toiles, était en pleine marche sous sa voile de misaine, le grand et le petit hunier, le petit perroquet, la brigantine et son petit foc. Nous filions dans les sept à huit nœuds à l'heure par vent arrière, et la terre en fuyant, semblait descendre insensiblement dans la mer.

Il pouvait être minuit, j'étais à la barre; tout à coup je vis briller dans la direction du rivage un grand feu, puis deux, puis trois; quelques minutes plus tard, toute la côte était éclairée par une grande ligne de feux.

« On n'en pouvait douter. C'étaient bien là des signaux d'appel que les populations du rivage, instruites de la scélératesse du roitelet, faisaient à leurs frères que nous enlevions.

« Le second, alors de quart et que j'avais immédiatement averti, résolut de doubler notre vitesse en mettant toutes voiles dehors.

« La manœuvre avait été commandée; chaque homme avait rallié son poste et attendait. Soudain une effroyable clameur ébranla les entrailles du navire et monta vers le ciel.

« Les camarades lâchèrent les cordages ; la roue du gouvernail m'échappa des mains. Le saisissement nous avait tous comme pétrifiés sur place.

« Un bruit sourd, semblable au roulement du tonnerre, grondait sous nos pieds. Les Malgaches couchés sur le pont, réveillés en sursaut, essayèrent de se relever ; ils cherchaient à se reconnaître. En même temps, on aurait dit que des corps lourds tombaient à la mer ; c'étaient des nègres de l'entrepont qui se jetaient à l'eau par les quelques sabords laissés ouverts pour l'aération.

« C'est par ces ouvertures qu'ils avaient aperçu les feux du rivage.

« Mais toute la masse des prisonniers s'était portée vers le grand panneau que leur avaient révélé des fentes assez larges à travers lesquelles se pouvait distinguer la voûte du ciel. Ils cherchaient par tous les moyens à le défoncer pour s'ouvrir un passage ; les trappes allaient céder d'un moment à l'autre sous cette énorme pression.

« Dieu merci, comme je vous l'ai déjà dit, le second était brave et très énergique. D'un coup d'œil, il avait envisagé notre situation et ses dangers. L'extrême péril lui avait rendu tout son sang-froid.

« Laissant faire les nègres du pont qui s'étaient précipités sur nos trois embarcations qu'ils arrachaient de leurs porte-manteaux pour les lancer à la mer, le second cria d'une voix tonnante, dominant la clameur :

« — Tout le monde à l'arrière..... Vite au carré!... Lieutenant, distribuez les armes... Dix hommes à la chambre des armes... Remontez tout ce qui reste; des balles et trois barils de poudre... Éteignez tous les feux... Mousses, descendez près du capitaine et barricadez les portes.

« Tous ces ordres qui s'étaient suivis sans interruption, furent exécutés avec rapidité. Nous entendions craquer les panneaux; mais tout l'équipage était armé jusqu'aux dents, prêt à faire face à la révolte et disposé à soutenir, s'il le fallait, une lutte désespérée.

« Le second commanda :

« — Dix hommes sur la dunette avec le lieutenant! — Portez et cachez-y les munitions. — Lieutenant, barricadez-vous. — Timonier, toujours la barre au vent!

« Maintenant, nous autres... tous... au grand panneau... balayez le pont sur votre passage.

« La grosse partie de l'équipage, le second en tête, s'élança vers le grand mât, pendant que nous nous barricadions avec les cages à poules, les bancs, les cordages, en un mot tout ce qui nous tombait sous la main.

« Il était trop tard.

« Une masse noire, furieuse, hurlante, se rua sur le pont comme un ouragan. Tous se précipitant pêle-mêle vers le bordage du navire, s'y accrochaient et l'ébranlaient. Ahuris, surexcités par les dernières vapeurs de l'ivresse, ils tendaient leurs mains vers le rivage en poussant des cris désespérés. Les plus hardis n'hésitèrent pas à se jeter à l'eau pour rejoindre les embarcations qui s'éloignaient en emportant leurs camarades.

« Mais, presque aussitôt et sous leurs yeux, celles-ci sombrèrent sous le poids de leur trop lourde charge; la côte était trop éloignée pour songer à l'atteindre à la nage; ils fouillèrent avec anxiété la mer et le rivage d'où ils attendaient et espéraient voir venir leur délivrance. — Rien. — Seulement, les feux qui continuaient à brûler.

« Alors tous ces hommes tournèrent leur fureur contre le navire qui marchait toujours; leur nombre ne cessait d'augmenter; il en sortait toujours de nouveaux par l'ouverture du panneau; l'entrepont devait être à peu près vide.

« Le second s'était réfugié avec sa troupe à l'avant.

« Les Malgaches se trouvaient entassés entre les

mâts de misaine et d'artimon; hommes, femmes et enfants s'étouffaient en se bousculant les uns les autres; nous entendions des vociférations, des pleurs, des gémissements, des cris de désespoir et de fureur.

« Cette masse mouvante, en se ruant d'un côté ou de l'autre, allait nous jeter à la mer.

« Notre situation était désespérée. Chacun de nous en avait conscience.

« Qu'allait-il se passer ?

« Ils étaient là plus de quatre cents en pleine révolte. Et nous étions trois contre quarante, pour dompter cette révolte.

« Nous attendions.

« Tout à coup, il se fit un grand mouvement dans cette foule agitée et exaspérée. Les Malgaches se jetèrent avec rage sur les cuisines, sur le carré des officiers et s'armèrent de tous les débris. D'autres avaient embrassé les mâts et grimpaient après pour déchirer nos voiles.

« Ils hésitaient encore; ils menaçaient sans oser attaquer.

« Deux hommes allaient atteindre la grande hune; ils retombèrent lourdement.

« Le second avait fait feu.

« Et il commanda :

« — Feu à l'arrière. Prenons-les entre deux feux.

« La lutte était engagée. — Nous devions aller jusqu'au bout.

« La fusillade éclata en même temps aux deux extrémités du navire.

« Nous tirions pour ainsi dire à bout portant dans toute cette masse compacte.

« Elle s'affola. A travers le bruit de la fusillade et des clameurs effroyables, nous entendions les cris déchirants des blessés. Nos balles fauchaient leurs premiers rangs, et les cadavres s'amoncelaient.

« Dans le tumulte et le désordre qui régnaient, ils s'étouffaient dans leur presse, tombaient les uns sur les autres en se foulant aux pieds ; des femmes et des enfants se jetaient par-dessus bord ; d'autres s'accrochaient après les cordes.

« Fous de terreur, ne sachant où fuir, ils se ruèrent en avant, et des deux côtés à la fois.

« Nous n'eûmes que le temps de sauter après les cordages et de nous réfugier sur les vergues.

« La panique nous avait gagnés.

« — Tout le monde au grand mât, aux vergues de perroquet et de cacatois ! cria le second.

« L'équipage obéit ; pendant que nous étions en train de grimper et de couler le long des cordes pour passer d'un mât à l'autre, les Malgaches se voyant maîtres du pont du *Fortuné*, poussèrent des cris de victoire.

« Ils étaient revenus de leur frayeur et parcouraient le navire.

« Plusieurs d'entre eux s'emparèrent de la roue du gouvernail ; ils essayèrent de manœuvrer pour faire retourner le navire vers la terre. Tout à coup, le *Fortuné* sous leurs manœuvres inhabiles, se coucha sur le flanc ; on entendit un craquement terrible dans la mâture : le petit mât de hune brisé entraîna le petit hunier dans sa chute ; l'écoute du petit foc se cassa ; il en fut de même de l'écoute du grand hunier, qui resta en ralingue et se déchira par morceaux comme la voile de misaine.

« Le bâtiment se releva cependant ; il marchait à la dérive, sans direction, lorsque par bonheur un courant nous entraîna vers la haute mer.

« C'était maintenant au tour des Malgaches de nous attaquer ; nous leur avions appris le chemin : ils commencèrent en s'aidant les uns les autres à grimper par les haubans pour nous assaillir sur les vergues ; il fallut une véritable grêle de balles pour les faire reculer.

« Alors tous se portèrent au pied du grand mât qu'ils attaquèrent à grands coups de haches.

« Ils avaient ramassé les haches abandonnées dans notre fuite.

« — Ménagez vos munitions, cria le second ; et tirez dans le tas.

« Les cadavres s'amoncelaient autour du grand mât. . . . . ,

« — Terre! cria une voix.

« Le feu cessa immédiatement.

« A deux ou trois milles devant nous un rocher se dressait au milieu de la mer. Le *Fortuné*, que le courant entraînait toujours courait sur cet écueil. Le navire était perdu : nous allions être brisés.

« —Camarades, nous cria le second, il nous reste une dernière chance de salut... Coûte que coûte, il nous faut reconquérir la dunette pour reprendre la barre. Allons! mes braves.... tout le monde au mât d'artimon. Pas de grâce.

« Nous étions à bout de forces; mais nous jouions une partie désespérée.

« Bientôt après, sous les balles qui pleuvaient de tous cotés, les Malgaches abandonnèrent notre arrière et s'enfuirent à l'avant.

« Il était temps.

« Le lieutenant, déjà à la roue, faisait sortir le navire du courant; je repris mon poste.

« Nous n'avions pas fini de nous barricader de nouveau que les Malgaches revenaient en masse pour nous livrer un nouvel assaut. Ils pouvaient être encore deux cents; ils espéraient bien nous écraser sous leur nombre.

« Ils arrivèrent à peu près vingt jusqu'à notre barricade et la franchirent et furent massacrés sur place.

« Une pareille lutte ne pouvait se prolonger.

« Il fallait en finir au plus vite.

« Tout l'équipage les officiers en tête, s'élança sur le pont pour tout balayer au passage.

« Les Malgaches rassemblés derrière le grand mât, essayèrent de repousser notre attaque. Mais assaillis à coups de pistolet, à coups de sabre, de coutelas et de hache, ils ouvrirent leurs rangs.

« Alors commença une boucherie horrible qui dura plusieurs heures.

« Terrifiés par la peur, ils s'enfuyaient de tous côtés ; une bonne partie se jeta à la mer ; les autres, courant avec effarement sur le pont, étaient poursuivis, atteints et massacrés.

« Une soixantaine parvinrent à gagner les vergues où ils se cachèrent. Ils réussirent même dans leur terreur à monter jusqu'au sommet des mâts où ils pendaient en grappes.

« Le pont du navire était couvert de sang, de blessés et de cadavres.

« La révolte était domptée ; les malheureux nègres ne cherchant plus à fuir s'offraient d'eux-mêmes à nos coups.

« Entraînés par l'ardeur du combat, enivrés par

le sang, las d'en finir, tous les hommes de l'équipage continuaient le carnage. On tuait par fureur, par peur... par ce que vous voudrez.

« La lutte avait dégénéré en une véritable chasse à l'homme. Ce fut bientôt au tour des malheureux réfugiés dans les cordages et sur les vergues.

« On se mit à les fusiller; chaque tête, partout où elle se montrait, appelait le coup de fusil.

« On entendait à tout instant le bruit d'un corps lourd qui tombait : c'était un homme qui dégringolait sur le pont. La plupart se lancèrent à la mer du haut des mâts.

« Le jour commencait à paraître.

« Le capitaine arriva sur le pont. Il était porté dans les bras de nos deux mousses.

« A la vue du spectacle qu'offrait le pont de son navire, il pâlit affreusement.

« On crut un instant qu'il était mort.

« Il se remit bientôt et ordonna au second de faire déposer les armes par tous les hommes.

« L'équipage s'était réuni autour de M. Caylet.

« — Combien d'immigrants aviez-vous embarqués? demanda-t-il au second.

« — De quatre cent cinquante à cinq cents, répondit celui-ci.

« — A quel chiffre estimez-vous les hommes tués et blessés?

« — A trois cents ou trois cent cinquante.

« Sans adresser le moindre reproche à personne, il ordonna de fouiller le navire et de réunir sur le pont tous les survivants.

« On retrouve en tout quarante-cinq Malgaches dont douze femmes et dix enfants.

« Le capitaine fit dresser un procès-verbal des faits, le signa et le fit contresigner par tout l'équipage.

« Ensuite il donna au lieutenant l'ordre d'aller prendre dans sa chambre les deux hommes qui y étaient cachés.

« On vit alors reparaître le subrécargue et le chargé d'affaires des négociants, pâles et tout tremblants de peur. Nous nous étions demandé, pendant toute cette nuit, ce qu'ils avaient pu devenir.

« — Qu'on mette ces deux misérables aux fers, dit le capitaine. Ils y resteront pendant toute la traversée.

« Ses derniers ordres exécutés, M. Caylet s'évanouit; on dut le reporter dans sa chambre.

« Il paraît que le capitaine avait passé une nuit affreuse, en proie au délire. Plusieurs fois il avait essayé de se lever; il avait en vain supplié qu'on le transportât sur le pont.

« Pauvre brave homme.......

« Maintenant vous savez le reste, ajouta le timonier. Que Dieu veuille nous pardonner ! »

Le lendemain, les assises prononçaient l'acquittement de l'équipage tout entier du *Fortuné*.

Le second seul fut l'objet d'une mesure de rigueur. Il fut condamné à abandonner la carrière maritime.

Le subrécargue et le mandataire des négociants n'avaient pas été poursuivis.

Quelques mois plus tard, l'immigration sur les côtes d'Afrique prenait fin. La France, par suite d'un contrat passé avec l'Angleterre, s'était engagée à ne recruter désormais les travailleurs de ses colonies que dans les Indes anglaises.

. . . .
. . . .
. . . .

Un seul de nos voyageurs, Charles Trottet, devait se trouver au milieu des graves événements qui ont amené la guerre entre la France et la reine des Hovas, Ranavalo-Manjaka II.

Rozan qui était revenu en Europe pour faire une riche pacotille, est mort à Paris au commencement de l'année dernière.

A l'heure suprême, se retrouvaient groupées autour de son chevet et autour de sa tombe, ses amis du 1ᵉʳ novembre 1878.

TRAITÉ D'ALLIANCE ET DE COMMERCE

CONCLU ENTRE

S. M. L'EMPEREUR DES FRANÇAIS

ET S. M. LE ROI DE MADAGASCAR, LE 12 SEPTEMBRE 1862.

Art. 1er. — Il y aura paix constante et amitié perpétuelle entre Sa Majesté l'Empereur des Français, ses héritiers et successeurs, d'une part, et Sa Majesté le Roi de Madagascar, ses héritiers et ses successeurs d'autre part et entre les sujets des deux États sans exception de personnes ni de lieux.

Art. 2. Les sujets des deux pays pourront librement entrer, résider, circuler, commercer dans l'autre pays, en se conformant à ses lois ; ils jouiront respectivement de tous les privilèges, immunités, avantages accordés dans ce pays aux sujets de la nation la plus favorisée.

Art. 3. Les sujets français jouiront de la faculté de pratiquer leur religion. Les missionnaires pourront librement prêcher, enseigner, construire des églises, séminaires, écoles, hôpitaux et autres édifices pieux où ils le jugeront convenable, en se conformant aux lois du pays.

Nul Malgache ne pourra être inquiété au sujet de sa religion.

Art. 4. Les Français auront la faculté d'acheter, de vendre, de prendre à bail, de mettre en exploitation et en culture des terres, maisons et magasins, dans les États de Sa Majesté le roi; ils pourront choisir librement et prendre à leur service, à quelque titre que ce soit, tout Malgache non esclave et libre d'engagement, ou traiter avec les propriétaires pour s'assurer du service de leurs esclaves. Les baux, contrats de vente et d'achats, d'engagements de travailleurs, seront passés par acte authentique devant les magistrats du pays et le consul de France et leur stricte exécution garantie par le gouvernement. Nul ne pourra pénétrer dans les établissements, maisons ou propriétés possédés par les Français ni les visiter sans le consentement de l'occupant, à moins de l'intervention du consul.

Art. 6. — Les Français ne pourront être retenus dans les États du roi contre leur volonté, à moins qu'ils ne soient convaincus de crime.

Art. 7. — Les Français voyageant dans l'intérêt de la science, géographes, naturalistes et autres, recevront des autorités locales, aide et protection. Le gouvernement de l'Empereur s'engage à fournir au roi les instructeurs militaires, ingénieurs civils, conducteurs de travaux qui lui seront demandés.

Art. 8. — Les hautes parties contractantes se reconnaissent le droit réciproque d'avoir un consul résidant qui pourra arborer le pavillon de sa nation.

Art. 10. L'autorité locale n'aura aucune action à exercer sur les navires de commerce français, mais si elle est requise par le consul, elle devra lui prêter main-forte pour maintenir la concorde et la discipline entre les matelots. Les déserteurs français seront rendus.

Art. 11. Si un Français fait faillite à Madagascar, le consul prendra possession de ses biens pour désintéresser les créanciers, dans le pays et ailleurs.

Art. 12. Si un Malgache refuse ou élude le payement d'une dette, les autorités locales devront aider le créancier à opérer le recouvrement de sa créance. Le consul français agira de même avec les Français.

Art. 13. Les biens d'un Français décédé à Madagascar ou d'un Malgache décédé sur le territoire français seront remis à leurs héritiers respectifs, ou à leur défaut, au consul ou agent consulaire de sa nation.

Art. 14. Les navires français jouiront à Madagascar de tous les privilèges et immunités accordés à ceux de la nation la plus favorisée.

Art. 15. Aucun article de commerce ne sera prohibé à Madagascar, soit pour l'exportation, soit pour l'importation.

« Art. 16. Les marchandises provenant de navires malgaches jouiront des mêmes privilèges en France.

Art. 17. Les autorités locales devront aider tout navire français en détresse, le ravitailler et lui faciliter son voyage. En cas de naufrage, les naufragés devront être bien accueillis, et le sauvetage sera fait par les soins de l'autorité, les objets sauvés remis à leur propriétaire ou au consul.

Art. 18. Si un navire de commerce se trouve attaqué ou pillé dans des parages voisins de Madagascar, l'autorité locale poursuivra activement les auteurs du fait, et ne négligera rien pour qu'ils soient punis. Il en sera de même pour les actes de pillage et de vol commis à terre.

Art. 21. — Le présent traité sera ratifié et les ratifications échangées à Madagascar dans l'intervalle d'un an, à partir du jour de la signature, plus tôt même, si faire se peut, et le traité sera mis en vigueur dès que la ratification et l'échange auront eu lieu.

Article additionnel. Les droits de douanes seront supprimés à l'entrée et à la sortie, à partir de ce jour et ne seront pas rétablis.

LES HABITATIONS LACUSTRES

ANCIENNES ET MODERNES

Les Indiens demi-sauvages du lac Macaraïbo demeurent au-dessus de la surface de ses eaux dans des habitations lacustres. Ces peuplades du Macaraïbo, dont les villages lacustres ont si grandement étonné, il y a près de quatre siècles, les premiers navigateurs espagnols, ignorent sans doute les origines de cette coutume de se loger ainsi au-dessus de l'eau.

Ils l'avaient reçue de leurs ancêtres; ils l'ont transmise aux générations suivantes qui l'ont conservée à travers les âges jusqu'à nos jours.

On pourrait peut-être, en recueillant toutes les fables et légendes qui doivent flotter et courir sur les eaux tranquilles du Macaraïbo, rechercher et démêler les traditions historiques de ces populations lacustres. Le capitaine Mayne Reid prétend que les Macaraïbiens demeurent sur le lac pour fuir et éviter les horribles moustiques qui en peuplent les rives.

Il n'y a pas à discuter sur la valeur de cette opinion; car il est un rapprochement qui s'impose naturellement à l'esprit.

Comment ne pas comparer ces *modernes* habitations lacustres avec les *anciennes* habitations lacustres de notre vieille Europe?

Cette coutume de bâtir au-dessus de l'eau remonte en effet à la plus haute antiquité; et on est en droit de voir là un de ces héritages légués à ses descendants par l'homme primitif, comme un témoignage irrécusable de son existence.

Les habitations lacustres *anciennes* et *modernes* se touchent par tant de points de comparaison, qu'on ne peut leur refuser des liens d'étroite parenté, bien qu'elles soient séparées les unes des autres par des océans de mille lieues de largeur et par des milliers de siècles.

Les *anciennes* ont fini par disparaître sous le souffle révolutionnaire et créateur des civilisations successives qui ont transformé les premiers habitants de notre globe; celles-là sont restées debout en dépit du temps et avec leurs formes primitives.

Les Indiens des villages lacustres du Macaraïbo, à l'époque de Christophe Colomb, devaient avoir à peu près la même manière de vivre que les préhistoriques habitants de nos grands et petits lacs; car ces hommes primitifs qui appartiennent à l'âge de la pierre et à l'âge du bronze, vivaient, suivant sir John Lubbock, comme les Péoniens dont parle Hérodote.

« Leurs maisons, dit Hérodote, sont ainsi construites : sur des pieux très élevés enfoncés dans le lac, on pose des planches jointes ensemble; un pont étroit est le seul passage qui y conduise. Les habitants plantaient autrefois ces pilotis à frais communs; mais, dans la suite, il fut réglé qu'on en apporterait trois du mont Orbélus à chaque femme qu'on épouserait. La pluralité des femmes est permise dans ce pays. Ils ont chacun sur ces planches leur cabane avec une planche bien jointe qui conduit au lac; et dans la crainte que leurs enfants ne tombent par cette ouverture, ils les attachent par le pied avec une corde. En place de foin, ils donnent du poisson aux chevaux et aux bêtes de somme. Le poisson est si abondant dans ce lac, qu'en descendant par la trappe un panier, on le retire peu après plein. »

Ce passage du vieil historien grec s'applique admirablement au genre de vie des Indiens du lac Macaraïbo, qui passent les trois quarts de leur existence sur les eaux et à la pêche.

Les *anciennes* habitations lacustres de l'Europe ont été d'abord découvertes dans les lacs de la Suisse, qui renferment dans la profondeur de leurs eaux un très grand nombre de ces villages.

Cette découverte remonte à l'hiver de 1853 dont l'extrême sécheresse avait mis à nu et transformé en îlots les parties peu profondes de la plupart de ces lacs.

Depuis, la science n'a fait que s'enrichir sous ce rapport; on a trouvé des villages lacustres dans le sud de l'Écosse, dans le nord de l'Angleterre, dans les tourbières de la Somme, dans les plaines marécageuses du Mecklembourg et dans l'Italie septentrionale.

Cette curieuse habitude de bâtir au-dessus de l'eau, qui n'existe plus que chez quelques rares tribus sauvages ou demi-sauvages, a été portée et répandue par l'homme des premiers âges sur tous les points du globe.

Ainsi, nous la trouvons chez les Indiens de l'Amérique et aux époques préhistoriques de l'Europe; elle existe également aux Indes orientales.

« La ville de Bornéo est entièrement bâtie sur pilotis, et différents voyageurs ont trouvé des habitations analogues dans la Nouvelle-Guinée, aux Célèbes, à Solo, à Céram, à Mendano, aux îles Carolines et dans beaucoup d'autres lieux. »

Dumont d'Urville dit que « jadis toute la ville de Tondano était construite sur le lac, et l'on ne communiquait d'une maison à l'autre qu'en bateau. Forts de cette situation, les habitants eurent, en 1810, des démêlés avec les Hollandais, et voulurent secouer leur joug. Ce ne fut pas sans peine qu'on en vint à bout; il fallut y porter de l'artillerie et construire des bateaux-canonnières. Depuis ce temps on a défendu aux indigènes de construire leurs habitations sur le lac. »

« Les habitations des Dyaks, rapporte l'évêque de Labuan, sont bâties au bord des rivières, sur des plates-formes élevées de 20 à 30 pieds. Chaque village consiste en une seule rangée de quelques centaines de pieds de longueur. Les plates-formes sont formées de poutres, puis recouvertes de lattes, larges de deux pouces; ils ménagent un espace de deux pouces entre chacune de ces lattes; aussi leurs maisons sont-elles bien ventilées et tous les débris tombent-ils dans la rivière. »

Ces dernières descriptions de nos voyageurs modernes donnent une idée parfaitement exacte de la construction et de l'aspect général des habitations lacustres de l'époque préhistorique. Ce sont, à quelques différences près, les mêmes poutres de bois durci enfoncées dans l'eau, les mêmes plates-formes de recouvrement; quant aux huttes, faites en branchages, reliées et recouvertes par une couche de terre argileuse, elles étaient de forme ronde ou carrée. Leur architecture était certainement des plus simples.

Les habitations lacustres de la Suisse, c'est-à-celles des lacs de Zurich, de Genève, de Neufchâtel, de Brienz, de Constance, de Morat et de plusieurs autres petits lacs — étaient situées assez loin du rivage, parfois même au milieu des eaux.

On en connaît aujourd'hui plus de deux cents; et il en reste sans doute bien d'autres encore à découvrir.

Si quelques-uns de ces villages appartiennent à l'âge de fer et même à la période romaine, le plus grand nombre remonte à l'âge de la pierre et à l'âge du bronze. M. Troyon estime que la population des lacs suisses pour ces deux époques devait s'élever à 75,000 personnes environ.

Il est difficile de se faire une idée des forces, du travail et même de l'intelligence que devaient dépenser les peuplades préhistoriques pour tailler, transporter et enfoncer dans les eaux des arbres entiers comme pilotis. Et cela, si l'on songe aux outils grossiers et aux haches de silex dont ces hommes se servaient.

La patience, le courage et le nombre étaient certainement leurs meilleurs instruments de travail

— disons encore la nécessité — pour élever ces habitations lacustres que leur intelligence instinctive et sociale leur avait fait adopter et qu'ils préféraient avec raison à toute autre.

Les populations disséminées et assez rares de l'époque préhistorique, en se réfugiant sur les eaux n'avaient pas à craindre la famine ; le lac les nourrissait eux et leurs enfants ; ils pouvaient se défendre et repousser avantageusement les attaques des tribus nomades et guerrières ; ils n'avaient rien à redouter du voisinage des animaux féroces qui infestaient les forêts, alors inhabitables pour l'homme.

Mais l'habitant des lacs ne s'occupait pas exclusivement de pêche ; pour vivre, il se livrait encore à la chasse, à la culture des vallées ainsi qu'à certains autres travaux utiles. Il cultivait déjà trois variétés de froment, deux espèces d'orge et deux espèces de mil à épis. On en trouve des preuves incontestables dans les ustensiles en bois, les restes de fruits, de noix, de grains, et même des fragments d'habillements découverts dans certaines tourbières.

Les fouilles de quelques villages lacustres, même de l'âge de la pierre, ont fourni des quantités de molettes de tisserand en poterie grossière. Ces dernières découvertes prouvent une certaine habileté dans l'art de tisser; elles laissent deviner l'homme des âges futurs.

Ainsi, même au berceau de l'Humanité, l'intelligence humaine était déjà engagée dans sa grande lutte avec la Nature et en marche vers le Progrès.

LE CONTINENT AUSTRALIEN

Les navigateurs et les explorateurs des deux derniers siècles, qui ont successivement reconnu et visité toutes les côtes australiennes, nous ont laissé le récit de leurs premières impressions; constamment partagés entre la surprise et l'admiration, leur étonnement ne faisait que croître à mesure qu'ils poursuivaient leurs voyages et leurs découvertes sur ce nouveau continent.

La grande île océanienne était bien un monde réellement nouveau, aussi inconnu qu'étrange, avec ses productions animales et végétales toutes particulières. Il n'était guère possible de comparer cette terre australe avec aucune des autres régions du globe; elle en différait par ces admirables forêts d'arbres géants autant que par les animaux uniques et plus curieux encore qui l'habitaient.

On se trouvait là en présence d'une *faune* toute nouvelle et d'une *flore* des plus riches; celle-ci renfermait une infinie variété d'espèces nouvelles dont s'est enrichie la botanique. Mais la faune était bien autrement remarquable par l'absence complète de nos grands mammifères et surtout par la particularité essentielle et exclusive qu'offrait le squelette de ses diverses espèces animales.

A une ou deux exceptions près, tous les animaux de la Nouvelle-Hollande sont reliés entre eux par un lien de parenté constitué par deux os supplémentaires : les *os marsupiaux*. On rencontre ces os chez les *Marsupiaux* où ils contribuent à la formation et au soutien de la poche cutanée abdominale des femelles, aussi bien que chez les *monotrèmes* dépourvus de poche (*ornithorhinques* et *echnidés*). Aussi les naturalistes ont-ils rassemblé tous ces divers animaux dans un seul et même groupe, sous le nom de *didelphéens*.

Ce cachet différentiel que présente le continent australien dans tout ce qu'il renferme, porte ou nourrit, la Nature le lui a imprimé avec tant de force que l'homme lui-même semble en avoir reçu la marque. L'*Australien* est un être dégénéré, assez éloigné du type adamique pour n'avoir pu être classé dans aucune des grandes races humaines.

Ce sauvage à l'expression farouche est d'une laideur horrible : — le corps, petit et mal proportionné, présente un ventre proéminent et des membres longs et grêles. On ne soupçonnerait jamais en cet être misérable, de chétive apparence et dépourvu de toute intelligence, un cannibale féroce, un guerrier courageux et intrépide, un chasseur et un pêcheur d'une merveilleuse habileté. Le naturel de l'Australie qui n'a pas réussi à se composer un langage, pouvait encore moins s'accommoder de la vie sociale; sans mœurs, et sans religion, il n'obéit qu'à ses instincts ou à ses appétits grossiers. Il mène une vie nomade, voyage par familles isolées ou par petites tribus, campe en plein air ou sous des abris naturels, se livre à la pêche et à la chasse dont il se nourrit; mais ne distinguant pas entre les aliments, il mange aussi bien des racines, de la viande crue ou cuite que la chair humaine et les cadavres des gros poissons que rejette la mer. Lorsqu'une baleine vient échouer sur le rivage, c'est une véritable aubaine que le Ciel envoie à ces sauvages.

« On allume aussitôt, écrit sir John Lubbock d'après les récits du capitaine Grey, des feux pour répandre la nouvelle du joyeux événement. Alors, ils se frottent de graisse par tout le corps et font subir la même toilette à leurs épouses favorites; après quoi, ils s'ouvrent un passage à travers le gras jusqu'à la viande maigre, qu'ils mangent tantôt crue, tantôt grillée sur des bâtons pointus. A mesure que d'autres indigènes arrivent, leurs mâchoires travaillent bel et bien dans la baleine, et vous les voyez grimpants de çà de là sur la puante carcasse, à la recherche des frais morceaux. Pendant des jours entiers, ils restent près de la carcasse, frottés de graisse fétide des pieds à la tête, gorgés de viande pourrie jusqu'à satiété, portés à la colère par leurs excès et engagés ainsi dans des rixes continuelles. Affecté d'une maladie cutanée que lui donne cette nourriture du haut goût, offrant enfin un spectacle dégoûtant, il n'y a rien au monde, ajoute le capitaine Grey, de plus repoussant à voir qu'un jeune indigène aux formes juvéniles sortant de la carcasse d'une baleine en putréfaction. »

Après la fondation de leur grande et prospère colonie de la Nouvelle-Galles du Sud qui remonte à l'année 1788, les Anglais ont essayé d'apprivoiser, de domestiquer et de fixer au sol ces sauvages. Ils ont dépensé dans cette tentative de civilisation philanthropique beaucoup de patience; tous leurs efforts ont été inutiles. Alors qu'ils réussissaient à transformer cette terre par l'agriculture et à introduire sur ce continent nos animaux domestiques qui s'y sont acclimatés pour se multiplier avec une merveilleuse rapidité, ils se sont constamment brisés contre la nature rebelle de ces êtres déshérités, incapables d'ailleurs de sentir les bienfaits de notre civilisation.

Les Anglais chassent aujourd'hui devant eux toutes les tribus australiennes et les refoulent par tous les moyens dans l'intérieur.

Ces indigènes qui ne pouvaient, sans doute, sous l'influence dominante de leurs qualités natives, s'élever tout d'un coup et s'identifier à une vie nouvelle ressemblant pour eux à un esclavage, se laissent refouler, rentrent dans leurs forêts et s'y enfoncent. Là, ils continuent l'existence de leurs pères; le jour, ils rôdent à l'aventure et font la chasse dans les bois et sur les rivières; la nuit, ils se couchent dans les broussailles, sous des branchages ou sous des monceaux d'écorces par les temps pluvieux et orageux.

Tels sont ces *Bushmen*, comme les nomment les colons anglais; ils conservent invariablement leur genre de vie qui durera aussi longtemps que leur race, appelée à disparaître dans un avenir prochain.

La loi d'exception que la Nature a appliquée d'une façon si générale au continent australien a pesé fatalement sur l'homme aborigène. Il n'y a donc rien d'extraordinaire à trouver, au point de vue physique et intellectuel, une différence entre le naturel de la Nouvelle-Hollande et les autres peuples sauvages de la Terre ; chose plus remarquable encore, cette différence s'accuse jusque dans les armes de combat et de chasse des Australiens.

Sans parler des lances, des massues, des boucliers et des haches de silex, les *Bushmen* possèdent deux armes très singulières, inconnues avant eux, le *bâton de trait* et le *boomerang*.

Le bâton de trait est leur arme nationale; ce javelot à la pointe barbelée, fait de roseau ou de bois très mince a une longueur de dix pieds ; il se lance à l'aide du *wummera,* sorte de bâton droit de trois pieds de long, terminé « par un tuyau en os ou en peau dans lequel est fixée l'extrémité du bâton de trait. » Quand le chasseur lâche son arme, après lui avoir imprimé un mouvement vibratoire, le wummera lui reste dans la main.

Le capitaine Grey raconte qu'il a vu ces sauvages tuer un pigeon avec le bâton de trait à la distance de trente mètres, et le capitaine Cook dit « qu'à cinquante mètres de distance, ces Indiens étaient plus sûrs de leur coup que nous ne pourrions l'être avec une seule balle. »

Mais le *Boomerang* des Australiens est certainement l'arme la plus extraordinaire que l'on connaisse.

Les premiers voyageurs qui ont parlé du boomerang dont les Bushmen se servent également pour le combat et la chasse, n'ont excité que l'incrédulité. On ne pouvait croire qu'un bâton de forme courbe, lancé par la main, pût s'élever dans l'espace, le parcourir en tournoyant dans l'air et revenir tomber à son point de départ, c'est-à-dire aux pieds du chasseur.

Le double mouvement d'*aller* et de *retour* de cette simple latte de bois recourbée, devait paraître aussi extraordinaire qu'invraisemblable. Et il faut avouer que la propriété que possède cette arme de revenir sur elle-même après avoir atteint son but pouvait passer pour fabuleuse. Mais il fut bientôt difficile de conserver des doutes, en présence des divers échantillons de boomerangs rapportés en Europe par des voyageurs qui en avaient été frappés en repoussant les attaques des sauvages.

« Un jour, dit Eyrié, j'ai eu presque le bras cassé par un boomerang, et cependant j'étais tout près de l'indigène qui l'avait lancé, et je suivais le vol de l'arme avec beaucoup d'attention. »

En dépit de tous les témoignages indiscutables, nous devons dire qu'il existe encore parmi nous beaucoup d'incrédules qui ne se laisseront convaincre que par la vue d'un boomerang tournoyant dans les airs; il est vrai, d'un autre côté, que les quelques savants et chercheurs qui se sont appliqués à l'étude de cette arme sont parvenus sinon à la lancer, du moins à fournir l'explication de sa marche dont la courbe elliptique serait due à son double mouvement de rotation et de translation.

La rencontre d'une arme pareille entre les mains de sauvages stupides, déroute l'esprit et confond la raison. Comment expliquer que le naturel de l'Australie soit parvenu à imaginer, à fabriquer et à manier une arme de cette perfection...?

A une époque moins positive que la nôtre, un voyageur à l'imagination fertile aurait pu rapporter de la grande île océanienne le boomerang avec sa légende fabuleuse. Mais, de nos jours, on ne croirait plus à la vieille et bonne fée ni aux Dieux propices qui auraient déposé cette arme dans le berceau de ce peuple sauvage.

Que le boomerang soit un présent de la Nature si avare envers eux, ou bien un des produits de l'industrie de leurs ancêtres, les Australiens ne peuvent se rappeler une époque où il leur ait manqué... Ils s'en sont toujours servi dans leurs chasses comme le faisaient leurs pères, et comme le feront après eux leurs descendants. Nos anthropologistes parviendront-ils quelque jour à faire la lumière sur le mystère qui enveloppe les origines du boomerang?

Les naturels de la Nouvelle-Hollande chassent avec cette arme le poil et la plume, le gros et le petit gibier. S'ils tuent avec le boomerang les oiseaux et les canards, ils ne font que blesser l'ému et le kangourou qu'ils achèvent ensuite à coups de bâton.

Le bushman excelle surtout dans la chasse des kangourous dont il mange la chair et emploie la peau. Bien que ces marsupiaux se soient multipliés d'une façon effrayante sous les conditions nouvelles et plus favorables que leur à créées la colonisation, on ne les rencontre ordinairement que par petites bandes de douze ou quinze individus. Les tribus australiennes suivent la piste de ces bandes en remontant le lit desséché des rivières jusqu'aux sources ou aux bassins d'eau douce ; là, elles attendent à l'affût et cachées dans les broussailles, les kangourous que la soif y attire. Ceux-ci arrivent quelquefois le même jour, d'autres fois le lendemain, après un véritable voyage à la recherche de l'eau. Une fois désaltérés, ils déposent à terre leurs petits qui se livrent à mille gambades sur l'herbe. Les chasseurs sortent alors de leurs cachettes en se traînant à plat ventre, se rapprochent de la bande, l'entourent et la cernent. A vingt-cinq ou trente mètres de distance, ils se redressent et lancent leurs armes en même temps.

Les boomerangs dont le premier coup a été dirigé contre le sol rebondissent en ligne droite et vont par un mouvement de ricochet au but visé par le chasseur. Cette volée de bâtons, tournoyants après avoir cassé la tête et les membres des kangourous surpris au milieu de leurs ébats, retourne vers les chasseurs. Ceux-ci sans perdre de temps, ressaisissent leur arme et la relancent sur les fuyards. Aussitôt après commence la poursuite des animaux blessés qui sont achevés sur place. Cette chasse, lorsque les kangourous se laissent surprendre, procure à ces sauvages un festin des plus copieux.

Le soir, la tribu tout entière se trouve réunie autour d'un foyer ardent devant lequel rôtissent, posés sur deux galets, quelques quartiers de marsupiau; les plus impatients ne peuvent attendre jusque-là; ils se jettent sur la bête à peine dépouillée et déchirent à belles dents cette chair palpitante qu'ils mangent avec délices.

Les bushmen chassent également l'ému, qu'on peut appeler l'autruche d'Australie. Lorsque ce gros oiseau qui serait aussi sobre que le chameau, rencontre une rivière où se désaltérer, il commence par regarder tout autour de lui avec soin; s'il est satisfait de son inspection, l'ému se précipite vers l'eau et boit longtemps et longuement. Puis, il remonte vivement la rive et s'il ne découvre aucun danger, il se retire sans presser sa course. C'est ce moment que les naturels choisissent pour le tuer. Dans la province de Victoria, ils se placent en embuscade au coucher du soleil, à l'heure où les émus viennent boire; lorsqu'ils voient un de ces brévipennes s'approcher de la rivière, ils se démasquent, l'enveloppent dans un cercle et font pleuvoir sur lui une grêle de boomerangs.

Lorsque les Australiens ont la chance de rencontrer une nombreuse bande de poules d'eau et de canards, ils ne manquent jamais d'en faire un carnage. Leurs armes en tournoyantes au milieu de ces oiseaux font de grands ravages à travers la bande.

Pour atteindre et frapper les oiseaux perchés, les boomerangs ne sont plus lancés de la même manière.

Le naturel qui veut tuer ou blesser un kakatoés perché dans le gigantesque *eucalyptus*, rampe sans bruit vers l'arbre où se trouve juché l'oiseau; arrivé à une distance raisonnable, il lance avec force son engin meurtrier, suivant une ligne horizontale à 66 centimètres du sol. L'arme parcourt ainsi un espace de 13mo, 33; puis, sans toucher la terre, elle se relève subitement par un angle droit, monte à 33 mètres (hauteur de l'arbre dans l'air), frappe mortellement l'innocente créature, et décrivant une parabole revient tomber aux pieds du chasseur.

Sans vouloir discuter les théories scientifiques des divers auteurs sur le mode de translation de cette arme si curieuse, il ne nous paraît pas hors de propos, d'entrer dans quelques détails sur les boomerangs.

Le boomerang que les Australiens désignent encore sous le nom de *curl* ou par le mot *tur-ra-ma* (bâton recourbé) est taillé d'une seule pièce dans le bois dur, liant et compact du *Casnarnia*. Généralement arrondi d'un côté et plat de l'autre, il mesure environ trois pieds de longueur, et douze pouces de large, sur trois quarts de pouce d'épaisseur. Les deux extrémités de cette latte de bois courbée se terminent en pointes aiguës; sa partie concave rentre de 14 millimètres, tandis que la partie convexe est coupante. La forme de l'arme est variable : elle figure parfois un compas aux branches ouvertes presque à angle droit.

Pour s'en servir, les indigènes le prennent dans la main par une poignée ménagée à l'une des deux branches, et le lancent à quelques pas d'eux soit en l'air, c'est-à-dire de bas en haut, soit sur le sol, de haut en bas. Si le coup a été dirigé en l'air, le boomerang comme nous l'avons vu, s'élève à des hauteurs considérables et décrit souvent une orbe elliptique qui le ramène à un endroit voisin du départ; l'arme presque plane se trouve soutenue pour ainsi dire par les couches d'air traversées, et sa force ascensionnelle demeure presque toujours constante pendant la durée de son vol.

La plupart des voyageurs qui ne considéraient que la hauteur atteinte par le boomerang, en ont conclu qu'il devait être lancé avec une force considérable, alors que son ascension ne dépend absoment que de la façon de le lancer.

Nous avons dit comment se comportait le boomerang lorsqu'on le projetait d'abord sur le sol. Dans l'un et l'autre cas, le projectile australien manié par une main habile revient toujours vers le chasseur.

Le commodore Wilkes explique ce curieux phénomène en montrant que la forme seule de l'instrument, dont le centre de gravité est en dehors de la masse, détermine un mouvement de rotation continue autour de ce centre de gravité, et que la force centrifuge tend aussi à entraîner la masse dans son orbite en lui faisant décrire une ellipse qui ramène l'arme à son point de départ.

Il nous semble qu'on doit ainsi comprendre le phénomène : le boomerang reçoit du chasseur un double mouvement : une rotation rapide et une impulsion générale. La rotation l'oblige à garder son plan; il chemine donc obliquement dans l'air jusqu'à épuisement de son mouvement de translation.

A ce moment, le boomerang qui tourne immobile dans un point de l'espace, obéit à l'action de la pesanteur et commence à tomber. Mais comme ce projectile en continuant à tourner garde son plan incliné, la résistance de l'air tend à le faire tomber parallèlement à ce plan, c'est-à-dire à le ramener à son point de départ.

La plus singulière courbe décrite par cette arme a lieu quand elle est lancée en l'air au-dessous d'un angle de 45 degrés : — invariablement alors elle revient en arrière, et l'indigène qui la lance dans ces conditions, au lieu de faire face à l'objet qu'il veut atteindre, lui tourne le dos.

M. Merry a raconté à sir John Lubbock qu'un jour il voulut s'assurer de l'habileté avec laquelle on pouvait se servir du boomerang; il offrit à un Australien une récompense de six pences pour chaque fois que son boomerang reviendrait à l'endroit d'où on l'aurait jeté. Il traça sur le sable un cercle de cinq à six pieds de diamètre, et quoique l'arme fût lancée avec beaucoup de force, l'indigène réussit à la faire retomber dans le cercle cinq fois sur douze.

Une longue série d'essais infructueux pour arriver à lancer l'arme australienne avait fini par faire croire en Europe que le jet du boomerang exigeait un *tour de main* dont les Bushmen avaient gardé le secret. M. Alphonse Pénaud, qui a publié des travaux remarquables sur les corps graves en translation dans l'air, a levé cette dernière difficulté; il a trouvé la clef du problème. Nous avons vu M. Pénaud jeter le boomerang comme un véritable Australien.

La cause ou le secret de l'insuccès de tous les essais tentés jusqu'ici résidait dans l'arme elle-même. Le boomerang suivant une inclinaison imperceptible à l'œil du plan de l'une de ses branches sur l'autre, devient une arme de la main droite ou de la main gauche. Les naturels de la Nouvelle-Hollande donnaient toujours aux étrangers des boomerangs gauches. Ils étaient heureux de se moquer du voyageur européen.

Ce dernier trait les caractérise. Ce sauvage dégénéré qui ne ressemble déjà plus à l'homme a prouvé qu'il possédait au moins la malice du singe.

FIN.

TABLE DES MATIÈRES

INTRODUCTION

DÉPART DES VOYAGEURS POUR MADAGASCAR

Une réunion intime de créoles des îles Mascareignes à Paris. — Charles Trottet annonce son départ pour Madagascar. — Ses projets d'établissement et d'exploitation agricoles à la *Grande-Terre*. — Bois précieux et caféiers. — Les concessions Hovas. — Le traité Lambert. — Radama. — Le tribut des Hovas et *'Affaire des Clous*. — Le député de la Réunion, M. de Mahy. — Rozan se décide à accompagner Trottet. — Départ des voyageurs pour la grande île africaine. 1

CHAPITRE I

DE MARSEILLE A L'ILE DE LA RÉUNION

Départ de Marseille. — Le *Sindh* et la vie à bord des paquebots-poste. — Caprera et la maison de Garibaldi. — Le détroit de Messine, l'Etna, l'île de

Candie et le mont Ida. — Port-Saïd et le canal de Suez. — La terre d'Égypte, Alexandrie et Suez. — La mer Rouge et le rocher de Perim. — Aden, les citernes des Philistins, le tombeau de Caïn et la Manne des Hébreux. — Le cap Gardafui et l'océan Indien. — Arrivée du *Dupleix* à Saint-Denis (île de la Réunion). 21

CHAPITRE II

L'ILE BOURBON OU LA RÉUNION

La ville de Saint-Denis et la colonie de la Réunion. — Prospérité ancienne et misère présente. — L'abolition de l'esclavage et ses conséquences. — Les blancs, les mulâtres et les noirs. — La Politique coloniale des Anglais et la prospérité de l'île Maurice. — L'immigration indienne et africaine dans les colonies françaises. — Parallèle entre l'Esclave et l'Immigrant. — L'engagé indien. — La Danse du feu. — Le départ de Rozan et de Trottet pour Madagascar. — Cyclone. — Arrivée à Tamatave. 42

CHAPITRE III

MADAGASCRR OU TANNI-BÉ

Les trophées de la plage de Tamatave. — Le débarquement des voyageurs et la Douane hova. — Madagascar et le continent disparu de l'océan Indien. — Le peuple nain de la grande île Africaine ou les

Kimos. — Découvertes de M. Grandidier. — Configuration générale de Tanni-Bé; sa division en provinces et ses peuples de la côte orientale et occidentale. — Villes principales. — La ville de Tamatave, chef-lieu maritime du royaume hova; son fort et sa garnison. — La résidence royale du roi Jean-René; la princesse Juliette sa fille et Mme Ida Pfeiffer. — Le bazar. — Les habitants de Tamatave. — Le commerce anglais et les aveux du Rév. J. Mullens. — Bœufs, crocodiles et requins. — La chasse malgache du requin. — Trafic général de Madagascar avec l'Europe et l'Amérique.   68

CHAPITRE IV

LA FRANCE A MADAGASCAR

L'île de Madagascar ou la Colonie française de Saint-Laurent. — Découverte de la grande Ile africaine par les navigateurs portugais. — Prise de possession de Madagascar par la France. — Premiers établissements de la Compagnie française de l'Orient ou les colonies de Sainte-Luce et de Fort-Dauphin. — Reconnaissance de la souveraineté de la France par les peuples malgaches et par les traités internationaux de l'Europe. — La *France Orientale* sous Louis XIV et ses successeurs. — Le gouverneurs des établissements français après E. de Flacourt, Benowiski et son royaume. — Madagascar sous la République et sous Napoléon Ier. — Occupation de la « *Grande-Terre* » par les Anglais. — L'article 8 du traité de Paris. — Les Hovas et la politique anglaise. — Les expéditions française de 1829 et anglo-française de 1845 : leurs résultats. — Missionnaires anglais et R. P. Jésuites. — La politique de Napoléon III à Madagascar. — Triomphe de l'influence anglaise. — Causse du conflit franco-hova. 109

CHAPITRE V

SÉJOUR SUR LE LITTORAL

Relations des voyageurs avec le commerce indigène. La propriété de Renofane. — Trottet renonce à la concession de son frère. — Visite aux villages maritimes de la côte. — Foulpointe et Fénerif. — Le *Fatidrah* ou le serment du sang. — Son utilité pour les Européens. — Rozan frère de sang d'un négociant malgache. — Préparatifs de départ des voyageurs pour la capitale. — Mode de locomotion des Malgaches. — Fitacon et bourgeanes. — Promenade en fitacon dans la campagne de Tamatave. — Conseils du négociant de Tamatave à ses amis vazas avant leur départ. 157

CHAPITRE VI

VOYAGE DANS L'INTÉRIEUR DE L'ILE

Départ des voyageurs pour Tananarive. — Le *rarang* des bourgeanes. — Le village et la rivière d'Yvondrou. — La monnaie malgache. — La navigation en rivière et les crocodiles de Tanni-Bé. — Instinct des bœufs et intelligence des chiens. — La grosse dent du crocodile ou le reliquaire des rois. — Amboudissine et la *Cruche vénérée*. — L'hospitalité malgache. — Mœurs et coutumes. — Les enfants du *Vendredi* et les religieuses de Sainte-Marie. — Le *funfoud-amassi* et le culte des *ranzanes*. — Les grands lacs de la côte et leurs légendes. — Le tanghuin et les Jugements de Dieu des tribus de Madagascar. 172

CHAPITRE VII

LA RÉGION DES FORÊTS VIERGES

Andévourante ou la *Capoue* malgache. — Les produits de Tanni-Bé. — Le palmier Raphia et l'Arbre du Voyageur. — Le tombeau du premier martyr chrétien de Madagascar. — La rivière d'Iarouka. — Les bibyls ou serpents. — Faune et flore malgaches. — Les sources thermales de Ranémafane et le village lacustre de Béfourne. — Le plus grand papillon connu : l'*Urania-Raphœa*. — La forêt d'Alanamasoatrao. — L'oiseau royal des Hovas ou le *vouroun-mahère*. — Les chasses de Radama. — Le *Sommet des larmes*. — La traite des esclaves et l'esclavage à Madagascar. 199

CHAPITRE VIII

LE PAYS DES HOVAS OU LA RÉGION DES HAUTS PLATEAUX

Le dernier village de la forêt d'Alanamasoatro. — Les rats blancs. — Les prairies flottantes et le supplice des Nobles. — Les plateaux de l'Ankaye et l'Angave. — L'Ankove ou le pays des Hovas. — La rivière Ipoka, le lac Itasy et la cataracte de Fahantsana. — Les monuments mégalithiques de l'Ankove et le peuple primitif de Madagascar. — Kabars. — Le culte des morts à Tanni-Bé. — Les tombeaux et leurs trésors. — Religion malgache. — Le *siquité* et le *sandati*. — Le *dâhara* des troupeaux. — La danse nationale des Hovas ou la *Séga*. — La ville de Mantassoua et M. Laborde. — Arrivée des voyageurs à Tananarive — Le sous-secrétaire d'État Renimavara — Installation des deux vazas dans la capitale. — Rozan part pour un voyage d'excursion dans le Nord-Ouest. 233

CHAPITRE IX

TANANARIVE OU LA CAPITALE DE MADAGASCAR

Origine étrangère des Hovas. — Arrivée et établissement des Malais à la Grande-Terre. — Relations commerciales des Chinois et des Arabes avec Madagascar. — Le géographe Edrisi et Marco-Polo. — Traditions hovas. — La colonie malaise dans l'Ankove, son développement et sa division en tribus. — Le chef Andrian-Ampouine et ses conquêtes. — Fondation de la capitale de Madagascar : Antananarivou. — Les palais royaux : *Souanierane*, le *Palais d'Argent* et le *Grand Palais de Ranavalo*. — La roche Tarpéienne de Tananarive. — Le champ de Mars et l'armé hova. — Constitution militaire du royaume. — Les honneurs ou grades. — Le tombeau de Rainihaire. — Les foires du Vendredi. — Le lac sacré et le Serment du lac. 192

CHAPITRE X

LE FONDATEUR DU ROYAUME HOVA

Radama le Grand. — Ses guerres et ses conquêtes. — Sa politique avec les Européens. — Guerre avec la France et alliance avec l'Angleterre. — Constitution du royaume, son organisation politique, militaire et judiciaire. — Le Roi, la Noblesse et le Peuple. — Les premiers ministres et les juges royaux. — La sagaie de justice. — La mort de Radama. — Ses funérailles. — Son tombeau. — Avènement au trone de Ranavalo-Manjaka. . . . .

CHAPITRE XI

LES SUCCESSEURS DE RADAMA-LE-GRAND

Règne de Ranavalo-Manjaka. — Adrian-Mihaza, favori et premier ministre. — Révolte des peuples sakalaves et guerre avec la France. — Expulsion des missionnaires anglais. — Réaction contre les idées européennes et persécutions religieuses. — Rainihairo et Rainizaire, premiers ministres de la reine. — Une opération chirurgicale à Tananarive. — M. Lambert et le Prince Royal. — Mission de M. Lambert à Paris et son retour à Emyrne (1857). — Avortement de la conspiration Lambert-Rakoto. — Mort de Ranavalo. — Avènement de Radama II.

— Réformes radicales. — Reconnaissance du roi hova par la France et l'Angleterre. — Son couronnement. — Le traité d'alliance avec la France et la charte Lambert. — Départ des missions étrangères. — Illusions et déceptions. — La révolution de Tananarive. — Meurtre de Radama II. — Avènement de la reine Rasoherina. — Rupture avec la France. — Négociations et reprises des relations amicales. — L'indemnité hova. — Avènement de Ranavalo-Manjaka II. — La cérémonie du couronnement. — La Révolution religieuse de Madagascar. — Les Rév. Méthodistess et la bastonnade. — Prépotence de l'Angleterre et ruine de l'influence française. — Projets d'occupation de l'Angleterre. — La France plante son drapeau à Majunka sur la côte Ouest et à Tamatave sur la côte Est. 309

CHAPITRE XII

RETOUR A TAMATAVE

Rentrée de Rozan à Tananarive. — Son voyage dans l'intérieur et à la côte Ouest. — Les richesses minières des hauts plateaux : l'argent, le plomb, le fer et l'or. — Le désert. — Le pays des Sakalaves du Nord-Ouest. — Le port maritime de Majunka et son importance commerciale. — Retour des voyageurs à Tamatave. — La maison de commerce Trottet et Cie. — Arrivée des capitaines de l'Amélie et de la Léonie. — Tuléar-Bay et les Sakalaves du Sud-Ouest. — L'Æpyornis. — Ossuaire de l'Æpiornis à Tuléar. — Les pirogues à balancier. — Le drame du Fortuné : — *Révolte et massacre d'un*

convoi de 400 immigrants à bord du Fortuné. — Mort de Rozan. 332
TRAITÉ DE RADAMA II AVEC LA FRANCE. 400
LES HABITATIONS LACUSTRES ANCIENNES ET MODERNES. 405
LE CONTINENT AUSTRALIEN. 413

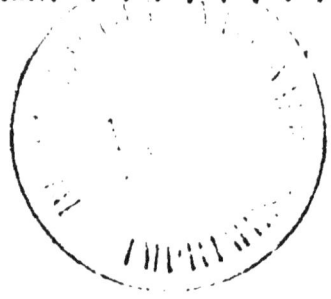

FIN DE LA TABLE.

PARIS. — Imp. PAUL DUPONT, rue Jean-Jacques Rousseau, 41. (Cl.) 12.9.83.